汉高祖刘邦　汉平帝刘衍

汉惠帝刘盈　汉光武帝刘秀

汉文帝刘恒　汉明帝刘庄

汉景帝刘启　汉章帝刘炟

汉武帝刘彻　汉和帝刘肇

汉昭帝刘弗陵　汉安帝刘祜

汉宣帝刘询　汉顺帝刘保

汉元帝刘奭　汉灵帝刘宏

汉成帝刘骜　汉献帝刘协

两汉十八帝

历史绝对不简单

宋璐璐◎著

陕西新华出版传媒集团

三秦出版社

图书在版编目（CIP）数据

两汉十八帝 / 宋璐璐著. —— 西安：三秦出版社，
2014.5（2022.3 重印）
（历史绝对不简单）
ISBN 978-7-5518-0784-5

Ⅰ.①两… Ⅱ.①宋… Ⅲ.①皇帝—生平事迹—中国
—汉代—通俗读物 Ⅳ.①K827=34

中国版本图书馆 CIP 数据核字(2014)第 097500 号

两汉十八帝

宋璐璐　著

出版发行	陕西新华出版传媒集团　三秦出版社
社　　址	西安市雁塔区曲江新区登高路 1388 号
电　　话	（029）81205236
邮政编码	710061
印　　刷	河北浩润印刷有限公司
开　　本	710mm×1000mm　1/16
印　　张	16.25
字　　数	200 千字
版　　次	2014 年 5 月第 1 版
	2022 年 3 月第 3 次印刷
印　　数	6001—11000
标准书号	ISBN 978-7-5518-0784-5
定　　价	48.00 元

网　　址	http://www.sqcbs.cn

前　言

　　从古至今，中华民族历经数千年的风云变化，刀光剑影早已暗淡，鼓角争鸣业已远去，秦皇汉武的霸业亦归入尘土，银台金阙的浮华也日渐沉寂。轻轻地将岁月的尘埃拭去，五千年的历史才会清晰地显现出来。

　　然而，如果想要了解中国历史，尤其是各个朝代的历史脉络，并不是一件简单的事情。不过，人是历史的主宰，若能了解具有代表性的君王、后妃、名将、谋士等重要人物，那么就能轻松地理清各朝代的历史发展。

　　春秋战国时期，群雄争霸，百家争鸣，史书翻开了新的一页。不管是春秋霸主齐桓公，还是卧薪尝胆的越王勾践，为了各自的霸业都在不懈地努力着……

　　两汉时期虽已成为历史，但其对后代的影响，却随着车轮的滚动越发清晰。品读两汉时期十八位杰出帝王的丰功伟绩，体会他们的治国才略与经典人生。

　　自古以来，帝王需要名将辅佐、谋士的相助，方能成就霸业；而名将与谋士，也需要帝王的慧眼识珠，才能发挥所长，功成名就。在三国这个纷乱的时代，这十二位名将与十二位谋士具有怎样的传奇经历？

　　三国两晋时期的美女都带有当时战乱割据的特点，貂蝉成了连环计的主角，西施成就了夫差的美名。似乎每个美女都有一段可歌可泣的传奇故事，似乎每一段传奇都由一位美女所铸成。且看这十二美女的人生经历与内心的悲欢离合。

唐朝是我国历史的巅峰时期，开创了中国历史的新纪元。在唐朝三百年的统治时期，出现了多位杰出的帝王，让我们穿越时光，走进斑斓的岁月，去品味帝王的传奇经历。

宋朝是一个经济富饶、文化繁荣的时代。回首两宋十六帝的传奇人生，感受宋朝皇宫中的雄浑质朴之风、智谋天下之术……

有人说明朝是最为黑暗的时代，也有人说它是捉摸不定的时代。不妨将明朝皇帝请出来，让他们为你"讲述"当时的历史剧目……

清朝十二帝与清朝十二后妃的人生经历，展现了作为皇帝的治国经略，作为后妃的悲欢离合，同时也显示了清朝荣华兴衰的发展。从他们的身上，你可以看到人生的辉煌，也能够看到人性的阴暗……

本丛书共分为《春秋战国十君王》《两汉十八帝》《三国十二名将》《三国十二谋士》《三国两晋十二美女》《大唐二十帝》《两宋十六帝》《明朝十二帝》与《清朝十二后妃》九册，详细地讲述了发生在那个年代的故事……

目　录

第一章

西汉开国皇帝——汉高祖刘邦

帝王档案

☆姓名：刘邦（刘季）

☆民族：汉族

☆出生日期：公元前256年12月28日

☆逝世日期：公元前195年6月1日

☆配偶：吕皇后、戚夫人、薄姬、赵姬等

☆子女：8个儿子，1个女儿

☆在位：8年（公元前202年2月28日~公元前195年6月1日）

☆继位人：刘盈

☆庙号：太祖

☆谥号：高皇帝

☆陵墓：长陵

☆生平简历：

公元前256年，刘邦出生。

公元前209年10月，刘邦挑起大旗，起兵反秦。

公元前207年12月，将秦朝政权推翻，并制定约法三章。

公元前206年，刘邦被项羽封为汉王。

公元前206年，出兵对抗项羽，占领关中。

公元前202年，杀死项羽，灭掉楚国。

公元前205年~公元前202年，将魏、赵、韩、燕、齐诸侯王全都灭掉。

公元前202年2月，统一天下，建立汉朝，登基做了皇帝。

公元前201年，镇压临江王叛乱和臧荼的叛乱。

公元前200年，镇压韩王信的叛乱，被困白登山。

公元前199年，和匈奴人采取和亲的政策。

公元前198年，对赵国谋反的事情进行处理。

公元前197年，镇压陈烯的叛乱。

公元前196年，镇压九江王英布的造反事件。

公元前195年，刘邦去世。

人物简评

　　汉高祖刘邦的一生是传奇的一生，他从一个籍籍无名的小混混，经过秦末那混乱不堪的战争洗礼，最终成为汉朝的开国皇帝，这其中的艰辛可想而知。虽然刘邦自己没有多大的才能，但是他却很会用人，能将有才能之人安排在一个恰当的位置上。

　　尽管刘邦的功业是自己一步步走出来的，可以说是一个英雄，但是他后来几乎将所有的功臣都杀掉了，又展现出他冷酷残忍的一面。他虽然可以算是一个好皇帝，却并不是那些功臣们的福气。

生平故事

从小混混到起义军的领袖

　　刘邦从小就喜欢吃喝玩乐，对于书本上的知识从不感兴趣，更不喜欢帮着父母干活。更让父母担心的是，他经常和一些泼皮无赖混在一起寻欢作乐，不但左邻右舍认为刘邦不会有什么大出息，就连刘邦的父母都认为儿子就只能这样浑浑噩噩一生了。不过，刘邦与普通的混混有所区别，他这个人从小就很讲义气，有时还会对自己的混混生涯心存抱怨，他想要成就一番事业，不想一辈子当痞子。

　　怀着这样的梦想，刘邦在和那些朋友们鬼混的时候，也不是一点事情也没做，他认识了很多他们那里的名人，比如后来一直帮着他打天下的张良。他的父亲因为他整天做一些不正经的事，就让他去服徭役，于是刘邦就到咸阳去了。到了大城市以后，刘邦的视野更加开阔了，觉得这是一个大显身手的好地方。

　　后来刘邦做了沛县城东泗水亭的亭长。虽然这个官很小，差不多相当于一个村长，不过再小也是个官，刘邦就能在当亭长的时候锻炼一下自己的领导能力。虽然他仍旧是吃喝嫖赌，但是却结识了更多的江湖豪杰和当地的权贵。到了 30 岁的时候，刘邦和那里的一个富绅吕公的女儿吕雉结婚了。

有一次刘邦接到命令，让他负责将一批刑徒押送到骊山去干活，但是在路上的时候徒役们有不少都逃跑了。刘邦想着这样到了骊山可交不了差啊，那还不得被拉出去砍了？又想到反正也是死，不如索性做点好事吧，于是他就把剩下的那些人全都放了。这些囚犯当中有些人被他的侠义之心感动了，想要追随着他，于是和刘邦一起逃到了芒砀山那里躲了起来。

后来由于秦朝的暴政，陈胜、吴广发动了起义，随后各地不断有人起来反抗。刘邦看到时机已经成熟，准备趁机干一番大事业。他先把沛县的县令杀了，自己做了县令，然后在县衙之中竖起反秦的大旗，并说自己是赤帝的儿子，替天行道将暴秦除去。于是在萧何、樊哙、曹参等人的辅佐之下，刘邦建立起了自己的大本营，加入到反秦的斗争之中去，而这时候的刘邦已经 48 岁了。

这时候项梁和项羽的军队人数已经达到了几十万之多，俨然就是所有起义军的首领，所以刘邦就到薛地去拜见项梁，想要和他们一起对秦朝作战。这样一来，刘邦的人就变成了项梁统帅军队的一个小分队。不过，刘邦的军队实力却得到了提升，而且张良也投奔了他。

后来项梁战死，情况对起义军相当不利，经过商量，他们想要兵分两路抗击秦兵，其中一路让宋义当上将军，项羽当副将，范增当末将，向北攻打，去解救赵王；另一路让刘邦率领，向西打向关中，朝咸阳进攻。在两支军队出发之前，项梁曾经对起义军首领楚怀王说："这次谁能先将关中平定下来，就让他做关中王。"

于是刘邦高高兴兴地发兵了，一开始的时候进展并不是特别顺利，但是经过一番努力之后，终于打到了咸阳。秦朝当时的丞相赵高把秦二世逼死，然后想要与刘邦求和，不过刘邦拒绝了他的请求。接着秦王子婴当了皇帝，把赵高杀了，然后出兵和刘邦打了一仗。

刘邦很快将秦王子婴打败。秦王子婴见事情已经无可挽回了，便向刘邦献城投降。秦朝灭亡，刘邦第一个进入关中，成了名义上的关中王。从一个小混混到关中王，刘邦的经历可谓非同凡响。

收买人心

进入关中以后，面对着那些金银珠宝，雄伟的宫殿，漂亮的宫女，刘邦顿时有了尽情享乐的心思，想留在这里不走了。但是经过樊哙和张良的劝说之后，他幡然醒悟，将军队退到了离咸阳不远的霸上驻扎，并且宣布了"约法三章"。

约法三章的内容是：第一，从这条命令宣布的时候开始，凡是杀人的，不管有什么理由，都判处死刑。第二，凡是伤人或者抢劫及偷东西的，根据影响程度的不同，判处不同的罪行。第三，所有秦朝的法律统统废除。

另外刘邦还义正词严地对大家说，他来这里只是为了解救人民于水火之中，并不是来抢他们的东西的，也不是来欺负他们的，让老百姓们放心。为了不扰乱他们的正常生活，刘邦决定将军队退回到霸上去，等别的军队会合的时候，再重新制定合理的法规。

人们见刘邦如此爱民，都对他非常拥护，争相给他的军队送来美酒佳肴。但是为了表示不扰民的决心，刘邦坚决不接受这些东西，这种举动让人们对他更是感激不尽。

将军队从咸阳撤出，然后提出约法三章，这些事情都做得十分高明，让刘邦在人们心目中的形象更加高大，收买了大部分的人心，对他将来争霸天下，起到了很好的宣传作用。

刀光剑影的宴会

项羽成功将秦军的主力打败，然后也挥师来到了关中，听说刘邦已经进关中称王，顿时火冒三丈，准备一举把刘邦打垮。刘邦当时只有十万人，根本不是项羽四十万虎狼之师的对手，但是他却迎来了一个救星，这个人就是项伯。

项伯因为被张良救过一命，所以连夜来刘邦这里报信。经过一番商量之后，刘邦决定亲自去找项羽说明自己没有和他争夺王位的意思。于是到了第二天，刘邦就和樊哙、张良以及一百名英勇善战的亲兵，一起到项羽的军营来拜访项羽。

来到这里后，刘邦表现得非常谦卑，一见项羽就拜了下去，还说自己一直在盼望着项羽入关，希望项羽不要误会他。项羽是个头脑简单的人，被刘邦的话一引导，就信以为真了，不但不想再杀刘邦，还将出卖刘邦的曹无伤说了出来。

范增见项羽没有了杀刘邦的想法，就让项羽的堂弟项庄出来舞剑，想在舞剑的过程中趁机杀死刘邦。不过因为有项伯的保护，刘邦几次都躲过了危机。后来张良一看情况这么危险，就把樊哙叫了进来。经过一番暗中较量之后，项庄终于还是没有得逞。

过了一会儿，刘邦觉得不能继续在项羽的军营待下去了，不然迟早要死在这里，因此他就借口要出去小便，从大帐中逃了出来。接着就和樊哙一起从小路逃回大营。

张良留在项羽的军营中拖延时间，等到觉得刘邦差不多已经回到军营了，才对项羽说明了情况，然后又送上刘邦给项羽以及范增带来的礼物，将一场危机化解了。这就是历史上非常著名的鸿门宴。从此以后，刘邦就和项羽长期对立起来。

开始争霸天下

在将秦朝灭亡以后，由于项羽的力量最强，所以什么都是他说了算。项羽给这些义军首领各自安排了领地，然后就让他们到自己的领地那里去。

刘邦被项羽分封到巴蜀地区，因为这里的道路非常险峻，想要造反不是那么容易，所以项羽才做出这样的安排。因为这里地处关中，刘邦也被人们称作汉王。但是同时被分封在这里的，还有秦朝的三个降将，这就限制了刘邦的军队，让他不能轻易起事。

对项羽这样的安排，刘邦感到非常不满意，想要和项羽开战。但是经过萧何他们的劝说，发现现在和项羽打仗的话，根本毫无胜算，无异于以卵击石。应该养精蓄锐，等到有实力的时候，再和项羽一决胜负。所以刘邦就压下了心中的不满，到他的封地汉中去了。

其实对于项羽分封感到不满的，并不只是刘邦，其他人也感到很难接受。于是还不到一个月的时间，齐国和赵国就开始出兵和项羽打仗了。

刘邦趁着这个千载难逢的好机会，重用后来的开国功臣韩信，封他为大将军，并且采纳了他的建议，出兵东进。这样一来，利用将士们想要回家的强烈愿望，使军队变得更加英勇。加上这个时候项羽刚刚杀了他们曾经推举出来的义帝，于是刘邦就以为义帝发丧为借口，向那三个秦朝的降将发动进攻，开始踏上和项羽争霸天下的路程。

公元前206年5月，刘邦任命萧何做自己的丞相，负责为他将后方的大本营管理好，而他自己就与韩信一起率领着大军"明修栈道、暗度陈仓"，没过多久就将整个关中占领下来。就这样，长达四年之久的楚汉战争从此拉开了序幕。

计杀范增

虽然刘邦一心想要置项羽于死地，但是由于他们的兵力相差悬殊，而且项羽的军队都是英勇善战的精兵强将，因此在一开始的时候，刘邦明显处于劣势，基本上没有打过什么胜仗。有的时候是小败，还可以维持战线，不让项羽的军队深入，但有时候竟被打得抱头鼠窜。在这种军事力量的对比之下，刘邦根本就是在挨打，一点反攻的机会也没有。不过在屡战屡败之后，刘邦不但没有气馁，反而能够思考自己哪里做得不好，以便于改正错误，找到更好的对付项羽的办法。他先把军队的阵脚扎稳，然后于荥阳的南面将项羽的军队打败了，这样就使后方稳定下来。双方的军队开始在荥阳这里相持起来。

这时，刘邦又将项羽手下的一员大将英布策反了，让项羽失去了一个重要的帮手，还要分出一部分力量去镇压叛乱，这给刘邦带来了喘息的时间。

然后汉军便于荥阳附近建立起防御系统，并且为了能够使军粮运送过来，他们修建了可以从黄河上面通过的甬道。但是项羽却经常带着人到那里侵夺，以至于刘邦的军队缺乏粮食。粮道被切断以后，项羽又把荥阳城给围了起来。

无奈之下刘邦便又希望和项羽和平共处，想要把荥阳当作一条界线，西边是他的领地。项羽本来想要接受这个请求，但是他手下的谋士范增却坚决不同意，项羽就继续向荥阳进攻。

刘邦听说是范增不让项羽接受议和的，于是便使用陈平的计策，打算离间范增和项羽之间的感情。于是当项羽命人劝说刘邦向自己归降的时候，刘邦就吩咐那些手下的人装出一副要热情款待的模样，给使者奉上精美的食物，但是在见了使者之后，却装作十分惊奇的样子说："我们还以为是范增的使者来了呢，原来不是!"接着就把美食撤下，换上难吃的饭菜。

这样一来，那个使者果然特别生气，回去以后将这件事情告诉了项羽。项羽以为范增和刘邦私通，想要背叛自己，于是便再也不听范增的意见了。

范增刚开始不知道怎么回事，等知道事情经过以后，非常生气，离开项羽回乡去了。不过还没等他回到彭城，就因背上长疮病死在路上了。

项羽那里本来就没有几个谋士，现在又失去了范增，根本比不过刘邦了。刘邦虽然暂时还打不过项羽，却已经看到了胜利的曙光。

停战协定

项羽在失去了范增以后，威势依旧不减，很快就将荥阳攻陷了。不过由于部下纪信装成刘邦的样子，拼死掩护，刘邦奇迹般的从项羽的眼皮底下逃脱了。

公元前203年，刘邦将兵力集中起来攻占了成皋，接着对荥阳展开围攻。项羽领着军队回来支援，与刘邦形成对峙。刘邦知道项羽想要和自己速战速决，但是就不给他这样的机会。

经过了长达十个多月的对峙之后，刘邦的军队终于渐渐占了上风，因为他们有蜀地和关中的支援，而项羽就不一样了，他不仅没有兵源，而且粮草因为彭越的骚扰，经常供应不上。经过长期的对垒，项羽军队的士气越来越低落，又因为腹背受敌，根本不能和刘邦的军队对抗了。

公元前203年的8月，一个叫侯公的辩士从中说和，刘邦暂时和项羽签订了一份停战协定，规定楚、汉两国把鸿沟当作分界线，将天下一分为二，鸿沟西面属于汉的领地，而东面则归楚所有。签订这个协定以后，项羽把以前俘虏的刘邦的妻子和父亲送回了刘邦那里。

虽然这次并没有将项羽打败，但是刘邦的地位已经明显得到了提高，完全有能力和项羽抗衡，甚至实力还在项羽之上。

一统天下

在和项羽签订了停战协定之后，刘邦本来想要回到关中去。但是这个时候张良和陈平却建议他继续攻打项羽，因为现在项羽已经众叛亲离，这正是将他消灭掉的最好机会。于是刘邦就下令向项羽发动进攻，并让人传达命令给韩信和彭越，让他们也一起出兵。

但是韩信和彭越的军队却迟迟不肯发兵，刘邦就自己带兵和项羽打，却被项羽打败，只好坚守阵地不再出战。后来刘邦采纳了张良的计策，把齐地和梁地分别封给韩信和彭越，这才使他们出兵相助。这样一来，再加上英布过来支援的人马，刘邦在兵力方面有了相当大的优势。

到了12月，刘邦将各路人马聚集到一起总共三十万人，在垓下设下了十面埋伏，把项羽的军队层层围困起来。到了晚上，刘邦让自己的那些军士们唱起特别苍凉的楚国歌曲，从心理上瓦解项羽率领的那些楚国人的斗志，当天晚上项羽的军营中哭声不断。

但是项羽还是从重围之中杀了出去，领着一小部分人逃跑了。刘邦的军队穷追不舍，终于在乌江河畔逼得项羽自刎而死。

于是楚汉之间的战争终以刘邦的胜利结束了，而垓下之战给这场战斗画上了一个圆满的句号。公元前202年，刘邦将全天下统一起来，建立了一个全新的国家——西汉王朝，将秦朝末年诸侯割据的混乱局面彻底结束了。

被匈奴围困

匈奴一直以来都是困扰中原的一大因素，为了阻止匈奴向汉朝的南部进犯，刘邦将韩王信派去镇守晋阳。但是后来韩王信因为害怕刘邦会杀了他，所以就向匈奴投降了。韩王信和匈奴勾结在一起，向汉朝的南部进攻，很快就把山西的绝大多数地方攻占了。

公元前200年冬天，刘邦亲自出战，领着三十万大军朝入侵的匈奴扑了过去，顺便将造反的韩王信镇压下去。由于军队的人数众多，又是刘邦御驾亲征，因此刚开始的时候所向披靡，连打胜仗，将韩王信和匈奴的军队打得落荒而逃。刘邦渐渐有些轻敌了，又想着一下子把匈奴的力量消灭掉，因此领着军队不断追击。

刘邦被胜利冲昏了头脑，领着骑兵飞速向前追赶，却不料中了匈奴人的埋伏。后来勉强退到了白登山，却被匈奴的四十万精锐的骑兵围了个水泄不通。同时匈奴人还将各个重要的路口全都堵死了，不让汉军的援兵有机会过来支援，这样也让刘邦和其他部队失去了联系。

在匈奴骑兵的突击之下，刘邦的军队损失惨重，而且被围了七天七

9

夜，粮食都吃完了，天上又下雨下雪。士兵们饥寒交加，根本没有多少战斗力。只要匈奴人再发动几次进攻，他们就要全军覆没了。

幸而在被围困了七天之后，刘邦的谋士陈平想出了一个非常好的计策，他建议刘邦花费重金将匈奴单于的爱妻收买，帮着在单于面前说点好话。这个计策果然奏效，于是在一个雾气特别大的天气，匈奴将包围圈的一角松开。刘邦赶紧抓住这个机会，在陈平的保护下冲了出去，回到了平城，与赶来的汉军主力会合。就这样，刘邦捡回了一条命，可以说是吉人自有天相吧。

与匈奴和亲

经过这次九死一生的"白登之围"后，刘邦对匈奴的强大感到非常害怕，不知道该用什么样的方法对付他们。而且自此以后，匈奴人进犯汉朝的边界更加猖狂了，但是以西汉当时的国力，根本没有办法与匈奴相抗衡。

无奈之下，刘邦经过一番问计之后，决定采取和亲的办法，以求能够得到一段时间的安宁，让国家得以休养生息。于是他派使者刘敬到匈奴去提亲，获得了匈奴人的同意。

公元前198年的冬天，刘邦从宗室之中选了一个非常漂亮的女子，当作公主嫁到匈奴那里去，然后让刘敬当使者随同前去，还携带价值不菲的嫁妆。于是匈奴的冒顿单于便将这位名义上的公主立为阏氏。

从那天起，汉朝便一直与匈奴保持着和亲的关系，但是不仅仅只是和亲，每年都要送给匈奴大量的钱财物资。另外还设立了"关市"，让匈奴人可以和汉朝人相互往来和经商。这样一来，虽然比较屈辱，但和匈奴之间的关系比以前和睦多了，尽管匈奴人偶尔也会对汉朝的边境进行侵扰，却从来没有发生过大规模的战争。西汉王朝总算是获得了喘息的机会，为以后出现文景之治奠定了基础。

杀掉臧荼

公元前202年8月，刘邦刚刚登基不到一年，燕王臧荼就起兵谋反了。为了鼓舞士气，刘邦亲自率兵平反，这场叛乱很快被镇压下去了。两个月之后刘邦就将燕王抓了回来。

由于这件事情的经过极其简单，所以在很多史料记载中都一笔带过。这无疑给世人留下了很多疑问：究竟是什么原因让臧荼造反的呢？造反的人一般都做好了充足的准备，那为什么臧荼这么容易就被刘邦抓获了呢？臧荼是沙场上的老手，怎么会在毫无准备的情况下开战呢？

只有一种解释可以说明这一切，那就是臧荼的这次造反，是被人诬告。可是，这一次的诬告陷害正中刘邦的心意，于是趁机出兵镇压。因此臧荼才会在毫无准备的情况下，突然被刘邦大军压境，之后才回过神来，被刘邦生擒。

无论臧荼造反的原因是什么，但是他此次被俘，却是汉朝历史上第一个被皇帝亲自动手除掉的诸侯，可以称得上是一件重大的事情。

除去韩信

韩信之前的主子是项羽，但因为没有得到重用，在无奈之下才投奔刘邦。在楚汉之间的战争中，韩信是一个军事良将，在刘邦战胜项羽的战争中起到了关键性的作用。可是，也正是因为他杰出的军事才能，才为自己招来了杀身之祸。

之前，在项羽身边有一个名叫钟离昧的人，是其麾下的一员猛将。刘邦曾经发布通缉令抓捕他，但是韩信却偷偷收留了他。在公元前201年的时候，有人曾经向刘邦举报说韩信有谋逆之心。面对满朝文武，刘邦问这件事应该如何处理，很多大臣说要发兵将韩信铲除，但是陈平不赞同。陈平认为：韩信能征善战，是一个不可多得的军事奇才，手下都是精兵强将，因此想要一举将其击败是不可能的事情，面对这种情况，还是智取为妙。

所以，刘邦采用了陈平的方法，假装去云梦泽巡查，让所有被分封的诸侯王都看到皇上来陈地看他，等到韩信来到陈地之后，就将其捆绑住，然后再治他的罪。完全不知情的韩信大叫着冤枉，可是，刘邦对此完全不予理会，直接说有人告他有谋反之心，速速将其押上囚车。可是，抵达京城之后，因为没有找到确凿的证据，所以不能治韩信的罪，无奈之下，刘邦只好先收了韩信的兵权，将其降为淮阴侯。

此事发生之后，韩信对自己的境遇越发不满意了，经常称病不上朝。

这样经过几年之后，巨鹿的太守陈豨叛乱，而且自立为代王，占领了大片领地。于是，刘邦带领着军队前去镇压叛乱，此时就有人向刘邦的妻子吕雉说，韩信是陈豨同伙，两个人里应外合，想要颠覆大汉。

于是吕后找来萧何商议这件事，并且向外发出了消息，说一旦叛乱平定之后，满朝文武就到宫中庆贺。韩信并不知道这是鸿门宴，兴致勃勃地来到宫中。刚进宫，吕后就命人将韩信抓了起来，并且用竹签子刺死了。

之后，刘邦得知韩信被杀一事，既高兴又惋惜。高兴的是这个威胁终于铲除了，遗憾的是韩信这样一代将才就这么死掉了。虽然韩信是被吕雉杀死的，但是铲除异姓诸侯王一直是刘邦的梦想，所以韩信也算是死在了刘邦的手上。

废除张敖的王位

刘邦登基后不久，就将女儿鲁元公主嫁给了赵王张敖，可是，自从那次被匈奴军队围困在白登山七天七夜之后，刘邦就打算将鲁元公主远嫁匈奴，维持双方和睦友好的关系，逼迫着鲁元公主退婚。

刘邦返回长安的途中，来到张敖这里。张敖表现得甚是谦卑有礼，在刘邦面前更是小心翼翼，只怕有什么不周到的地方，让刘邦抓住小辫子。可是，刘邦居然还是不满意，被匈奴围困后，他的心情就一直不好，正好借着这个机会将火气撒到张敖身上。刘邦上座之后，就对张敖一顿臭骂，而张敖呢，不管刘邦怎么骂，都可以坐如钟、站如松。

张敖倒是没有什么，只是他的属下有些看不过去了，心想你刘邦为什么这样傲慢无礼啊，于是想要一刀砍了刘邦，可是张敖不同意这样做，所以他们决定自己动手，倘若成功了，就拥立张敖为帝，如果失败了，后果自己承担。

汉高祖八年，刘邦亲自出征，带领军队去攻打东垣，途中经过赵国的柏人，赵王收拾好房子等待刘邦入住，但是张敖的手下却在房间的夹缝中暗中安排了武士。可是，因为刘邦觉得这个地方的名字不好听，所以就没有在那里住宿。

不知怎么回事，这场根本就没有行动的武装刺杀，在一年之后竟然传到了刘邦的耳朵里。刘邦十分生气，想要将张敖和他的手下关进大牢，等待发落，吕后因为担心自己的女儿鲁元公主受到牵连，便不停地在刘邦的面前哭泣、求情，但是铁石心肠的刘邦依旧将张敖关进了死牢。

之后，经过一番详细调查，种种证据都表明这件事情与张敖没有关系，刘邦这才将张敖从死牢里放出来，却削去了他的爵位，降为宣平侯。

灭彭越

陈豨起兵之时，刘邦御驾亲征，曾经带兵路过邯郸，而且在梁王彭越那里调集人马。当时的彭越因为有重病在身，没有前往，只是让一个手下部将前去助阵。彭越对这件事的处理，引起了刘备的强烈不满，甚至大发雷霆，而且在回到洛阳之后，亲自派人去指责彭越。

一直以来，彭越都是一个心思缜密的人，特别是在韩信被杀之后，就变得更加小心翼翼，而且时常溜须拍马，让刘邦龙心大悦。在所有的分封王中，他到京城朝见刘邦的次数最多。这一次刘邦如此生气，吓得彭越不知所措，打算亲自到京城拜见刘邦，负荆请罪。可是，他的属下有一个名叫扈辄的人，却说："起初您说自己生病，才没有带兵前去，现在皇上派人来指责你，你却立即过去请罪，这会让皇上认为你是在装病。如果到了洛阳之后，您像韩信那样被抓起来，该怎么办？与其那样，倒不如现在起兵算了。"

可是，彭越不仅不想造反，还害怕自己的结局与韩信一样，于是就在家里继续装病。可是，没几天，梁太仆得罪了彭越，彭越因此十分生气，说是要将梁太仆杀了。所以，梁太仆连夜逃出城去，跑到刘邦那里告发彭越说：扈辄与彭越商量着造反。这一句话惹得刘邦大怒。

之后，刘邦秘密命令将彭越抓起来，彭越糊里糊涂地就被关到了洛阳的大牢中。经过一番严审之后，刘邦认为既然彭越知道扈辄有谋反之意，却没有定他的罪，还知情不报，这完全是想要谋反，不过，刘邦还是网开一面，免去了彭越的罪，将其降为一介平民，并且流放到蜀郡的青衣县。

彭越没有办法，谢过刘邦之后，就被士兵们押着出发了。当他从郑地经过时，正好遇到从长安返回洛阳的吕后，不禁痛哭流涕："臣的年纪已经大了，再无奢望，只求在自己死后可以安葬在家乡。"

吕后答应了他的请求，而且和他一起回到洛阳。之后，吕后向刘邦说："彭越不是个简单的人物，如果把他流放，就等于放虎归山，倒不如直接把他杀了，现在我已经把他带回来了，不如就趁现在。"之后，吕后就暗示彭越府上的下人再一次告他谋反。

经过查证，刘邦将彭越的一家全都处死，并且诛灭了三族，还把彭越的尸体剁成肉酱，用来制作肉羹，并分给其他的诸侯王和功臣们品尝，让那些功臣们引以为戒。

战英布

看见彭越死得那么惨，淮南王英布觉得不久刘邦就会把自己也杀了，于是决定不再坐以待毙，而是主动起兵造反。作出决定以后，英布就秘密将军队调集起来，随时准备起事。但是还没等他造反，就有人把这件事报告给了刘邦。

刘邦经过一番调查，发现英布确实有造反的迹象，英布知道瞒不住了，于是就提前起兵发难。由于刘邦那个时候年纪已经不小了，英布觉得他不会再次御驾亲征，而且韩信和彭越这两个最厉害的大将都已经死了，别的人英布根本不放在眼里，所以他一点也不害怕。

英布刚一造反的时候，接连打了几个大胜仗，将荆楚附近的地区都攻占下来。这时刘邦正生着病，但是因为朝中无将，只好再次御驾亲征。

刘邦在和英布对垒的时候破口大骂，问他为什么要造反。英布的回答差点没把刘邦气死，他说当然是想当皇帝了。

刘邦非常生气，立即下令大军进攻，把英布打得落荒而逃，在逃跑的过程中被人杀死了。不过刘邦自己也在乱军中被射了一箭，中箭的地方正好是胸口。

一年以后，刘邦的伤越来越重，最后在将后事安排完以后就驾崩了。

第二章

最为可怜的傀儡皇帝——汉惠帝刘盈

帝王档案

☆姓名：刘盈

☆民族：汉族

☆出生日期：公元前 211 年

☆逝世日期：公元前 188 年 9 月 26 日

☆配偶：张嫣

☆子女：6 个儿子

☆在位：7 年（公元前 195 年 6 月 26 日~公元前 188 年）

☆继位人：刘恭

☆谥号：孝惠皇帝

☆陵墓：安陵

☆生平简历：

公元前 211 年，刘盈出生。

公元前 205 年，被刘邦册立成王太子。

公元前 202 年，被改立成皇太子。

公元前 195 年，登基当上皇帝。

公元前 191 年，将"挟书律"废除。

公元前 188 年，刘盈去世。

人物简评 ✑

　　汉惠帝刘盈当了 7 年的皇帝，所做的事情根本没有几件，但是对于有一个特别强势的母亲的他来说，只要可以让父亲刘邦制定的政策继续实行下去，不让国家有太大的动荡，就已经算是不错的政绩了。实际上，尽管他没有做什么实事，但是在汉朝的历史上却有着很重要的承上启下的作用，从这方面来看，他也可以算是一个不错的皇帝。

生平故事 ✑

　　刘盈作为西汉的第二个皇帝，由于受到生母吕后的控制，皇帝当得并不是那么称心如意，甚至还非常难受。

登上帝位

　　汉惠帝刘盈是刘邦和吕后的儿子，他是一个比较幸运的人，父亲辛辛苦苦将天下打下来，他不费吹灰之力就坐享其成，当上了西汉的第二个皇帝。然而他又是不幸的，虽然当上了皇帝，却处处受制于人，不能展开手脚。

　　刘盈在公元前 211 年出生，那时候还是秦朝的天下，正值秦始皇三十六年。但是世事无常，当他长大的时候，天下已经是他们家的了。而且很快他的父亲刘邦就去世了，他在 16 岁的时候就当上了少年天子。不过可惜的是，他有一个恶毒的母亲，他不但没有享受到掌管天下大权的乐趣，还早早地离开了这个世界，只做了 7 年的皇帝。

　　汉惠帝的这一生和他的母亲吕后紧紧联系在一起，之所以能够登基做皇帝，完全是因为有吕后在后面支持着他。但是没有活多久，汉惠帝就早早地死掉了，这也和他的母亲毒辣的行事手段有着必然的关联。

　　在刘盈年纪还小的时候，他的父亲刘邦没有多少势力，不是当朝天子，而是官职不大的亭长。因此他们的生活过得并不是特别好，很多时候他还要跟着自己的母亲吕雉到地里去干活。

到了后来，父亲刘邦起兵反秦，他的生活过得就更加苦不堪言了，小小年纪就跟着母亲东奔西跑。由于整天处在漂泊无依的状态，刘盈的身体不是特别好，后来母亲和爷爷也让项羽给抓走了。他和姐姐就只好跟着父亲刘邦一起逃命，然而刘邦根本就不把他们两个小孩子当回事，甚至在逃跑的时候把他们从马车上推下去。不过好在刘邦的手下夏侯婴看不过去，就将他们姐弟两个抱了回来，不然肯定要死在乱军之中了。经历了这些胆战心惊的事情之后，刘盈终于和姐姐一起跟着刘邦来到了关中，这才过上了几天比较安静的日子。

后来经过几年的时间，刘邦杀掉了项羽，摇身一变，从一个小混混变成了汉朝的开国皇帝。刘盈也就幸运地被册立为太子，这时候他年纪还不大，只有9岁。尽管他已经被册立为太子了，然而想要当上皇帝也不是一件容易的事，实际上连他的太子之位也很难保住，因为刘邦一点也不喜欢他。

刘盈这个人天生比较文静，表面上看起来一点也不像刘邦那样雄姿英发，有王者的气息，因此刘邦对他是一百个看不上。刘邦在当上皇帝以后，对戚夫人十分宠爱，对戚夫人生的皇子如意也非常喜爱，因此刘邦就想着把刘盈废掉，让如意当太子，将来继承皇位。不过他刚把这样的想法提出来，马上就遭到所有人的反对，于是刘邦就把这件事压了下去。但是这样一来，刘盈的太子地位就不稳固，说不定刘邦什么时候改了主意，就把他给废了。

因为这时候的刘盈年纪还不大，对这件事一点感觉也没有，可能被废了也不会觉得伤心。但是如果刘盈被废了，他的生母吕后的权力就会受到严重威胁，于是为了自己以后能掌握大权，吕后就开始积极行动起来，坚决抵制刘邦的废太子行为。

由于刘邦就是不喜欢刘盈，刘盈的太子之位可以说是岌岌可危，吕后不得不想点办法才能保住刘盈的地位，但是她自己又想不出什么好办法，于是她就找到了刘邦的谋臣张良。张良给她出了一个主意，刘邦曾经派人去请当时非常著名的"四皓"出来辅佐，但是"四皓"完全不为所动，刘邦因为尊贤重士就不再勉强。

这个时候不如把他们请来，帮着说刘盈的好话，那样就可以起到很好的效果了。吕后认为张良说得很有道理，于是就准备了大量的金银珠宝，给"四皓"送去，并说了很多好话，请他们帮忙。"四皓"收了重金之后，果然出来帮忙，把刘邦废刘盈的想法一次次打消掉。

有一次淮南王英布造反，领着军队占领了很多地方，刘邦因为当时正在生病，国家的大将也都死得差不多了，就想让刘盈去镇压叛乱。但是刘盈天生不是打仗的那块料，而造反的英布又非常勇猛，因此这次如果带兵出战的话，很可能会打败仗，刘邦就完全有理由废掉他了，这对他十分不利。这时候"四皓"便想方设法让刘邦改变了这个决定，而选择了御驾亲征。

但是事情并没有那么快就结束，刘邦在镇压完英布的叛乱时受了很重的伤，然后就一病不起。这时候他想到就是因为太子那个窝囊废不肯出征，才让自己不得不带病上战场，还受了这么重的伤。于是，刘邦又想着把这个没用的儿子给废了，立自己喜欢的戚夫人的儿子如意为太子。

这一次，刘邦意志坚决，不管张良说什么，都于事无补，其他的人说话更是连理都不理。最后，还是"四皓"起到了关键性的作用，让刘邦打消了废黜太子的念头。这还要从一次宫廷宴会说起，80多岁的"四皓"与太子刘盈一起入席。刘邦见到这种情形，有些惊慌，不管自己如何邀请都不肯来的"四皓"竟然成为了太子门下的人。这就足以说明太子的贤德，竟然可以得到天下人的拥戴。倘若此时将太子废黜，必定会引起全天下人的不满，于是刘邦叹息一声，将废黜太子的念头断绝了。

从这件事以后，刘邦废太子的思想就不强烈了，后来过了没多久，刘邦因为重病难愈，驾崩了。刘盈在母亲吕后的帮助下，顺利地当上了汉朝的第二个皇帝，也就是汉惠帝，这个时候他才16岁。尽管当上皇帝的过程很不容易，但其实一直都是吕后在后台操纵，他自己根本没做什么事，这个皇帝虽然是他来做，但幕后的掌权者却是阴险毒辣的吕后。

强势的母亲　可怜的皇帝

汉高祖刘邦一共有八个儿子，刘盈在所有的兄弟中排行第二。他好不容易才保住了皇太子的位子，最后成功当上了汉朝的第二个皇帝。在他即位以后，一切似乎还不错，他有父亲留下来的一大批能干的重臣们帮助治理天下，有父亲早已经制定好的治国方案，根本不需要做多么大的努力，就已经可以使偌大的国家井井有条了。

按理说刘盈当皇帝的时候天下基本上已经稳定下来，作乱的诸侯已经被刘邦镇压得差不多了，匈奴的威胁目前也不是特别厉害，他完全可以有很大的作为，甚至不下于后来的文帝和景帝。

但是，一切并不是那么简单，他还有一个蛮横霸道的母亲——吕后。因此刘盈不但没有机会展示一下自己的才能，在这个新兴的国家大展拳脚，反而在母亲吕后的干涉之下，早早地去世了。尽管他的皇帝之位可以说是母亲帮他抢回来的，但有一个强势的母亲，有时候却未必是一件好事。

因为汉惠帝刘盈刚刚当皇帝的时候年龄还比较小，而且生性怯懦，没有多大的能力，所以他的母亲吕后实际上就掌握了朝廷的大权。吕后可比她的这个儿子厉害得多，她不仅心计很深，而且性格特别坚韧，自从将生杀大权握在手里，她就开始了对那些敌人的无情打击。

而吕后最痛恨的人就是一直以来都深受刘邦喜爱的戚夫人，更重要的是，刘邦还差点将戚夫人的儿子立为太子，让她当上太后的过程变得异常艰辛。于是刘邦刚驾崩，吕后马上就派人把戚夫人给捉起来了，并且把她囚禁在永巷里，这个地方本来是用来关押那些获罪的宫女的，因此有很多人被关在这里。

这些宫女被长期关押在这个逼仄狭窄的地方，心理就变得扭曲了。她们看到原本高高在上的戚夫人，突然和自己关到了一起，于是赶紧抓住这个千载难逢的好机会，尽情地凌辱她。因此，戚夫人在这里受尽了宫女们的折磨，简直生不如死。

但是这种程度的折磨并不能让阴险狠辣的吕后满意，她叫人把戚夫人的头发全都剃下来，还把她的双脚用一根铁链子锁起来，让她穿着特别破烂的衣服，还将她锁在一个发霉发臭的破屋子里，并让她不停地干活，一个劲儿地舂米，如果不能按规定完成舂米的量，就不让她吃饭。

戚夫人在京城过着生不如死的日子，而这时她的儿子如意还在赵国当着王，完全不知道自己母亲正在受苦。戚夫人想到以前过得那些快乐的日子，再看看现在所受的非人的虐待，想起还在做王的儿子，感到异常悲伤，于是一边干着无休止的舂米工作，一边唱歌。歌词大意是：儿子当着王侯，而母亲却做囚犯，每天都没日没夜地舂米，不知道什么时候就死了，我们离得这么远，能有谁告诉你啊！

戚夫人本来是想让那个当王的儿子如意来解救她于水火之中，但是她完全想错了。如意不知道这件事还好，一知道这件事，连自己也活不成了，因为他完全不是吕后的对手。吕后听说戚夫人居然不思悔改，还指望着她的儿子来救她，感到非常生气，马上就将那个赵王如意召到京城来，准备把他杀了。

汉惠帝刘盈是个非常善良的人，而且对自己的母亲非常了解，一听她要把赵王如意召到京城里来，知道一定不会有什么好事，说不定就想把赵王杀掉。他觉得赵王的母亲戚夫人已经受了那么多的苦，自己无论如何也不能眼睁睁看着他再被母亲害死了。于是刘盈决定怎么也要保护他，就在赵王还没到长安的时候，刘盈就背着吕后偷偷到城外去将他迎接了过来，而且让他住在自己的宫室之中，吃饭睡觉都在一起，防范一切可能发生的危险。

刘盈这一招相当高明，狡猾的吕后暂时也没有办法对赵王下手。不过难免还会有疏漏的时候。有一天，汉惠帝早上起床之后准备到外面去打猎，看见赵王如意还在呼呼大睡，因此就想让他再多睡一会儿，不叫他一起去了，想着在自己的宫里还能发生什么危险吗？但是吕后可不是省油的灯，她马上让人将毒酒送了过去，把赵王如意害死了。等汉惠帝刘盈回来的时候，见赵王已经死了，简直不能相信自己的眼睛，只有抱着他的尸体一阵痛哭，最后将他厚葬了。

连赵王都杀了，吕后更是一点顾忌也没有了，于是她对待戚夫人的手段更加残忍，将戚夫人的双手、双脚全都砍下来，还把她的耳朵弄聋，眼睛刺瞎，灌下哑药，关进厕所里，称她为"人彘"。这样几天之后，吕后觉得没人知道很没意思，于是让汉惠帝去观赏。汉惠帝因为从来也没有听说过有什么"人彘"，觉得这件事非常新鲜，于是就高高兴兴地随着太监前去观看。

太监领着汉惠帝从长长的、狭窄曲折的小巷子里通过，最终走到一个厕所前面。太监把厕所的门打开，让汉惠帝看着里面惨不忍睹的戚夫人，解释说："皇上，这个就是太后说的'人彘'。"汉惠帝看了又看，才认出这是一个人的身子，但是由于既没有手也没有脚，眼睛是瞎的，身子虽然还能动，却只是在地上滚来滚去，嘴张得很大，却什么声音也发不出来，因此他也不能确定这是不是一个人。

汉惠帝越看越觉得害怕，于是就问，这究竟是什么东西？太监告诉他，这就是戚夫人。汉惠帝一听，吓得差点晕倒在地上，赶紧问这是怎么回事。太监便将吕后怎样将戚夫人的手和脚都砍了下来，将她的眼睛挖了出去，将她的耳朵弄聋，怎样让她喝下哑药，最后还把她关进厕所里的事情绘声绘色地告诉了汉惠帝。汉惠帝听完一阵哆嗦，然后就放声大哭起来，回宫之后便生了一场大病，从此以后便下不了床了。

汉惠帝觉得自己的母亲实在是太狠毒了，于是让人找到吕后，对她说："人彘这件事，不是人能干出来的，简直就是禽兽不如！怎么说戚夫人也跟了先帝那么些年，她的下场落得如此凄惨，让先帝的在天之灵也不会安心。我身为一国之君，却有一个如此丧心病狂的母后，简直没有脸面再继续治理天下了。以后有什么事不要告诉我，你自己看着办吧！"

汉惠帝在生了一场大病之后，一蹶不振，整天只知道吃喝玩乐，沉迷于后宫的温柔乡中，对国家的事情一概不管不问。这样过了没多久，在公元前188年的时候，年轻的汉惠帝便在忧愁中去世了，死的时候只有24岁，谥号"孝惠"，葬在安陵，也就是今天的西安那一带。

"孝"的意思是孝子，也就是说这个人很能将父亲建立的事业继承和发展下去。从汉惠帝之后，汉朝的皇帝们都会在谥号前面使用这个"孝"字，例如"孝文帝"、"孝武帝"等等。从这一点就能够看出汉朝的皇帝们比较看重孝道，实际上汉朝从始至终都提倡"以孝治天下"，这种情况只有一个是例外，就是东汉的光武帝刘秀。"惠"的意思包括"仁慈"和"柔顺"，因此"孝惠"这个谥号可以说是很好地将汉惠帝刘盈的一生概括出来了，他就是既孝顺又柔弱的一个人。

汉惠帝当了7年的皇帝，不过却只有一个虚名，权力都握在自己母亲的手中，而且死得也很早。在汉惠帝去世以后，吕雉又掌管了天下长达8年之久。在吕雉执掌大权的这15年之中，是汉朝从建立国家到后来的文景之治的一个十分重要的过渡时期。

受冷落的皇后

汉惠帝刘盈有一个比他小很多的皇后，叫作张嫣，字淑君。他的这个皇后是以前当过赵王后来又被刘邦贬成宣平侯的张敖之女，而皇后的母亲就是吕雉的女儿鲁元公主，这样算起来，张嫣其实是吕雉的外孙女，也就是刘盈的外甥女。

公元前191年10月里某天，汉朝的未央宫之中一片欢天喜地的景象，到处都是红灯笼和红彩带，一场规模宏大的婚礼在这里举行，而要结婚的两个人就是当今的皇帝刘盈和他未来的皇后张嫣。这个时候刘盈已经20岁了，然而他的这个妻子才10岁，而且还是他的外甥女，这真是让人哭笑不得的结合。

然而这是当今太后吕雉的主意，由她亲自策划亲自主持的，别人同不同意根本无所谓，皇上愿不愿意也不重要，重要的是她的外孙女以后就是皇后了。自从汉惠帝当上皇帝以后，大权一直是在母亲吕雉的手中掌握着，他自己就是一个傀儡皇帝。皇太后吕雉以太后这个极好的身份，将军国大权牢牢攥在手中，一面维护着刘氏的天下，一面极力为自己的吕氏家族谋取更多的利益，将那些吕氏子孙都封成诸侯王。

由于吕后对自己的女儿鲁元公主十分疼爱，因此想尽一切办法让女儿的那一家子过得更加富贵，在人前的地位更加显赫。不过由于女儿的头衔最多也就只能到公主、侯爵夫人那种级别，而女婿则在列侯爵位上停步不前了。吕后在想了很久以后，终于想出了一个主意，就是让自己的儿子迎娶自己的外孙女，这样就可以让外孙女当上母仪天下的皇后了，自己的女儿也能凭借着这件事，变得更加尊贵。这样一来，自己的儿子是皇帝，外孙女是皇后，简直就是绝妙的好主意。就算汉惠帝不同意也没关系，这种事情还轮不到他来做主，吕后说怎么做就相当于圣旨。

因此吕后便选择了一个好日子，给儿子与外孙女举行了一场规模巨大的结婚仪式。这个仪式是她经过一番冥思苦想才设计出来的，还用两万斤黄金作为聘礼，这么巨额的聘礼，比当时两千个中等人家的财产加起来还要多。

汉惠帝本来就对吕后一手策划包办的婚姻感到非常不满意，再看到她将赵王刘如意毒杀，将戚夫人残忍地折磨而死，对这个无可救药的母亲感到极度失望，而且又万分悲痛，大哭了一场过后，得了很重的病。

汉惠帝这场病过了很长时间才好，而且也只是略有好转，并没有彻底康复。不过他对吕后的种种禽兽不如的行为还是感到十分恶心，心中的阴影挥之不去。于是汉惠帝便将所有的军政大权都完全交到吕后的手中，连这个傀儡皇帝也不当了，对朝政不闻不问，整天沉迷于声色犬马之中。吕后见他把权力完全放手了，感到正合心意，将权力握得更牢了。

汉惠帝整天就是喝酒玩乐，沉迷于美酒和美色之中，对生活完全失去了兴趣。本来他和皇后张嫣的血缘关系就让他感到非常不高兴，而且他们之间的年龄差距也那么大，这就更让刘盈觉得难以接受了。他一点也不想亵渎这个外甥女，所以一直和她的关系非常疏远，见面的时候也颇为冷淡。再加上现在又整天沉迷于酒色之中，更是不理这个小皇后了。

张皇后见刘盈经常无视她的存在，就算是见了面以后也是一副冰冷的面孔，根本就不让她侍寝，心里十分伤心，想着如果可以给汉惠帝生个儿子的话，应该会让他在自己身上用点心，这样对自己的将来也有好处。但是由于汉惠帝根本不和她同房，因此想要怀孕根本就是不可能的事，到了后来连那些地位不如她的妃嫔们都生了孩子了，她这里却还是什么动静都没有。皇后又急又气又伤心，但是皇上就是不喜欢她，她也无法改变这样的事实，只有整天以泪洗面。

吕后知道了这件事以后也非常着急，但是她也不能把皇帝怎么样，于是吕后就让皇后用东西将衣服撑起来，装出一副怀孕的样来，然后对外宣布说皇后怀上龙种了。然后这样一直装了十个月，时间差不多了，吕后就把一个刚生了孩子不久的妃子杀了，把孩子抱过来给了张皇后，并且对天下人说，皇后生了一个小皇子。然后吕后便告诉汉惠帝，将皇后的这个儿子册立成皇太子。

就这样皇后白捡了一个儿子。汉惠帝整天闷闷不乐，终于在24岁的时候去世了，接着便由皇太子当上了皇帝，史称"少帝"。这样一来，张嫣虽然只有12岁，却已经是皇太后了。不过天下还是吕后的天下，她这个皇太后当然没有什么权力，只不过是过着一种失去了丈夫的十分孤独的日子。

等小皇帝长大一点，到了开始懂事的时候，有人悄悄将吕后杀死他的生母，然后让他当张嫣的儿子这件事告诉了他，于是年轻不懂事的小皇帝口出狂言道："等我以后长大掌权了，一定要给母亲报仇雪恨！"这句话很快就被吕后知道了，吕后觉得很惊讶，这么小的一个小孩就有这么大的口气，若是真让他长大了，说不定是个祸害。因此吕后在第二天上朝的时候，对大臣们说："因为现在的这个小皇帝身体不好，总是时不时就得病，根本没有治理天下的能力，只会让人民的生活更加困苦，所以我决定不让他当皇帝了，再另外选一个好的皇帝。"

由于一直以来都是吕后在当着实际上的皇帝，那些大臣们根本不敢说什么反对的话，因此吕后将这个提议说出来之后，很快就获得了大臣们的同意。就这样，小皇帝还不知道发生了什么事，就稀里糊涂地从皇帝的位置上被一脚踢了下去。他不当皇帝了，吕后就没有什么顾忌，很快把他毒死了，然后让小皇帝的弟弟刘弘当了下一个傀儡皇帝。

后来的刘弘小皇帝就更是什么都做不了主了，甚至连他自己的名字也是一直根据他的爵位不停地来回变换，改过很多次。在他当襄城侯的时候，他的名字叫作刘山，但是当常山王的时候就把名字改成了刘义，等到做了皇帝之后，又把名字改成了刘弘。说起来刘弘这个皇帝当得比前两个还要悲惨，因为他刚当上傀儡皇帝没多久，凶残霸道的吕后就一命呜呼了。这样一来，刘弘连傀儡皇帝也当不了了，那些忍了很久的大臣们一见吕后去世，便在刘邦的老臣周勃的率领下，发起了一场政变，把刘弘从皇位上赶了下去，时间不长他就和以前的皇帝一样，被毒死了。

而汉惠帝的那个张皇后，也被人夺掉了皇太后的名位，然后在未央宫北面的北宫被幽禁起来。过了 17 年以后，到了公元前 163 年，张嫣这个苦命的人才孤独地死去了。她这一辈子，从来没有生过一个孩子。

张嫣就那样默默无闻地去世了，人们连葬礼也没有给她举办。张嫣并没有被葬在帝王的陵墓之中，她的墓地非常简陋，甚至连普通人的都不如。她也没有什么墓志碑文之类的东西，封号就更是一种奢望，人们说起她的时候，一般都会习惯地把她叫作孝惠皇后。

总的来说，张嫣这个人是不幸的，从她和汉惠帝的包办婚姻开始，就已经注定了她一生的凄苦命运。她的这场婚姻完全是皇宫中权力斗争产生出来的东西，根本毫无温情可言，这也是政治斗争给人带来的悲哀。

喜欢男宠

由于汉惠帝在朝廷上什么事情都做不了主，甚至连选个皇后都是由他的母亲吕后一手包办，因此汉惠帝感到特别不满意，根本不和皇后同房。

由于根本不和皇后在一起，正是青年时期的汉惠帝当然耐不住寂寞，便和宫里其他的女子厮混在一起，饮酒作乐尽情狂欢。但是什么事情经常做也就没有乐趣了，于是汉惠帝对女色渐渐失去兴趣，开始把目光转移到男人身上。自从他喜欢上了这一口，就将不少长得好看的男人封成郎中，做他的男宠。这些男宠们的穿着打扮通常都非常妖艳，一个个戴着花花绿绿的羽毛装饰起来的，像鸡尾巴一样的帽子，腰上还缠着挂满了贝壳等装饰品的玉腰带，脸上更是擦上脂粉，看上去让人非常恶心。但是别人虽然感觉恶心，汉惠帝却喜欢，还经常和他们一起玩乐，日子过得十分腐化堕落。

在他刚和张皇后结婚不久，就有人偷偷告诉他说，其实这个让他非常不满意的婚姻并不只是吕后一个人的主意，而是她和辟阳侯审食其在一起睡觉的时候商量出来的。本来汉惠帝对这次婚姻就是一万个不情愿，这下知道这件事竟然是审食其在和太后私通的时候商量出来的，更是气不打一处来。

这个审食其以前是刘邦的仆人，早在刘邦还是亭长的时候就跟着他们了，还一直负责对吕后母子进行照料。日久生情，吕后就渐渐和他产生了不清不楚的关系。在刘邦当上皇帝以后，因为觉得他是有功之人，若不是他的照看，也许吕后母子早就死了，因此将他封成侯。在这以后，审食其还是经常和吕后纠缠在一起，但是刘邦却睁一只眼闭一只眼，也不去管他们。

汉惠帝知道造成自己不幸婚姻的主谋之中有审食其后，就随便找了一个借口，将审食其打入了大牢，想要把他杀了出一出心中的恶气。由于吕后和审食其的特殊关系，她也不好意思自己找到汉惠帝给审食其讲情。

但是这时候就有一个人打起了汉惠帝男宠的主意，这个人名叫朱建。他知道汉惠帝对他的那些男宠非常喜爱，这些男宠们说的话对他会产生很大的影响，如果能让这些男宠帮着说话，很可能就可以救回审食其的一条命。于是朱建就找到了汉惠帝的一个叫宏孺的男宠，对他说："假如皇上真的把审食其杀了，你以为就没事了吗，他死了你也活不了多久啊！"宏孺听了这话虽然大吃一惊，但还是有点将信将疑。朱建一点也不着急，耐心给他解释说："现在你正受到皇上的宠爱，觉得自己不会有什么事，那就大错特错了，虽然皇上不会把你怎么样，但是还有太后呢，太后如果要杀你，谁能拦得住？你也知道，太后对这个审食其非常看重，如果皇上真将他杀了，为了报复，太后一定会把你杀了。所以你现在最好劝皇上把审食其放了，不然到时候再后悔可就晚了。"

宏孺听了朱建的话，觉得是金玉良言，顿时吓出了一身冷汗。他赶紧找到汉惠帝，想尽一切办法给审食其求情，最后终于让汉惠帝将审食其赦免了。三年过去了，由于汉惠帝整天只知道吃喝玩乐，宠幸男宠，身体完全吃不消，早早地去世了。

第三章

糊里糊涂得来的皇位——汉文帝刘恒

帝王档案

☆姓名：刘恒

☆民族：汉族

☆出生日期：公元前 202 年

☆逝世日期：公元前 157 年

☆配偶：代王后，名讳不详，是刘恒的结发妻子，在刘恒登基之前去世；窦漪房（窦皇后）

☆子女：8 个儿子，2 个女儿，其中代王后所生的四个陆续病死，而窦皇后的长子刘启为太子，是为汉景帝。

☆在位：23 年（公元前 180 年 11 月 14 日~公元前 157 年 7 月 6 日）

☆继位人：刘启

☆庙号：太宗

☆谥号：孝文皇帝

☆陵墓：霸陵

☆生平简历：

公元前 202 年，刘恒出生。

公元前 196 年，刘恒被封为代王。

公元前 195 年，代王刘恒和母亲薄姬、舅舅薄昭等前往封地。

公元前 192 年，刘恒迎娶代王后

公元前 191 年，吕后将窦漪房赏赐给代王刘恒。

公元前 190 年，女儿刘嫖出生（为窦漪房所生）。

公元前 188 年，窦漪房又生下一子为刘启，也就是未来的汉景帝。

公元前 180 年，被周勃、陈平等人拥立继位，是为汉文帝。

公元前 177 年，女儿刘嫖嫁给堂邑侯陈午为妻。

公元前 166 年，老上单于谋入边为寇，汉文帝想要亲自率军出击，后被太后薄姬阻止，并结识了严将军程不识、飞将军李广。

公元前 157 年，汉文帝驾崩。

人物简评

他是"文景之治"的开创者；他的皇位在别人眼中是捡了一个大便宜，可他的功绩却是被载入了历史史册；他亲自耕种，为天下之表率；他免除十几年的赋税，百姓对其尊敬如父。他在位期间，韬光养晦、厚积薄发，为大汉王朝的发展积蓄了力量；他以德行服天下，以仁政治国家，这才有了汉朝的繁荣盛世。他就是糊里糊涂得来皇位的汉文帝刘恒。

生平故事

糊里糊涂登上皇位

汉文帝是历史上比较有名的皇帝，开创了中国四个盛世之一的"文景之治"，这是对他政绩的肯定。汉文帝，名为刘恒，是汉高祖刘邦的第四个儿子，是汉惠帝刘盈的弟弟，母亲为薄姬。

刘邦的儿子有很多，而刘恒在这些皇子中可谓是最幸运的一个。汉惠帝去世之后，吕雉为了加强自己的权力，对刘邦的儿子们展开了杀戮，害死了庶出的四个儿子。大儿子刘肥免遭陷害，得以善终。吕后去世的时候，刘邦的八个儿子只剩下了刘恒和刘长。

在刘邦的这些儿子中，刘恒是最为不起眼的一个，这和他的母亲薄姬有很大关系。

刘恒的母亲薄氏，是刘邦在苏州认识的，年轻的薄氏清丽脱俗，端庄大方，是当地数一数二的美女。薄姬的母亲原本是魏国王室之女，后来因为与王室的一个侍卫相爱，生下了薄姬，所以，薄姬的身上还流淌着魏国王室的血液呢！

后来，魏豹自立为魏王，薄姬的母亲因为思念家乡，于是将女儿送进了魏国王宫，成为了魏王的姬妾。

楚汉战争初期，刘邦一举击溃了魏豹，而年轻貌美的薄姬也成为了刘邦的俘虏，连同魏国王宫的其他宫人一同进入了荥阳织室织布。

一次，刘邦心血来潮闲逛到了织室，见到了貌美的薄姬，于是将她纳入后宫，当年就宠幸了她。可是，因为当时的战况吃紧，再加上刘邦知道她是私生女的身份后，就再也没有临幸过她。

但仅是那一夜，薄姬竟然怀孕了，腹中的小胎儿就是代王刘恒。虽然薄姬为汉宫生下了一位皇子，可是这也没能从根本上改变她现在的地位。她依旧是一个姬妾，没有被封为夫人。

薄姬每天面对着亭台楼阁，哀怨不已，终日以泪洗面，就这样艰难的度过了八年。她独自将刘恒抚养成人，因为薄姬得不到刘邦的宠爱，幼年的刘恒也不受宠，一年都见不了父皇几面。可是反过来讲，不管薄姬的身世如何，她毕竟生下了一个儿子，后宫的嫔妃们难免产生嫉妒之心，于是就想方设法地刁难她。经过长期的历练，薄姬也养成了谨慎、忍让的处世态度。

就这样，薄姬与儿子刘恒过着平静的生活，母子二人相依为命。薄姬从来不与后宫的妃嫔们争宠、吃醋，而刘恒也是每天读书，对母亲百般孝顺，再加上他品性善良，这给朝中的大臣们留下了很好的印象。也正是这种安分守己的处世态度，才让母子二人躲过了吕雉的魔爪，安稳地生存下来。

在刘恒7岁那一年，刘邦顺利平定叛乱，收复了代国的疆域，于是就册封刘恒为代王，前往边疆镇守。代国主要位于山西与河北地区，北方的匈奴时常侵犯其边境。因此，在汉高祖儿子们的封国中，刘恒的条件是最为艰苦的。

一年后，刘邦旧疾复发，不幸去世。吕雉掌握了大权，对刘邦生前宠幸的妃子进行了残酷的报复，特别是受宠的戚夫人。心狠手辣的吕雉斩断了戚夫人的手和脚，挖掉了眼珠，熏黑了耳朵，还逼迫她喝下了哑药，成为了人彘。当然，吕雉对薄姬还算好，这主要是因为薄姬与她的命运相同，都得不到刘邦的宠爱，可谓是同命相连。

正是因为如此，吕雉给予薄姬特权，将她送到了刘恒的封国，不但母子得以重逢，还赐予了她代国太后的封号，让她成为了大汉王朝中地位仅次于吕雉的第二夫人。

戚夫人被做成人彘后，吕雉曾经让自己的儿子汉惠帝刘盈前去观看，刘盈得知眼前的这团"怪物"就是戚夫人的时候，他哭着跪倒在地上，低

声说道："这哪是人做的事情，这让我以后怎么治理天下啊？"自此，刘盈每日饮酒作乐，不理朝政，而身体状况也是日渐下滑，最后一病不起，终年24岁。

惠帝死后，吕雉临朝听政，是中国皇后专权的第一人，少帝因为生母被吕雉所杀，心怀有怨，于是吕雉便杀掉了少帝，立刘弘为帝。

吕雉死了之后，刘邦的旧臣周勃和陈平联手除去了吕氏势力，然后又商议帝位的继承人，由此来取代吕雉生前所选定的小皇帝刘弘。他们认为刘弘并不是汉惠帝的后代，跟皇位继承传统不符。最后，他们选定了一向有着仁慈宽厚名声的代王为汉朝的下一任皇帝。

商定后，他们便派人前往代国接刘恒入京，继承大统。刚开始，刘恒见到长安的使者，心中很不高兴，而且还起了疑心，他的臣子也是争论不已，有的人认为让刘恒继承大统是汉王宫的一个大阴谋，而有的大臣则认为应该是真的。商议不下，刘恒决定用占卜的方式来定吉凶，最后得到了一个"大横"的结果，意思也就是说，刘恒不久就要做皇上了，而且会将他父亲刘邦的基业发扬光大，就好比启延续禹那样。结果是很好的，但是为了以防万一，刘恒在前往长安的路上还是谨慎行事，生怕自己陷入对方的圈套，最后天子没当成，反而命丧黄泉。快到长安城的时候，刘恒先后派遣舅舅薄昭和下属宋昌进城打探虚实。就这样走进了长安城，糊里糊涂的成了皇帝，做了未央宫的主人，成为汉文帝。

汉文帝时期是汉朝从稳定走向繁荣昌盛的过渡时期。汉文帝在位时，继续实行休养生息、轻徭薄赋的策略，多次减免全国田赋，极大地减轻了农民的负担。不仅如此，刘恒还会亲自耕作，为天下之表率，对于农业的发展起了极大的推动作用。

汉文帝知人善用，以仁政治理天下，废除了高祖时期所创立的苛刻刑罚，妥善处理好了匈奴和汉朝的关系，对南越实施安抚政策。汉文帝时期，匈奴曾经三次侵犯汉朝边境，都被汉文帝及时出兵，将其赶出了疆土。

说起废黜苛刻刑罚，这里还有一个比较经典的故事。

公元前167年，齐国的太仓令淳于意触犯国家律法被施以肉刑，于秋后行刑，这原本是一件十分正常的事情，但是在淳于意小女儿的努力下，不但让父亲得以赦免，就连酷刑也被废除了。

有一天早上，汉文帝刚睡醒，坐在案上处理国事，此时，听到有人来报，说宫门外有一位女子，自称是从齐地远道而来的，已经在宫门口徘徊很多天了，怎么也赶不走，说是有奏折递呈皇上。汉文帝想这位女子一定有什么冤屈，就让人将奏折拿过来，而且召这位女子进宫见面。

女子一见到汉文帝，就"噗通"一声跪在了他的面前，哭泣着说："我的父亲是淳于意，我的名字叫缇萦，这一次之所以冒着杀头的危险进宫为父亲伸冤，因为我不想看父亲为他人顶罪之后还要受到如此残酷的刑罚，希望皇上可以给我机会，让我将事情的原委讲清楚。"

汉文帝看着眼前这位娇滴滴的女子，一阵酸痛涌上心头，准许了她。

从缇萦的口中汉文帝得知，原来，淳于意对医学有着特殊的爱好，时常翻阅医书，因此，了解了很多治病的奇方，医书高明。而且，淳于意是一个积德行善、医德高尚的人，当地的百姓无人不受他的恩惠。

有一次，一位上级官员的妻子生了重病，请淳于意前去看病，最后由于他的妻子病得太严重了，没有医好，死掉了。这位上级官员就降罪于淳于意，污蔑是他害死了自己的妻子，这才被处以肉刑。其实所谓的肉刑就是割掉鼻子，甚至要在脸上刻字。

淳于意与妻子结婚之后，生下了五个女儿，没有儿子，在押送长安的时候，他哭红着眼睛说："可惜啊，我的膝下没有儿子，现在我遭遇了这样的事情，你们一群妇孺什么也做不了。"当时，淳于意最小的女儿缇萦听到这句话的时候，十分心痛，心想："难道女儿就不能有所作为吗？难道女儿就不能帮父亲吗？我一定要为父亲伸冤。"于是，缇萦来到了汉文帝的面前。

缇萦对汉文帝说："人死不能复生，割掉的手臂就不能再生长出来，割掉的鼻子也没有办法生长。倘若将字刻在脸上，不但疼痛难忍，即便说没有死掉，这种屈辱也会陪伴自己一生。只要是受到了肉刑的人，哪怕今后我想要改过从善，只怕也没有任何机会了。因此，我想要为父亲伸冤，只求皇上可以给我的父亲一次重新改过的机会。"

汉文帝听完缇萦的一番话，被她的孝心深深打动，于是召集大臣商议，决定废除肉刑，汉文帝说："国家之所以设置肉刑是为了教化百姓，可是奸邪之事依旧没有制止，这主要是因为方法不得当的缘故。倘若人犯了错误，没有给他改过自新的机会就受到了严厉的惩罚，即便是想要从善，只怕也没有机会了。割掉四肢，割掉皮肉，这原本就是一种不道德的行为，当然，更加不符合民之根本。所以，朕思考再三，决定废黜肉刑。"

就这样，缇萦救父的故事广为流传。

在中国历史上，汉文帝是出了名的节俭皇帝，他在位时期，宫室、院囿都没有增加，还遣送夫人以下的宫女回家，让她们另行改嫁。文帝仁政爱民，心系天下百姓；他又孝顺善良，被称为天下孝子的典范，所以他也被历史学家称为"仁君"、"贤君"、"明君"，为后世人所传诵。

求贤若渴　从谏如流

汉朝初期的选官制度，主要凭借检举的方式获取官职。汉文帝深知，广招贤才才是治国之本，因此，在他登基之后，就广发"英雄帖"，希望可以破格提升一批治国贤才。

汉文帝登基的第一年，他听说河南郡郡守吴公号称治政的第一好手，于是便将吴公请进宫去，讨教治政的道理，并且破格提升其为廷尉。吴公之后又向汉文帝举荐贾谊，说："贾谊是洛阳的一位青年才俊，我仅仅读了《诗》《书》，就已经白发苍苍，可是，我这几年读的书，都不足贾谊孩童时期学得多啊！"

汉文帝听吴公这样说，对贾谊此人充满了兴趣。原本，他对于吴公的学识就已经刮目相看了，现在听吴公说贾谊比自己还要强，于是就决定召贾谊进宫，那时，贾谊才21岁。

汉文帝见到贾谊之后，问了一些贾谊《诗》《书》相关的问题，甚至涉及诸子百家，可是睿智的贾谊都可以对答如流，这真是让汉文帝大开眼界。之后，汉文帝又问了他一些治国之术，贾谊思虑过后，便娓娓道来，从秦亡到汉兴，讲述了一系列的治国之道。接着，贾谊说道："秦亡汉兴的原因，汉高祖与众位大臣早已有所论断，而皇上也早已自知，倘若我再从上面做文章，就显得太自不量力了。可是，我却知道皇上担心什么事情，不是汉朝会落得秦朝那样，而是在担忧诸侯王的问题。"

汉文帝听到这句话之后震惊不已，这个刚刚20出头的年轻小伙儿，竟然可以看透自己的心思，当真是一个不简单的人物，就像吴公说的那样，他是一个治国安邦的人才。于是刘恒就赐贾谊为博士，让他参与国家政事。

不难看出，汉文帝对贾谊很是赏识，与朝中的大臣商议国事的时候，也经常让贾谊参与其中，有时大臣们还没有来得及反应，贾谊就已经从容作答了，这也让一些老臣自叹不如啊！

汉文帝登基一年后，就下了全国诏书，书上说："古时治理国家，朝廷内部都设有诽谤之木等，以此激励人们敢于纳谏，进而使国家通达。如今，有明文规定诽谤妖言之罪，大家都不敢说真话了，身为皇上并不知道自己究竟犯了什么错误，这样又如何广招贤才呢？因此，应该废黜诽谤妖言之法。

在刘恒的眼中，那些别有用心的人去污蔑和诽谤他人，仅是小事一件，可是，禁锢言论闭塞皇上的耳目，没有办法及时改正自身的错误，才是真正的大事。

一次，汉文帝想要外出游玩，经过霸陵时，看到路面顺坡而下，于是就命令驾驭的侍卫快马加鞭，跑得更快一些。

此时，随行的袁盎疾驰到车前，见状，立刻拽住了缰绳，让马车慢一些。

刘恒见到这种情况，忍不住笑了："将军也有害怕的时候啊，为什么呢？"

袁盎说："我听说，身为君主从不会将自己置于险境，也不会心存侥幸心理。今天，皇上乘坐着六匹马的马车，万一马儿受到惊吓，后果将不堪设想，即使皇上不为自己着想，也要考虑太后和天下百姓啊！"

刘恒听后，让车夫架稳马车，停止了自己鲁莽的行为。

此外，还有一件事：刘恒十分疼爱慎夫人，在内宫中总是和她席地而坐，刘恒带着慎夫人去游玩，袁盎伴驾，他看到皇上与慎夫人同坐，就上前让慎夫人坐到汉文帝的后面，慎夫人因此十分生气，不愿意坐到汉文帝的后面，当然，汉文帝也十分不快，立刻下令返回宫中。

袁盎回到皇宫后，见到汉文帝如此生气，就上前劝谏说："从古自今，尊卑有序才可以做到上下和睦，既然皇上已经册封了皇后，那么慎夫人就只能算是妾侍，所以是没有资格与您同坐的，更何况，倘若皇上真的疼爱她，只要多给她一些金银珠宝就可以了，不然这样做反而是害了她，皇上还记得'人彘'的故事吗？"汉文帝听袁盎这样说，大悟。后来，还将袁盎的意思告诉了慎夫人，慎夫人也对袁盎心存感激。

除此之外，汉文帝纳谏的时候还时刻注意控制自己的情绪变化，不会让自己的情绪影响国家政事的处理。

一次，汉文帝走到郎署，与署长冯唐闲聊起来，从冯唐那里，汉文帝得知了冯唐的祖上原是赵国人，于是对冯唐说："当朕还是代王的时候，记得一位厨师给朕说过战国时期有一个名叫李齐的将军打仗非常厉害。之后，每一次吃饭的时候，朕都会想到这个人，你听说过这个人吗？"

冯唐不假思索地说："我只知道赵国时期最著名的将军廉颇与李牧。"之后又详细讲述了廉颇与李牧的英雄事迹。

汉文帝越听越高兴，大叫道："如果朕可以拥有像廉颇和李牧这样有才能的将军，还会将小小的匈奴放在眼中吗？"

可冯唐却说："即使陛下可以拥有像廉颇和李牧那样的人才，也得不到重用。"

汉文帝听到这句话很不高兴，不过，他还是十分认真地询问原因："你为什么要这样说呢？"

冯唐说："廉颇和李牧之所以可以百战百胜，主要来自于赵国君主对他们的无条件的信任，让他们拥有了足够的信心。而且从来不干涉他们的具体事务，只要他们可以胜利归来。现在，魏尚担任云中郡太守之后，优待士兵，打了很多胜仗，匈奴不敢轻易冒犯云中，但是却因为上报的时候少了六个人头，皇上就将其罢官，甚至判了刑。立功没有赏赐，犯了小错却受到重罚，所以说，即便您拥有像廉颇和李牧这样的人才，也没有办法重用。"刘恒听到这些话之后，当下就赦免了魏尚，恢复了他云中太守的职位，后来他又认为冯唐是个有真知灼见的人，于是便升他为车骑都尉。

仁孝之君

汉文帝从小与薄姬相依为命，度过了一生之中最艰难的时期。汉文帝刚刚登基，因为皇位还不稳定，担心母亲会受到牵连，就没有将她接入汉宫居住。等到他根基渐稳，才细心打理这一切，派舅舅薄昭带兵前往封地将母亲接了过来。汉文帝再三叮嘱护卫说，路上一定要照顾好太后，每天的行路状况，都需要派人回宫禀报，当母亲的辇乘距离长安还有百里之遥的时候，汉文帝就率领百官到郊外等候，见到迎接太后的车马，就立刻跪拜相迎，随即在太后的身边服侍，一直跟着进了宫。

太后入住后宫以后，不论多忙，汉文帝都会抽出时间看望太后。

有一次，太后生病了，御医、术士都表示无能无力，这下可急坏了汉文帝。人们都说，"久病床前无孝子"，太后一病就是三年，每天卧床不起，可是刘恒作为皇帝，每天亲自喂母亲吃药，日夜守护在太后的身边，白天要处理政事，晚上又要照顾母亲，十分劳累。而且，每次煎完药，刘恒都要亲自尝一尝，看看药苦不苦、烫不烫，等到自己认为可以了，才会端到母亲的床前，喂给她喝。

汉文帝是孝子的事情在朝野上下广为流传，人人称呼他为仁孝之君，都说国家可以有这样的皇帝，也是百姓之福。

汉文帝不但孝顺母亲，对其他长辈也是如此。汉文帝即位之后，还将薄姬的母亲，也就是自己的外祖母魏老夫人接到宫内居住，魏老夫人因为有了文帝与女儿的照顾，生活过得十分滋润。但是老人家在江南住惯了，总觉得皇宫内闷得慌，行为过于拘束，最后因为思乡心切，病倒了。汉文帝听到外祖母生病的消息，就下诏广招名医，但是药吃了很多，却没有任何效果，汉文帝因此犯起愁。

有一天，汉文帝前往看望外祖母，当提及江南水乡的时候，外祖母竟然落下了眼泪。汉文帝见到这种情形，才知道了其中的缘由，原来思乡才是外祖母生病的真正原因。汉文帝一向节俭，不过为了祖母，还是从日常的花销中拨出了一些，在宫内建造了一座园林，置身其中，犹如水乡一般。汉文帝邀请外祖母前去游玩，老夫人见到之后，病情大有好转，不久之后，病竟然好了。从此之后，这座院子就成为了老夫人的居所，再也不愿意搬离皇宫了。

薄太后因为不放心母亲一个人在外面，也时常出宫探望，每一次都会带来一些宫中的点心，孝敬老人家。有一次，薄太后给老夫人带来了一些甜点，老夫人吃了几口，连连称赞。汉文帝知道后，还专门让御膳房的厨子做烤饼。后来，这种饼就流传到了民间，人们称为"太后饼"。

男宠邓通之谜

邓通是汉文帝的男宠。据说，汉文帝对邓通十分喜爱，不但出入相伴，夜间还要同榻而眠。汉文帝是历史上著名的节俭皇上，衣服旧了、破了都不舍得扔掉，但是对邓通却表现得很大方，在他身上花的钱不计其数。邓通身份低微，汉文帝却赏赐给他很多财富，让他过着优越的生活，甚至给了他比较高的官衔，让他名列公卿。如此看来，邓通究竟有何过人之处，让汉文帝可以如此喜欢呢？

实际上，邓通也没有什么过人的本事，只是一味地溜须拍马，时常将汉文帝捧得高高的，或是逗得哈哈大笑，汉文帝因此对他十分满意，经常出宫到邓通的处所玩。

据《汉书·佞幸传》中记载，邓通之所以受宠源于汉文帝做的一个奇怪的梦。有一天，汉文帝梦到自己不停地往天庭上攀登，不知过了多久，眼看就要进入天庭了，最后一步却怎样也无法跨进去。就在汉文帝筋疲力尽的时候，突然出现了一个头戴黄色帽子的人，他在背后使劲推了汉文帝一把，汉文帝才可以登上天庭。汉文帝心中十分高兴，急忙转身去寻找那一个帮助了他的人，可是那个人却头也不回地消失了。汉文帝模模糊糊地只看到此人的衣服上打了一个结，汉文帝正想要叫住他，却突然之间醒了，梦里的一切也在瞬间消失了。

汉文帝向大臣们提到这个梦，大臣们纷纷说是吉兆。汉文帝心中十分高兴，心想："这个人一定是上天派来帮助我的，这个人一定会成为国之栋梁，我一定要找到这个人。"

从此之后，汉文帝就仔细观察着身边的人，可是依旧没有任何线索。没几天，汉文帝出游，远远看到有几个戴着黄帽子的船夫正在岸边，瞬间想到自己的梦，心里十分高兴，于是就将船夫们叫过来问话。那个船夫哪见过大人物，所以一听皇上要召见他，内心十分紧张，将邓通说成了"登通"。汉文帝想，这个名字与自己的梦境十分相似，邓通不就是"登天必通"的意思吗。他一定就是那个助自己上天的人，一定是一个奇才。于是，汉文帝就认定，邓通就自己要找的那个人。因此对他十分宠爱，赏赐了他很多的金银珠宝，还任命他为御船船监。

后来，汉文帝还特意找到一位江湖术士为邓通看相。术士看完之后，就说邓通的荣华富贵是暂时的，这个人最后一定会因为贫困而落得饿死的下场。汉文帝听后很不高兴，说道："饥寒交迫并不能决定邓通的命运，他的命运掌握在朕的手中，只要有我在，我一定不会让他饿死的。"于是，汉文帝下旨将蜀郡的严道铜山赏赐给了邓通，并且将铸币的权力教给他管理，这在历史上是十分罕见的，当然，邓通也变成了富可敌国的富翁。

汉文帝是邓通唯一的靠山，只可惜在公元前157年邓通唯一的靠山倒下了。汉文帝驾崩之后，景帝刘启登基称帝。景帝十分痛恨邓通，于是暗示丞相革了邓通的职位，让他回家养老。但是邓通是一个不会变通的人，以为这是丞相与自己过不去，竟然上书控告丞相为自己辩解。景帝之所以留下邓通的脑袋，还是看在文帝的面子上，谁知邓通竟然不知悔过，景帝一怒之下，就下令将其逮捕入狱。邓通垮台之后，就有人说他私铸钱币。这正合景帝的心意，立即下令没收了邓通的家产。可是，文帝在临死之前，口口声声说着不可以让邓通饿死，于是一位公主收留了他，哪知家里的人个个都讨厌邓通，邓通一气之下，离开了公主府，流落街头。最终，曾经富甲一方的邓通竟然在饥寒交迫中死去，应验了术士的话。

第四章

毒手佛心的明君——汉景帝刘启

帝王档案

☆姓名：刘启

☆民族：汉族

☆出生日期：公元前188年

☆逝世日期：公元前141年

☆配偶：薄皇后（薄太后的侄女）、王皇后王娡。

☆子女：14个儿子，3个女儿。

☆在位：16年（公元前157～公元前141年）

☆继位人：刘彻

☆庙号：无

☆谥号：孝景皇帝

☆陵墓：阳陵

☆生平简历：

公元前188年，刘启出生，为窦皇后所生。

公元前179年，刘启被立为皇太子。

公元前157年，汉文帝驾崩，刘启即位。

公元前154年，诸侯王发动"七国之乱"，10个月后被平定。

公元前150年，立胶东王刘彻为太子。

公元前141年，刘启驾崩未央宫，葬阳陵。谥号孝景皇帝。

人物简评

　　他是一个行事果断、做事细心的皇帝；他也是一个内心比较复杂的历史人物；他的能力不在高祖之下。为了实现自己的梦想，他能够不择手段，他清楚自己的执政策略。他制造了七国之乱，却用短短三个月的时间便压制下来，展现出了他的宏伟谋略。他所要的是一个制度严明的天下，而不是人人自由的社会，他不相信引导人民向善说，因为在他的内心深处，他人就是自己的敌人。他一生存在的价值就是战斗，和臣子斗，和外敌斗。他就是毒手佛心的明君——汉景帝刘启。

生平故事

平定七国之乱

　　刘启是汉文帝刘恒的第四个儿子，生母是历史上善用权谋的窦太后。刘启出生的时候，父亲刘恒还是代王，他并非刘恒的长子，只可惜前面的几位兄长都因病去世，刘启这才获得了继承皇位的机会。

　　汉文帝登基之后，封刘启为皇太子。公元前157年，汉文帝驾崩，皇太子刘启即位，是为汉景帝。

　　在西汉历史上，汉景帝有着很重要的地位，他发扬了祖辈们的事业，和汉文帝一起开创了"文景之治"的盛世局面，也为汉武帝时期的盛世奠定了基础，完成了从文帝到武帝的过渡。那么，汉景帝时期，到底是如何发展的呢？这要从平定藩王，加强中央集权说起。

　　汉高祖刘邦登基之后，将异姓王基本消灭，册封了很多同姓王，后来这些同姓王渐渐发展成地方上的割据势力，他们拥有行政权、司法权，就连自己下属的官吏都可以自己自行册封，这样一来同姓王的封地也就相当于一个独立的小国家。到汉文帝时期，同姓王中不断出现谋反的事情，对中央集权造成了很大的威胁。原本，刘邦设置同姓王的意图，是为了加强中央集权，而今却成了一大隐患。以贾谊、晁错为代表的很多朝中大臣都主张除去同姓王，以绝后患。但是汉文帝并没有采纳他们的建议，而是把这项削藩任务留给了自己的儿子汉景帝。景帝采纳了晁错的建议，开始进行削藩的工作。

汉景帝登基为帝后，先是任命晁错为内史，然后又提升为御史大夫，位列三公之一，是朝中的重臣。经过对同姓王的分析，吴王刘濞是威胁中央集权的最大力量。刘濞是汉高祖刘邦的侄子，刘邦封他为吴王，不过没多久，刘邦便后悔了，但是毕竟说出的话就如同圣旨，也无法再撤掉。刘濞到吴地后，便开始准备谋权篡位的事情。刘濞的儿子进京的时候竟然和太子刘启抢道，结果被刘启的车所伤，最后重伤而亡，这让刘濞一直怀恨在心。刘启继位之后，刘濞便开始私下铸钱，并且煮盐贩卖。为了积蓄力量，他还将朝中逃犯招进自己的帐下，谋反之心昭然若揭。正是因为这样，晁错才极力主张景帝削藩，以免养虎为患，造成不可收拾的局面。

刘启采纳了晁错的建议，决定先从刘濞下手。刘濞哪会心甘情愿、束手就擒，他见朝廷动手，便联合其他诸侯一起，打着"诛晁错、安社稷"的旗帜反叛作乱。这一次总共有7个诸侯参加战争，所以历史上称之为"七国之乱"。

和晁错素来有过节的另一个大臣袁盎趁机说服汉景帝处死晁错，以保卫国家安全，平息战乱。最后，汉景帝只能杀死了晁错，然后派兵平叛。可是，他招降的诏书在刘濞那里根本就不管用，刘濞说："我现在已经是皇帝了，还有谁敢对我下诏书？"汉景帝知道后，心中悔恨不已，心知不应该将晁错杀死。于是他又急忙任命周亚夫为将军，带兵平叛。周亚夫截断了地方的粮草，采用只守不攻的策略，仅用了三个月的时间，便将叛军打败了。

平定七国战乱之后，汉景帝趁机把诸侯的权力全部收回中央，随后又大量裁剪各诸侯国的官吏数量。此后，各地诸侯王也就变成了只是有权享受当地租税的贵族阶层，不再掌管行政权和司法特权。大乱而大治，经过七国之乱，藩王割据问题得到彻底解决。

周亚夫之死

为了给自己的继位人扫清道路，保证汉朝王权的平稳过渡，汉景帝采取了一系列措施。第一便是将可疑之人除掉。在朝中，有一个人功高盖主，最让他放心不下。这个人便是平定七国之乱的大将周亚夫。

周亚夫是太尉周勃的儿子。因为长兄周胜犯法被废，周亚夫才得以继承周勃的爵位，封为条侯。而周亚夫之所以地位很重要，则是源于他和汉文帝之间的一个故事，那就是"细柳营之会"。

公元前158年，匈奴入侵汉朝，直接威胁到京师的安全。汉文帝调遣三个部队，分别在棘门（今咸阳市东）、细柳（今咸阳西南、渭河北岸）、霸上（今西安城东）三地安营扎寨，保卫长安。汉文帝则亲自前往这三大军营安抚将士。首先去的是霸上和棘门，主帅都热烈出迎，士兵也都受到了极大的鼓舞。看着粮草充沛、志气高昂的军队，汉文帝的心算是彻底放下了。

最后，汉文帝来到了细柳营，细柳营的守将为周亚夫，先头人员只看到守营士兵一个个弓上弦、刀出鞘，严阵以待，很是威严。走上前去，谁知守营士兵竟然不让进，有人告知是皇帝亲临军营，来探望将士们，可是得到的答案竟然是：军营中他们只听从将军的命令，不知道皇上的命令！随从的人员费尽了口舌，士兵还是不让进。最后，汉文帝只能让一个士兵拿着信物前去见周亚夫，确定皇上驾到后，才将营门打开，让汉文帝进来。随后，城门刚打开，士兵们又对汉文帝一行人说，军中不能骑快马。

没办法，汉文帝和随从们，只好勒着马缰，缓步前行。来到营帐前，终于看到了营中的老大——周亚夫。周亚夫身披战甲，英姿不凡。周亚夫见到汉文帝，上前行了跪拜之礼。

跟着周亚夫巡视完军营后，汉文帝精神很好。在回宫的路上，有些人开始谈起今天的事情，都说周亚夫这个人真是傲慢无礼！汉文帝听后，叹息道："你们都不明白周将军的一片苦心啊！这三个军营，其他两家都像是小孩过家家一般，而只有周亚夫的军营才固若金汤。霸上营、棘门营，根本就难以承受一次偷袭，而周将军的军营却是无论如何也撼动不了的呀！"

"细柳营之会"也成了一段具有英雄主义色彩的帝王和将士之间的会面，而"细柳营"也成了牢不可破的代名词。

汉文帝临终前，便密授太子刘启："国家危难的时候，可以任用周亚夫。"君臣信用，非同一般。公元前154年，吴楚七国叛乱，周亚夫带兵将其平定，公元前150年，周亚夫官至丞相。

　　根据《史记·绛侯周勃世家》记载，周亚夫是一个作风严谨、秉公办事的人，可谓是知无不言、言无不尽，和喜欢拐弯抹角、不动声色的汉景帝在一起，难免会出现摩擦。果然，对于汉景帝时期三件人事安排，周亚夫都和汉景帝唱起反调，拼命从中阻止。这三件事便是：力阻汉景帝废黜太子；力阻汉景帝册封王信为侯；力阻汉景帝封赏匈奴降将。

　　汉景帝时候，有一件振奋人心的事情。有五位匈奴将领前来归顺汉朝，这确实是让人振奋的消息。汉景帝由此也是洋洋得意，为了彰显大国气度，他决定将这五位将领分封为侯。这个时候，周亚夫站出来了，他坚决反对汉景帝封赏五位降将。

　　周亚夫说："这五个人原本是匈奴的将领，现在归顺在我大汉朝下，对于匈奴首领来说，这就属于不忠。对于这样的叛贼逆子，我们大汉朝怎么能够当作宝贝呢，这不是鼓动人们去投降敌军吗？"周亚夫所说的也不无道理。

　　可是反对归反对，最终的决定权还在汉景帝手里。最后，汉景帝还是依照自己的意愿，封这五位降将为侯。周亚夫看此情景，心生不快，最后干脆请了病假，不再上朝议事。这汉景帝也是个倔脾气，他看周亚夫这样，于是便将他的丞相职务免去，让他在家歇着了。

　　就这样，周亚夫从一代名将、汉景帝时期的最大功臣，变成了一位赋闲在家的长休"病人"。不过，周亚夫毕竟是两朝元老，他的影响和能力都不容小觑。所以，汉景帝思来想去，还是要给周亚夫一个机会，看他会不会领受皇上的一番好意。

　　有一天，皇上请周亚夫吃饭。周亚夫欣然赴宴。入席一看，桌子上放着一大块肉。这一块肉，四四方方的，很是平整。可是，桌子上光有这一块肉，连个餐具都没有，这让周亚夫心中很恼火：这不是把我叫来消遣我的吗？想着，他让人给他呈上一副餐具。

　　汉景帝看了后，便轻声问了周亚夫一句："难道你还不知足吗？"意思也就是说，你是一个犯错误的人，朕放下面子将你请到这里来，还分给了你一块大肉，你竟然还不知足。

　　周亚夫心里想：肉虽然大，但是却只能看不能吃！不过他知道汉景帝正在气头上，也不便再顶嘴，于是急忙从席上站起来，脱下帽子请罪。汉景帝不依不饶。最后周亚夫怒火中烧，扭头走了。汉景帝指着周亚夫的背影说："这哪是能够服侍少主的人啊！"

这句话的言外之意就是，不能服侍少主，也就属于乱臣贼子了，对于这样的人，皇帝的做法便是将他拔去。周亚夫这个人并不笨，可是为什么最后却落得个如此结局呢？其实，只要他稍微分析一下，他就能够明白汉景帝的意思，也就不会惹来祸患了。

预感死期将至，周亚夫的儿子开始四处奔波，想着给父亲周亚夫买500套盔甲，作为父亲的陪葬品。在汉代，私下购买铠甲是违法的，更何况周亚夫的儿子是从国库中直接购买。周亚夫的儿子对父亲可谓是孝顺有加，但是对下人却是苛刻无比。盔甲本身就非常重，不容易搬运，这个儿子还不给足工钱。于是一些人便揭发了周亚夫儿子私自购买盔甲的事情，还污蔑他们想造反，这个罪名可不小啊！

这件事情很快就传到了汉景帝的耳朵里，于是便立刻下旨查办，命令廷尉府彻查此事。廷尉府的文书官带着汉景帝的批示、法律条文，前去周亚夫家询问事情的经过。而周亚夫却是闷头不语，不做任何解释。

文书官碰了一鼻子灰，回去后将这件事情上奏给汉景帝。于是也就出现了《史记》中记载的汉景帝唯一一次破口大骂："朕不用再核实了！如果你不服，你就等着下地狱吧！"

汉景帝下旨传周亚夫到廷尉府受审。廷尉斥责周亚夫说："你买盔甲，难道想要造反吗？"

周亚夫回答："我购买的只是殉葬用品，怎么能称作造反呢？"

廷尉狡辩说："即便你不想在地上造反，那么你也是想到了地下造反。"周亚夫越是据理力争，这些主审官越是对周亚夫肆意污辱。就这样，一代名将周亚夫被关进了大牢，绝食5天后，吐血而死。

汉景帝称得上是中国历史上的一位好皇帝。可是，七国之乱的时候他错杀了晁错，七国之乱后他又冤枉了周亚夫。所说的好也是指汉景帝对汉王朝的发展和对国家的贡献。而对于汉景帝个人来说，好皇帝就是一个极端的独裁者，同样霸道、残忍。

皇位到底传给谁

早在汉文帝时期，就有过这样的问题：皇位是传给自己的同辈还是传给自己的儿子呢？而到了汉景帝时期，又面临着这样的问题：皇位传给弟弟还是传给儿子？

公元前 150 年 11 月，刘启废黜了太子刘荣。汉景帝的母亲窦太后想要立梁王为太子，将来继承汉景帝的位置。这样一来，下一任帝王，她还是太后，而不会变成太皇太后，和皇上的关系依旧最密切。

将皇位传给梁王的念头已经很久了，早在汉文帝时期，梁王就曾经多次进京，拜见母亲窦皇后和父亲汉文帝。汉文帝去世后，他还是会进京拜见窦太后和哥哥汉景帝。那个时候，诸侯王要想进京城，就必须得到皇上的批准，而梁王却是能够自如出入京城，由此也可以看出他非常得宠。有一次，梁王来京，那个时候还没有册立太子，汉景帝和梁王喝酒的时候，汉景帝说："等我百年之后，我就将皇位传给你。"

后来梁王入朝，汉景帝专门派遣使者拿着皇帝的符节、乘着驷马拉的车去关下迎接，并且以太后想念梁王为由，让他在京城小住。这段时间里，梁王出入的仪仗和汉景帝一样，都是坐天子专用的辇，而梁王所带来的侍从也和宫里的宦官一样，能够自如出入天子门。

梁王是一个善良而又孝顺的人，他知道太后得病后，便急得饭吃不下，觉睡不着，想要留在长安侍奉窦太后，所以深得太后的喜欢。而又是什么原因才没有让梁王坐上皇位呢？对于此，民间有很多种说法。

一种说法是因为窦婴的劝阻。汉景帝和梁王喝酒的时候，随口说要把皇位传给梁王。窦太后听了，心里非常高兴。这时，窦婴走过去，跪在地上说："自古王位都是传子再传孙。现在皇上却是要把皇位传给自己的弟弟，想要破坏汉高祖的规矩吗？"景帝听了沉默不语，而一旁的窦太后则是面色阴沉。

另外一种说法便是源于汉元帝、成帝时的博士褚少孙所写的《史记·梁孝王世家》，说袁盎和窦婴根据周朝的规矩，反对汉景帝把皇位传给自己的弟弟梁王。周朝时期，周成王和弟弟在树下玩耍，成王摘下一片桐叶递给弟弟，说："我用这片叶子来分封你。"周公听到后，对成王说："王上要封自己的弟弟，这可是极为好的"周成王说："我只是开了一个玩笑。"周公说："都说君无戏言，王上要言出必行啊。"于是成王最后将应县封给了弟弟。从那之后，周成王再也不敢与人开玩笑了。袁盎和窦婴便是用这个故事告诉汉景帝，不应该把继承皇位的事情随口说出来，以免落人口实。

根据汉朝的礼制，只有在正月的时候，诸侯王才能够来京一次。而今梁王几乎每年都会进京探望，而且每次都会住很长时间，宫中出入都享受天子般的礼遇。这样也就违反了祖宗定的礼制，袁盎和窦婴很是担心。

那么，汉景帝为什么想要把皇位传给自己的弟弟呢？相传，梁王来朝的时候，和汉景帝一起去看望窦太后。太后对景帝说："我听说殷道亲亲，周道尊尊，它们的意思都是一样的。"

汉景帝回答说："母后说的极是。"出来之后，他询问袁盎太后说的是什么意思。袁盎解释说："殷道亲亲，也就是说要把皇位传给弟弟；周道尊尊，便是将皇位传给儿子。商朝崇尚简朴，尊敬天意，对自己的亲人很好，所以才立弟弟为储君；周朝重文，敬地，讲究的是一脉相承，注重香火的延续，所以才会传子。根据周朝的规矩，太子死后便立长孙，而根据商朝的规矩，太子死后便是立弟弟为新一任储君。"

汉景帝听完解释，便和大臣们商议对策。大臣们都说："如今的大汉王朝延续的是周朝的法度，所以皇位应该传给自己的儿子，而不是传给自己的弟弟。春秋时期，宋宣公去世后，宋宣公的弟弟继承了王位，弟弟死了之后，又把王位还给了宋宣公的儿子。这个时候，宋宣公弟弟的儿子又不愿意了，便站出来争夺皇位，而且暗中派人杀害宋宣公的儿子。宋国也因为这样而动乱不安，最后祸及到五代时期也没有停止。孔子认为，宋国的祸乱实际上就是因为宋宣公将皇位传给了自己的弟弟，而不是儿子。"说到这儿，朝中大臣都要面见太后，反对将皇位传给梁王。

袁盎等进去问太后："太后想让梁王继承王位，那么梁王驾崩后，太后又想让谁继承王位呢？"太后回答说："当然是汉景帝的儿子了。"于是，袁盎又把宋宣公的故事讲给太后听。太后听了，便让梁王打消这个念头，赶快回自己的封土去。梁王知道袁盎带头反对自己为帝时，心里气愤极了，于是便派人前去刺杀袁盎。袁盎问刺客："你们可不要认错了，我是袁盎将军。"刺客说："我们所要杀的正是你。"事情发生后，刺客的凶器还留在了袁盎的尸体上，这是一把刚刚打造好的剑。有关官员拿着剑去询问长安城铸剑的工匠。工匠回答说："这是梁国的一位官员所打造的。"意思也就是说，刺杀袁盎的人来自于梁国。于是，汉景帝下旨追查凶手，这一查不要紧，他发现梁王想要杀害的大臣不仅仅只有袁盎，还有其他十几位，而且还准备谋反。

窦太后知道汉景帝派人彻查梁国的消息后，便日夜啼哭不止，不愿意吃饭。汉景帝对此毫无办法，大臣建议派通经书、懂大礼的田叔和吕季主去梁国办理此事。二人到了梁国后，放火烧掉了几位主犯的房子，连同主犯一起也被烧死了，最后二人空手归来。二人对汉景帝说："犯事的人都说梁王被蒙在鼓里，是其手下羊胜、公孙诡干的。如今他们已经认罪受刑了，梁王安全了。"汉景帝一听，心里也非常高兴，急忙把这个消息告诉给窦太后。窦太后听了，这才松了一口气，开始吃饭了。

这件事情之后，梁王专程背着斧头前来宫廷请罪。看到梁王后，窦太后和汉景帝都非常高兴，一切如故。从那之后，梁王的皇帝位也就此搁浅了。

逼死自己亲生的儿子

刘荣是汉景帝刘启的长子，在公元前153年，被刘启册封为皇太子，不过四年之后被废黜，改为临江王，公元前148年死在了中尉府衙门。根据官府的说法，是"畏罪自杀"。司马迁在《酷吏列传》关于郅都（西汉时期的名臣）的文中提到，那个时候，刘荣根本是不想自杀的，只是想跟狱卒要一些纸笔，给汉景帝写一封书信，希望能够得到父亲的原谅。谁知谁都不给他纸笔，这才使得他绝望自杀。

因为汉景帝并没有下令要处死自己的儿子，所以应该是刘荣被汉景帝逼死的，而非是杀死的。

这一说法，至少有两个理由。第一，因为汉景帝废黜了长子刘荣的太子位，而刘荣自身并没有太大的过错，汉景帝之所以将他废黜，完全是因为对刘荣的母亲不满。第二便是刘荣犯了"侵占宗庙土地"的罪过，这件事情在当时可大可小，关键就在于皇帝的态度。谁知，这汉景帝得知后，毅然将刘荣交给中尉府的郅都审讯，众所周知，郅都的态度也完全决定于汉景帝。而且相传，刘荣死后，汉景帝还给了郅都特别的保护。由此也可以得知，刘荣其实是被汉景帝逼死的。

可是，事情远没有表面上那么简单。汉景帝总共有十四个儿子，不管从哪方面说，刘荣都不是最坏的一个，但是为什么汉景帝偏偏要把刘荣除去呢？最主要的原因便是，这个儿子是最危险的一个。

这倒不是因为刘荣心怀叵测，而是如果刘荣还活着，那么他可能就会给周边的人带来灾难。根据《外戚世家》的记载，汉景帝之所以要废黜刘荣皇太子的身份，主要是因为他放心不下刘荣的母亲。刘荣性情太过懦弱，如果有一天，刘荣成了汉朝的皇帝，那么他的母亲栗姬肯定会效仿吕后，想要把持朝政。到那个时候，汉景帝的其他几个儿子和妻子也就没有什么好日子过了，所以在汉景帝看来，他不能因为一个孩子的生死而不顾其他人的死活，所以最为简单的方法便是废黜太子。至于汉景帝当时的心情如何，那只有他一人知道了。

不过，废黜太子也不像汉景帝想象的那么简单。他受到了来自朝中各方势力的阻拦，尤其是时任太子太傅的大将军窦婴和宰相周亚夫，更是极力反对。汉文帝便是因为大臣们政变才登上的皇帝位，所以汉景帝心中明白，只要刘荣活着，他的江山就会有危险。当下他便决定废黜太子，为了避免臣子们再次立刘荣为储君，还下了除去他的决心，以绝后患。汉景帝虽然残忍，可是他除了这个办法外，别无选择。而更为重要的是，他的残忍虽然牺牲了刘荣，但是却成就了后来的汉武帝刘彻，为大汉王朝迎来了一个空前盛世。

解密汉阳陵

公元前 141 年正月，刘启卧病在床，他深知自己大限已到，便对太子刘彻说："人，无知不可怕，最可怕的是阴险狡诈；不勇敢也不可怕，最可怕的是残暴。做帝王，不仅要知人、知己，还要知机、知止。"汉景帝对于刘彻这个儿子是非常满意的，所以他将天下交在他的手上也是比较放心的。不久之后，汉景帝便因病去世，谥号孝景皇帝。

汉景帝去世后，被安葬于阳陵。阳陵是汉景帝刘启和王皇后的合葬陵墓，位于咸阳市渭城区正阳乡。陵园由西向东，结构严谨。景帝陵平面为"亚"字形，在西汉十一个陵墓考古中是第一次发现。

1990 年 5 月，汉阳陵考古队开始对汉景帝阳陵进行大规模的整理，由此也打破了沉寂两千年的阳陵。1993 年上半年，在陵园的西部又发现了形制和面积与南区基本相同的二十四个陪葬坑，这也使得阳陵地区的文物增加了一倍不止，而且阳陵陪葬坑内的陶俑远远超过了秦始皇陵的三个陶俑坑的兵马总数。

目前，考古工作者对南区的十多个陪葬坑进行了集中勘察和清理，发现了大量的彩绘无臂男裸体俑、生产工具、车马器、惟妙惟肖的动物俑、各类铜器铁器、漆器和某些农作物种子及果实。汉阳陵出土的陶俑引来了中外学术界的争相探究！尤其是裸体男俑的出现，使得裸俑出现的时间往前推移了一百多年，迅速引起了学术界的广泛注意。它再一次打破了"中国没有雕塑传统"的说法，证明了中国自古以来就有裸体艺术的传统。可以说，阳陵之所以会引起这么大的轰动，其主要原因还是这些大量的裸体陶俑震惊了整个考古界。

汉阳陵裸俑身体各部分的比例都比较正常，下部的雕塑绘画很是精致：男阳、女阴、肚脐、窍孔全部具备。裸俑是裸体的缺臂状，颜色和真人相似，脸面和身体部位呈橙红色，须眉、瞳仁则是为黑色。让人好奇的是，这些裸俑都没有双臂——为什么汉景帝会选择这些没有双臂的裸俑陪葬呢？经过悉心的考古研究，终于弄清了其中的缘由。

原来，这些裸俑早期埋葬的时候是有双臂的，只不过是木质的，身上也是穿着衣服的，时间长久之后，木质的双臂逐渐被腐蚀，衣服也随着时间的缘故而逐渐腐朽殆尽，所以挖掘出来的俑也就成了没有双臂的"裸体俑"了。如今，它们没有当年华丽的衣服，却给世人呈现了人体美的艺术本色，所以人们将其称之为"东方大卫"和"东方维纳斯"。这些"东方大卫"和"东方维纳斯"原本是穿着衣服的，所以考古人员给它们取名为"着衣式陶俑"。

军士俑是汉阳陵南区从葬坑出土的主要裸俑，他们有的站在那里，有的是成排成列，有的则是一条腿向前走的动作，还有的是翻身骑马的动作。另外，汉阳陵陪葬坑中还发现了五十多件彩绘骑士女武士俑，让人的眼前一亮，这也是我国第一次发现的女性武士俑。这一发现也就说明了女子从军的历史很可能比传说中的木兰从军要早上六百多年。

在墓中还发现了很多粟、糜子、小麦等农作物，其中还包括十一颗花生的种子，这一发现为"中国是花生起源地之一"的说法提供了切实依据，比传说还要推前了1600年。陶猪、陶牛、陶马、陶羊和鸡等动物俑造型丰富、完美且带有生活情趣，展现了汉代艺术家的高超技艺，让人叹为观止。到现在为止，阳陵考古已经取得了全世界的瞩目，受到了考古界以及学术界的高度重视。相信随着考古工作的不断深入，阳陵这座规模巨大、内涵丰富的地下宝库肯定会给人们带来更多意想不到的惊喜和震撼。

第五章

自我批评的旷世明君——汉武帝刘彻

帝王档案

☆姓名：刘彻

☆民族：汉族

☆出生日期：公元前 156 年

☆逝世日期：公元前 87 年

☆配偶：陈皇后，生卒年不详，没有子嗣，是汉武帝刘彻的第一任皇后；卫子夫（孝武卫思后）

☆子女：6 个儿子，6 个女儿

☆在位：54 年（公元前 141 年~公元前 87 年）

☆继位人：刘弗陵

☆庙号：世宗

☆谥号：孝武皇帝

☆陵墓：茂陵

☆生平简历：

公元前 156 年，刘彻出生，是汉景帝第十个儿子。

公元前 153 年，封刘彻为胶东王，时年 4 岁。

公元前 150 年，废太子刘荣；王夫人封为皇后，7 岁的胶东王刘彻立为太子。

公元前 141 年，汉景帝驾崩，16 岁的刘彻即位。

公元前 138 年，派遣张骞出使西域。

公元前 135 年，窦太后病死，22 岁的刘彻正式执政。

公元前 130 年，车骑将军卫青大破龙城，取得了自汉朝开国以来对匈奴战役的首次胜利。

公元前 128 年，卫子夫生汉武帝长子刘据；封卫子夫为皇后；汉武帝时年 29 岁。

公元前 126 年，张骞出使西域归来，历时 13 年。

公元前 123 年，霍去病始战，封冠军侯。

公元前 121 年，霍去病两次进军河西（今河西走廊），打击匈奴，收复河西走廊。

公元前 119 年，大将军卫青大战匈奴于漠北，伊稚斜单于逃走；骠骑将军霍去病的东路军大败左贤王，封狼居胥山，左贤王败逃而去，彻底解决了匈奴之患，从此"漠南无王庭"。

公元前 117 年，霍去病去世。

公元前 91 年，太子刘据因"巫蛊案"被陷害不能自明，最后自杀身亡，唯襁褓中的孙子刘病已幸免，后为汉宣帝。

公元前 90 年，汉武帝为巫蛊之祸中被陷害致死的太子平反。

公元前 87 年，汉武帝去世，终年 70 岁，在位共 54 年，葬于茂陵，谥号孝武皇帝。幼子刘弗陵即位，为汉昭帝。

人物简评

他给了一个时代前所未有的尊严，他建立了一个族群的千秋万代，他的国号成为伟大民族的象征，他的自信缔造着后世传说。他是第一个敢于自我批评的皇帝，他创下了中国历史上第一份帝王罪己诏，他把自己置身于舆论的中心，展现了自己的明君姿态。他就是自我批评的旷世明君——汉武帝刘彻。

生平故事

刘彻对汉朝的贡献

公元前156年，也就是在汉景帝继位的那一年，他的第十个儿子出生了，取名为"彘"，"彘"就是野猪的意思，至于刘启为什么给儿子起这么一个名字，在正史中并没有详细的记载。《汉武故事》中倒是介绍了一点，汉景帝曾经做梦梦到汉高祖刘邦叮嘱自己，王美人所生的孩子要取名为"彘"，所以才得此名。不过刘彻和他曾祖母吕雉的名字倒是很像，"雉"也就是野鸡的意思。当时的刘氏皇族对这位刚出生的小皇子并不怎么在意。因为，在封建社会中，有着"立嫡立长"，不管从哪方面来讲，王美人所生的十皇子距离这权力中心很远。不过，也正是这个毫不起眼的"彘儿"，竟然成为中国历史上一位叱咤风云的帝王——汉武帝。

汉武帝刘彻为大汉朝的第五代皇帝。他7岁的时候被刘启册封为太子，16岁的时候登基为帝，在位54年，建立了汉朝最为辉煌耀眼的基业。他的雄才大略、文治武功让大汉朝在当时跻身于世界上最强大的国家行列。

人们给予了汉武帝最高的评价，那么汉武帝对于大汉朝的贡献究竟有什么呢？

汉武帝登基初期，在汉景帝政策的基础上，采取了一系列强化专制主义中央集权的措施。

政治方面，采用主父偃的建议，颁布了"推恩令"，进一步削弱了汉初时期分封诸侯国的势力，加强了监察制度。变古创制，包括设刺史、收相权等重大改革，建立了一套比较完整而系统的体现法家"以法治国，不避亲贵"的政治制度。这一法制传统，为之后两千多年的封建帝国专制制度提出了典范。

军事方面，改革兵制，集中兵权，加强了中央的军事力量。并派遣大将卫青、霍去病带兵攻打匈奴，平定了北部边郡的骚乱，派遣张骞出使西域，开拓了西北边疆，开通了西汉联系西域以至中亚的通道。

经济方面，整顿财政，颁布"算缗"、"告缗"令，向商人征收资产税，沉重地打击了富商大贾；采纳桑弘羊的建议，将冶铁、煮盐归于官营，禁止郡国铸钱，并使用统一的五铢钱；设置平准官、均输官，运输和贸易权也都由官府经营，极大地增强了国家的经济实力；兴修水利，移民西北屯田，实行"代田法"，对农业的发展起了很好的推动作用。

思想方面，采用了董仲舒"罢黜百家，独尊儒术"的建议，在汉朝上下推行儒家学说，并且在长安设太学。儒家学说在中国两千多年的封建统治中，占有主导地位，这对后世中国的文化、政治和社会都有很大的影响。

人事上，汉武帝十分注重人才开发。他制定了察举制度，对后世也有着很大的影响。

另外，人类历史上第一次人口统计也是发生在汉武帝时期。在汉武帝内治外拓的方针下，西汉迎来了前所未有的鼎盛时代，缔造了中国封建时代的第一个鼎盛局面。所以，历史学家们将其评为中国历史上叱咤风云、雄才大略的一代君王是非常准确的。

金屋藏娇

在中国成语中有一个"金屋藏娇"，娇代指的就是汉武帝的陈皇后陈阿娇。汉武帝很小的时候，非常喜欢阿娇，并且许下誓言，将来一定让她住在金屋子里。

当时，刘彻能够当上太子，他的姑姑刘嫖可是出了不少力。不过前提条件是，刘彻当上太子后，必须迎娶自己的女儿陈阿娇为太子妃。那个时候，汉武帝年纪比较小，什么都需要依靠这位有权有势的姑姑，所以也就答应了她的要求。这也是刘彻得以继承大位的主要推动力。

陈阿娇可不是一个贤惠的人，她从小娇生惯养，养成了骄悍的性格。就这样，刘彻渐渐疏远了这位不可理喻的妻子。王太后得知后，对刘彻说："你刚刚继承大统，朝中很多人都不服气。如果你现在惹怒了你的姑姑，后果可是不堪设想的呀！"

没错，刘彻刚登基，手中并没有什么大权，无法和窦氏、刘嫖较量。如果惹怒了她们，便不利于他的统治。于是他放下了脾气，万般厚待陈皇后和长公主。而在长公主的庇护下，刘彻才算是保全了帝位。

有一天，刘彻去姐姐的府上玩耍。宴上，刘彻看中了姐姐府上的一个歌女，名为卫子夫。于是便向姐姐将卫子夫要了来，带回皇宫。谁知走到宫中的时候，却和陈皇后碰了个正着，陈皇后气得扭头就走。刘彻深知现在还不是和陈皇后翻脸的时候，于是便放下刚得的美人，去安慰陈皇后了。陈皇后让刘彻把卫子夫搁置在冷宫，再加上后宫美女众多，没多久，刘彻便把她忘了。

有一天，刘彻在翻看宫女名册的时候，突然看到了卫子夫的名字，不禁为之一动，当下便让下人唤来卫子夫。就这一夜，卫子夫便生下了长子刘据。

陈皇后气得火冒三丈，想方设法要除去卫子夫，不过，卫子夫每天和刘彻待在一起，陈皇后根本就没有下手的机会。后来，她便从宫外请来了一个女巫师，每日设法祈祷，想要以此挽回刘彻的心。刘彻知道后，怒不可遏，处死了陈皇后宫中的300多人，没收了陈皇后的册书，打入了长门宫。

不久之后，陈阿娇又想出来一个方法，她让自己的心腹去求见司马相如，让他代作一赋，描写自己的闺怨。司马相如知道原因后，便写成了《长门赋》，诉说一位女子的愁闷悲思。"……悬明月以自照兮，徂清夜于洞房……忽寝寐而梦想兮，魄若君之在旁……"

她每日让下人朗读，希望刘彻听到后，可以念及旧情，回心转意。可是很遗憾，这首凄婉的《长门赋》并没有挽回汉武帝的心。后来，刘嫖公主死后，陈阿娇每日寂寥抑郁，不久之后也去世了。

陈阿娇被废两年后，卫子夫被封为皇后，是汉武帝的第二位皇后。

皇太子之死

公元前92年的冬天，汉武帝前往建章宫居住。恍惚间，他看到一个男子手持长剑，闯入中龙华门内。他大喝一声："谁这么大胆，出来!"可是那个男子却消失得无影无踪了。汉武帝让下人搜了个遍，也没有发现可疑之人。

正好这个时候，京城里发生了一件大事。丞相公孙贺，依仗着妻子是卫皇后的姐姐，便胡作非为。公孙贺的儿子公孙敬声，更加肆无忌惮、目无法纪，竟然私自挪用军费一千九百万钱之多，罪行败露后被逮捕入狱。公孙贺为了营救儿子，请求汉武帝准许他捉拿侠士朱安世以此将功补过。汉武帝答应了。公孙贺调遣兵马，布下天罗地网，没过几天，朱安世便落网了。朱安世得知公孙贺的意图后，便在审讯的时候揭发公孙贺想要用妖法害死皇上。汉武帝本就是一个疑神疑鬼的人，他听了之后，当下便命人抓捕公孙贺，交给杜周审问。杜周是当时很有名的酷吏，残忍至极。他心知汉武帝的心思，所以到处搜集公孙贺的罪名，过了没多长时间，公孙贺便惨死在狱中。而这一案件，一直株连到汉武帝的两个女儿和卫皇后的一个侄子!

这样一来，卫皇后和太子刘据也要大难临头了。公元前91年夏天，汉武帝66岁。为了养病，他搬往甘泉宫居中。一天中午，汉武帝躺在床上休息，不一会儿，便看到很多木偶向他走来，将他围得严严实实的，木偶手中都拿着木棍，最后还喊着口号，吓得汉武帝大叫一声，从梦中惊醒。原来是一场噩梦。

这个时候，汉武帝最为宠信的大臣江充前来探望，于是汉武帝便将自己的梦境告诉江充。江充皱了皱眉，说："这可能是因为巫师在作怪，才引得皇上身体欠安。"那个时候的人们深信鬼神之说，所以汉武帝对于江充的话深信不疑，并且还让江充彻查这件事情。

江充立刻调遣一队人马，在京城各处搜查，只要发现一点可疑迹象，或者是发现木偶，那么这家的主人就会被送往官府严办。实际上，很多木偶都是江充事先让人埋下的。一方面是为了将事态进一步扩大，证明确实有人想要谋害皇上，而另一方面也是在变相的试探刘彻对他的信任程度。在他所抓捕的人中，有普通百姓，也有达官贵人，甚至连皇亲国戚也不例外。而刘彻将这一切全权交给江充处理，从来不过问，以至于最后处死了一大批无辜的人，而这在汉武帝看来，恰恰充分体现了江充对自己的忠诚。

通过这件事情，江充知道，刘彻是对自己非常信任的。于是他又开始进行另一个大阴谋，那就是污蔑太子刘据。江充这么做，也是为了讨好武帝。

原来，卫皇后的外甥霍去病和弟弟卫青，都是大汉王朝赫赫有名的大将军，为汉武帝立下了不少汗马功劳。他们在世的时候，卫家的势力不容小觑，而太子刘据的地位也是牢不可破的。可是自从卫青、霍去病去世后，卫家的势力也大大削弱了，再加上又出现一个不争气的公孙贺，汉武帝也越来越疏远卫皇后。太子刘据生性温和，和汉武帝的勇武好战相差甚远，这也让两父子产生了很大的隔阂。更重要的是，公元前94年，宠妃钩弋夫人产下皇子刘弗陵，汉武帝便想将皇位传给弗陵，不过太子刘据生平没有犯下什么过错，刘彻也不能无缘无故地废黜太子。而江充便是利用这一点，千方百计地陷害太子。他暗中指使巫师给汉武帝说宫里的阴气太重，不利于皇上的健康。

汉武帝对此深信不疑，又派遣江充前往皇宫搜查。江充带着自己的心腹，先是在其他宫中装模作样地搜查了一番后，便带人来到了太子的宫中。江充让人四处挖掘，把太子的皇宫挖得坑坑洼洼，没有一点平地。随后，江充拿出来准备好的木偶，对太子刘据说："太子，这些木偶都是从你的宫中挖出来的，我只好如实禀告给皇上了。"

刘据自认为没有做什么不好的事情，所以对于江充的一些作为并不太在意。但是现在听江充说话的语气，他才知道了事情的严重性，一时之间竟然不知道如何是好。正好少傅石德当时在太子的宫中，刘据便让石德帮忙想想办法。石德说："江充刻意伪造罪证，污蔑太子。肯定被蒙在鼓里，如今又看见江充假造的证据，肯定会深信不疑的，我想现在最主要的还是先把江充抓起来。"

太子想了好大一会儿，说："我是皇上的儿子，没有父皇的命令我怎么能够随意抓捕他派来的使者呢？我应该去父皇那里说清楚，请求他的原谅，应该没事的。"石德见太子这样说，也只好让他去了。江充似乎猜到了太子的心思，他早就已经让人在路口把守，阻止太子拜见汉武帝。

刘据回到宫中，思来想去，决定采纳石德的办法。第二天，太子派遣心腹冒充汉武帝的使者，假传圣旨，带着很多武士去逮捕江充。虽然江充是一个阴险狡诈之辈，但是却没有想到太子会这么做，最后在没有防备之下，被太子的武士带回宫中。刘据指着江充大骂："你这个叛贼！竟然敢挑拨我们父子间的关系！"于是当下便让人把江充推出去斩首了。

江充死后，刘据知道自己的危险还没有解除，于是又马上派人将情况告诉给卫皇后，并且用皇后的马车运载武士和兵器，组成了一支队伍，以此来保护自己。

这个时候，江充家里还漏网了一条小鱼，他跑到甘泉宫，告诉刘彻太子假传圣旨的事情。汉武帝说："太子是一个宽厚之人，他这一次肯定是因为内心恐惧，又对江充充满了愤恨，才闹出了这件事情。"于是，汉武帝派遣使者去请太子来甘泉宫，要亲自和他谈一谈。谁知这个使者是个胆小鬼，他出去之后，在外听了一些谣传，便又返回甘泉宫，对汉武帝说："太子是真的造反了，我去请太子，他还想把我斩首，我这才偷偷逃回来了。"汉武帝一听太子造反，心中大怒，连忙督促刘丞相前去捉拿刘据。

过了没多久，便又有人来报告，说太子已经发布诏书，通知百官皇上已经病逝在甘泉宫，有些奸臣便趁机作乱，所以他才诛杀了江充等人。汉武帝意识到，事态如果照这样发展下去，那么自己的皇位就要动摇了。于是他急忙带病赶回宫中，亲自将京城附近的军队都调集起来支援刘丞相。

刘据深陷危机中，最后只能铤而走险。他将狱中的罪犯全部释放，让他们充当自己的手下，沿途又将一些年轻百姓强拉入队伍中，最后居然也组成了好几万人的队伍。这个时候，刘丞相的部队已经赶来，两方大战了五天五夜，使得长安街头尸体横布，血流遍地，场景惨烈。

刘据的军队毕竟是刚刚拉建起来的，自然无法和朝廷的正规军队相抗衡，最后落得个一败涂地的下场。刘据只好只身逃出长安城。汉武帝回到宫中，逼迫卫皇后自杀，还处死了卫家的人，甚至和太子比较亲近的人也没能幸免。那些被太子强行拉入队伍中的老百姓，也被汉武帝流放边疆。

太子刘据在外逃亡，汉武帝一时间难以找到他的踪迹，最后只能在长安城各处城门安置重兵把守，以防太子带兵再杀回来。朝中有一些大臣劝谏皇上应该宽恕太子，太子调遣兵马也是为了保护自己，并不是为了造反，还是先让太子回京才好。汉武帝虽然认为大臣们说得有道理，但是内心里还是不愿意宽恕太子。

那个时候，刘据在河南灵宝县的一个穷人家里寄住，生活得非常艰难，最后只能冒险求助于自己的朋友，这样一来，太子的踪迹也就暴露了，当天夜里，官兵便将太子团团围住，太子无奈，被逼自杀。而太子刘据的两个儿子也先后被杀害。

汉武帝消除了后患，心里算是安稳了很多。可是，就在第二年，他才得知太子刘据是被江充冤枉而死的，心里难免不是滋味，后来他还特意给太子刘据建立了一座"思子宫"，又在宫前筑了一座"归来望思台"。公元前89年，汉武帝发布诏书，承认自己在过去执政上面的一些错误之处，并且决定要采取措施来尽可能地弥补，让西汉经济走向繁荣。

他为何不喜欢司马迁

司马迁，字子长，西汉左冯翊夏阳人，是我国著名的史学家、文学家和思想家。他所编写的历史巨著《史记》，堪称史学领域的一座丰碑，具有极高的文史价值，后世人称之为"史家之绝唱，无韵之《离骚》"。人们都知道，司马迁惨遭宫刑之后，才发愤图强，编撰了这部《史记》。那么，司马迁到底如何得罪汉武帝的呢，汉武帝又为什么赐予司马迁宫刑的呢？这还得从头说起。

汉代名将李广的孙子李陵，是一位武艺高强，爱护士兵的人，深得汉武帝的器重，被授予骑都尉一职。公元前99年，匈奴单于亲自率领二十万大军南下，接连拿下汉朝西北方上谷、五原、酒泉等郡，汉朝主帅李广利被敌人围困在两狼山，派人向汉朝请求支援。于是，汉武帝便任命李陵为大将军，亲自率领七千步兵策应主帅李广利，从旁夹击匈奴。李陵带军前往，连夜赶路，到达了两狼山，趁夜偷袭匈奴的中军大营，命令弓箭手将敌人的营帐全部烧掉。一时间，敌军上下乱成一团，李陵带军杀入，就好比是神兵天降，杀得敌人落花流水、鬼哭狼嚎。李广利看见敌营火光四起，喊叫声一片，他就是知道朝廷的救兵到了，于是他也带兵而出，从山上杀下来，和李陵合兵一处，突出匈奴的重重包围。李广利被救出两狼山，退居冀州。

南归的时候，李陵负责断后，快到燕门关外时，却遭到了匈奴3万骑兵的围堵。李陵带领手下将士浴血奋战，杀掉一万多敌军，让匈奴单于胆战不已，准备退兵。不幸的是，李陵部下有个叫管敢的士兵，竟然偷偷归顺了匈奴，并且告知李陵孤军无援并且已经弹尽粮绝的处境，匈奴得知后，便率领大军疯狂反扑，李陵拼死厮杀，最后五千士兵还剩下十几个人，看着相继倒下的战士和越来越小的包围圈，李陵不禁流下泪来，他说："我现在落得个全军覆没的下场，哪还有什么面目去拜见汉武帝呢？日后再寻机立功吧！"说完，便下马投降匈奴。

匈奴单于对李陵是十分佩服，还将自己的女儿嫁给了他，希望他能够对匈奴效忠。汉武帝得知李陵投降匈奴的消息后，大为震怒，他想要将李陵的家人全部处死，以此来惩罚李陵的背叛。汉武帝和朝中大臣商议如何处置李陵的罪行，大臣们都顺着汉武帝的看法，痛斥李陵贪生怕死的行为。而只有太史令司马迁替李陵辩解道："李将军仅仅带了五千士兵，不顾疲劳，连夜赶路，到达目的地后，又顾不上休息，便趁夜偷袭敌军，将主帅李广利救出，算是完成了皇上所布置的任务，应该是有功的。而在回来的路上，却陷入了敌人的包围圈，仅以五千士兵便杀掉匈奴一万多人，这也算对得起天下人了。如果不是孤军奋战，弹尽粮绝，李将军是绝对不会投降匈奴的。再说，李将军可能并不是真的投降，或许以后他找着机会还会报答汉朝，报答皇上的。"司马迁的看法很客观，但是却惹恼了汉武帝。汉武帝生气地说："依你的意思，倒是朕的不是了？朕也不应该处置李陵的家属？"还没等司马迁再分辩，汉武帝便命人将其关入了大牢。

作为史官，一定要坚持真理，客观记录史实，这是最基本的道德。司马迁没有给那些统治者们所谓的歌功颂德，而是很客观的记录、评价了各个人的得失。对于汉武帝的过失，他也会毫不客气地指出来。汉武帝对于司马迁的做法早就心生不满了，所以这一次也就借着李陵的事情，好好教训教训他。于是，汉武帝便下令，对司马迁处以宫刑，也就相当于太监了。一个男人被剥夺了做男人的权利，这是怎样的一种耻辱啊？可是这并没有将司马迁打垮，从那之后，司马迁经过十几年的努力，完成了这部伟大的作品——《太史公书》，即《史记》。

司马迁被救出来之后，改任命为中书谒者令。然而，他还是秉性不改，又在《报任安书》中直接贬损当朝皇帝，进而埋下了祸根，被汉武帝以大逆不道的罪名，再度逮捕入狱。第二天，司马迁暴死在狱中。

汉武帝的晚年

汉武帝的一生可谓是功勋赫赫，彪炳史册。到了晚年的时候，却是犯了不少的错事，对于这一点，他倒也不否认。

汉武帝在位期间，虽然有着雄才大略，但却是一个好大喜功的人，在位54年，有40年都是在战争。连年征战、穷奢极欲，致使国库空虚。为了弥补用度，汉武帝允许那些有罪行的人，用钱来赎罪。这样一来，使得政治混乱，富者越来越富，穷者越来越穷，社会分化很厉害，各地也纷纷起义。汉武帝之前，从汉高祖到汉景帝，这四代皇帝，也就任用了两名酷吏，而光是汉武帝一朝，便有十一名酷吏。

汉武帝接二连三地加重刑罚，从汉高祖时期的9章增加到了359章，光是大辟一项就有409条1882事，以死刑为例比的刑法多达13472事。可是，就算是这般严苛的刑罚，也无法阻止人们走向反抗道路。

汉武帝的愿望就是臣服四夷，但是直到他去世的时候，都没有真正解决四夷的问题。因为内乱，西羌、西南夷、匈奴、乌桓等外族也趁机发起外乱。汉武帝晚年，看着风雨飘摇的汉朝江山，想到秦朝末年的农民起义，不禁悲从中来，由此也意识到了自己的过失，于是便向天下颁布《罪己诏》：“朕即位以来，所为狂悖，使天下愁苦，不可追悔。”

他大兴水利，但是却没有收到很好的效果，结果得不偿失；他挥霍浪费，对于功臣赏赐无度，动辄几十万金，登基之后便开始建造陵墓，因为他在位50多年，光是前期的陪葬品就已经把陵墓堆满了，而后期的陪葬品连存放的地方都没有。

汉武帝的一生充满了声色犬马、荒淫暴虐。他食色不厌，纵情过度，曾经坦言自己宁可三天不吃饭，却不能一天没有女人。后宫所接纳的美女，竟然有七八千人之多。司马光《资治通鉴》评价汉武帝是“穷奢极欲，繁刑重敛，内侈宫室，外事四夷，信惑神怪，巡游无度，使百姓疲敝，起为盗贼，其所以异于秦始皇者无几矣”。司马光从道德观念的角度进行评价，是非常客观的。其“穷奢极欲”、“内侈宫室”等，所言并不假。

对于家庭来说，汉武帝过得并不幸福，特别是到了晚年，只要是他宠爱的女人，从陈阿娇到卫子夫，从王夫人到李夫人，都相继离他而去，晚年的赵婕妤也为了江山的考虑而被汉武帝赐死。这一系列的事情都让汉武帝的晚年变得有些凄惨，而且对他打击最大的就要数当年江充污蔑太子的“巫蛊”案。经过几次变迁，老年的汉武帝失去皇后、太子、皇孙，这是他最为伤心痛苦的事情。时间长了，他也有所觉悟，他知道太子是因为内心恐惧才招兵保护自己的。为了表示自己的悔恨和思念，建了思子宫、望思台。在继承人的事情上，他尽可能地不犯同样的错误，从而也很好的延续了汉朝王室的兴盛，彰显了一代帝王的智慧。

临终托孤

虽然汉武帝的一生做了很多不恰当的事情，但是就像司马光所说的那样："晚而改过，顾托得人，此其所以有亡秦之失而免亡秦之祸乎！""顾托得人"，幸好汉武帝在临终之前已经知道了自己的错误，给自己的继承人安排了很好的辅佐大臣，这才没有重走秦王朝的覆辙。司马光的这一评价，还是比较客观的。

当时，汉武帝知道自己的时日不多了，于是便派人画了幅周公怀抱成王接受诸侯朝拜的画，送给了大臣霍光。公元前 87 年，武帝病危，霍光问："皇上如果有什么不测，那么谁该是继承者呢？"

汉武帝说："你应该明白朕的意思，当然是小儿子为太子了，你像周公一样行事即可。"

霍光急忙叩首推让，说："我还不如金日磾。"

金日磾说："我只是一个匈奴人，完全不适合，再说千万不要让匈奴人看不起我大汉朝啊。"

于是，汉武帝便任命霍光为大司马大将军，金日磾为车骑将军。

第二天武帝驾崩，赵婕妤的小儿子登基为帝，时年 8 岁，史称汉昭帝。皇权顺利传承，而汉武帝的大智慧也在继承人的事情上表现得淋漓尽致。霍光、金日磾二人在朝中并没有过于显赫的身份，只是一个中等的大员，况且金日磾还是匈奴休屠王的儿子，是汉朝的俘虏。不过他们二人在汉武帝身边为官多年，其人品、能力汉武帝心中还是非常有数的。事实证明，汉武帝"顾托得人"是朝廷持续中兴的决定因素，而今登基的皇帝才 8 岁，什么决策都应该靠霍、金人拿主意，这也保证了武帝的意愿能得以顺利的承继。

当时，燕王、昌邑王都已经长大成人，武帝却选择一个 8 岁的孩子继承江山，这也有他自己的考虑。一方面他知道那两个成年儿子的弱点，再者他对于霍光等人是绝对的信任。如果让一个不成器的成年儿子继位，那么就会降低辅政大臣的作用，甚至根本就发挥不出想象中的作用，他的深谋远略自然就无法保障。

在立小皇帝的时候,汉武帝还做了一件让人很吃惊的事情,便是赐死了汉昭帝的母亲赵婕妤!很多人对他的这一举动都无法理解,而这一件事情也体现了一位伟大的帝王应该具备的谋略和胆识。对于这一点,汉武帝已经深思熟虑过,以往小皇帝继位之后,把持朝政的往往是他的母亲,这样一来,刘氏的江山就岌岌可危了,汉高祖时期的吕雉便是一个活生生的例子,所以这种事情决不能重新上演。

司马光曾经将秦始皇和汉武帝相提并论,但只是看到他们二人相似的地方,忽视了他们不同的地方。扶苏被派往边疆,胡亥没有被立为继承人,却是和嬴政一起巡游。由于嬴政"恶言死",等快要病死的时候,才下诏将扶苏召回咸阳,但是依旧没有指定接班人。后来,他的诏书被篡改了,扶苏最终自杀。可是,即便没有被篡改诏书,因为没有指定继承人,那么终归还会出现混乱的。

再来说说汉武帝,在病危的时候,霍光询问继承人的事情,由此也看出,汉武帝并不忌讳死字。去世之后,燕王刘旦声称收到的诏书规格不对,怀疑京师有变,立刻赶往长安活动,并且勾结宗室,谎称已经收到了汉武帝的遗诏。如果不是汉武帝早就安排妥当,那么汉朝一场动乱是在所难免的。所以,汉武帝在晚年时期虽然有很多过失,但是却懂得吸取教训,提炼经验,及时改正不正确的做法,这一点是值得肯定的,而在后事的安排上也可谓是费尽了心思,由此显示出了他的大智大勇,为王朝的延续及中兴设下铺垫,这并不是秦始皇所能够比拟的,这使汉武帝的雄才大略在人生的尽头熠熠生辉。

第六章

君臣不相疑的典范——汉昭帝刘弗陵

帝王档案

☆姓名：刘弗陵

☆民族：汉族

☆出生日期：公元前 94 年

☆逝世日期：公元前 74 年

☆配偶：上官皇后

☆子女：无

☆在位：13 年（公元前 87~公元前 74 年)

☆继位人：刘询

☆庙号：无

☆谥号：孝昭皇帝

☆陵墓：平陵

☆生平简历：

公元前 94 年，刘弗陵出生。

公元前 87 年，汉武帝册封刘弗陵为太子。同年，8 岁的刘弗陵登基为帝，是为汉昭帝。

公元前 74 年，年仅 21 岁的刘弗陵因病崩于长安未央宫。六月壬申日下葬平陵。谥号为孝昭皇帝。

人物简评

提起他，就不得不赞叹汉武帝的眼光，他虽然在位时间不长，但却是一位很有作为的帝王。他重视农业，平定叛乱，稳定局势，知时务之要，轻徭薄赋，休养生息，是一个爱民的好皇帝。他有着汉武帝的遗风，把国家治理得有声有色，而和大臣霍光的关系，更是君臣不相疑，是老臣和幼主成功合作的典范。他就是幼时登基的汉昭帝刘弗陵。

生平故事

燕王刘旦谋反事件

公元前94年，汉武帝刘彻的妃子赵婕好为汉武帝生下了一个儿子。传闻赵婕好怀胎14个月才生下了刘弗陵，很多人都认为这个皇子是尧帝转世，纷纷赶来祝贺汉武帝。老年得子的汉武帝，对这个小儿子甚是疼爱。

汉武帝因为受到奸人蛊惑误杀了太子，皇后卫子夫也随之自杀。得知真相的汉武帝身体日益衰老，不久就大病缠身。在汉武帝临终之时，不得不立年仅8岁的小儿子刘弗陵为太子，但是为了防止吕雉的事情重新上演，他毫不留情地处死了刘弗陵的生母钩弋夫人，随后请霍去病的异母弟弟霍光担任首辅，匈奴人金日磾为次辅，上官桀为左将军，桑弘羊为御史大夫，让这四位重臣来辅佐年仅8岁的刘弗陵。汉武帝交代完后事，不久就去世了。年仅8岁的刘弗陵就这样登上了皇位，成为了汉昭帝。

刘弗陵登基之后，按照惯例，应该赐给各位诸侯王玺书报丧，并告知新君登基的消息。玺书按照规定应该盖上皇上的玺印。而很多宗室王侯觉得被一个年仅8岁的毛头小子压制，很不服气，于是就趁着汉武帝出殡的时候制造事端，想方设法地想要废除小皇帝刘弗陵。

汉武帝的另一个儿子燕王刘旦就首先跳出来想要废除这个小皇帝。在接到朝廷送来的玺书之后，刘旦以玺书上所盖的玺印的大小不符合规矩为借口，拒绝为汉武帝哭丧，反而说："这一次的玺书规格与以前相比要小，是不是京城发生了什么事情？"实际上，他是想要借着不承认汉武帝驾崩、汉昭帝即位的事情，来打探新皇的实力。

随后就以探听汉武帝举哀的礼仪为由，派遣身边的亲信大臣寿西长、孙纵之、王孺等人来到长安打听汉武帝的死亡原因，探听小皇帝登基为帝的具体情况。王孺等人来到长安之后，并没有去拜见负责礼仪的朝中大臣，而是去找了负责京城戍卫的执金吾郭广意，向他打听了武帝驾崩的原因以及新皇的具体情况。这几个人明明就知道新皇是汉昭帝，却故意装糊涂再三询问，就是不想承认这个年仅8岁的小皇帝。

郭广意这个人不是太老实，心中对朝政早就心怀不满，当王孺询问的时候，他一五一十的全都告诉了王孺，他说："我们当时在五柞宫等待先皇下传位遗诏的时候，就有消息说先皇早就已经驾崩了，随后各位将军就一起拥立太子刘弗陵当了新皇。新皇不过是一个年仅8岁的毛娃娃，先皇下葬的时候，都没看到他出来，估计是吓得不敢出来。其他的事情我就不太清楚了。"

王孺等人听完郭广意的话，心里就开始打起了小算盘，他想：如果皇上驾崩的消息只是在宫中传开的，说明皇上驾崩的时候，身边并没有多少人，也很少人会知道当时的具体情况。更重要的一点是，新皇是大臣们拥立的，而不是先皇下诏册封的，这就有篡位的嫌疑。更可疑的是，先皇下葬，新皇居然没有在场，如果不是因为自己的皇位来得不正当，担心自己的生命安全，又怎么会不出席呢？这其中一定大有文章。

王孺等人得到了满意的答案后，为了更加确认心中的猜测，决定再去拜访一下昭帝的姐姐——鄂邑盖长公主。没想到鄂邑盖长公主早已奉旨入宫，无法拜见，因此也无法探听当时的具体情况。

已经得到满意结果的王孺等人马上快马加鞭，赶回了燕国。随后，他就把从长安打听到的消息全都告诉了刘旦，并把自己的分析也告诉了他。刘旦听完王孺等人的讲述之后，认为王孺分析得很对，他也认为这个8岁的小皇帝能够登基一定是朝中大臣搞得阴谋。于是，他又派遣大夫到长安城去上书歌颂先皇的功德，提议天下郡国都应该为先皇建立寺庙来进行祭拜，以此来试探一下汉宫的态度。

接到刘旦上书的霍光，对提议并没有明确表态，而是赏了刘旦钱三千万，提升他为一万三千户的食邑。如果刘旦是一个容易满足的人，他一定会对这个赏赐心怀感激，但是刘旦的野心可不是为了得到点赏赐、升个职。他本就对汉昭帝的皇帝之位的来历心存怀疑，如今皇帝的赏赐让他认为这是心虚的表现，反而肯定了心里的怀疑。于是，当他看到皇上的赏赐之后，他反而发怒说："这个皇位本就应该是属于我的，根本就用不着他赏赐！"

在肯定了心里的怀疑之后，刘旦便开始了自己的谋反计划。他开始大张旗鼓地与中山哀王刘昌的儿子刘长、齐孝王刘将间的孙子刘泽联合起来，整顿军队、操练士兵，做好了谋反的准备。自从汉景帝时期发生齐国之乱之后，朝廷就开始严格控制各地的诸侯，不让诸侯治理民事，任用官员，因此刘旦等人为了能够师出有名，就谎称汉武帝生前曾经给他下过一份诏书，内容为"职吏事，领库兵，饬武备"。这意思就是让刘旦管理官员，领取库藏的兵器，整顿军纪。

燕王的差官寿西长可是刘旦身边的好谋士，他尽心尽力地为刘旦拟定了一条又一条的命令，来号令燕国的各位臣子。被蒙在鼓里的大臣们，相信了刘旦的话，于是刘旦就顺利地掌管了一国之权。郎中成轸早就看出了刘旦的目的，于是就借机献谗言说："原本大王是先皇的嗣君，可是现在却要屈居此地，不能登基为王。如今看来，倒是有一个办法，那就是带兵把皇位给抢回来。如果只是等着，皇位是不可能落在王上身上的。只要大王愿意带兵，我想大家都愿意追随大王啊。"

刘旦听后就把心里的疑惑全都告诉了成轸，他说："以前高皇后在世之时，就用了一个毛头小子当皇帝，大臣们也兢兢业业地侍奉了他8年之久。后来，吕太后去世之后，大臣们由于不满吕家的独断专权而讨伐吕家，将流浪在外的汉文帝迎回汉宫，这时才发现那个毛头小子根本就不是孝惠皇帝的儿子。现在，我是先皇在世上最大的儿子，却没有被册立为太子，我上书称要为先皇立庙祭拜，朝中也没有准奏。如今看来，现在的皇帝，可能也不是先皇的孩子。"

要想起兵成功，首先要得到百姓的支持，所谓得民心者得天下正是这个道理，因此刘旦在给刘泽写信，约定好了起兵的时间之后，就开始派人四处散播谣言，蛊惑人心。

收到了刘旦的来信之后，刘泽表示一定会全力配合燕王的行动。当时刘旦已经有些迫不及待了，他开始着手准备造反事宜，他先把国内的一些亡命之徒全都召集在了一起，并检阅了封国的军队，大规模的封赏官员并命令从相、中尉统领军队在文安县（今河北文安东北）不断进行演习。随后，还设置金鼓旌旗，甚至大胆地使用天子的仪仗，同时还命令属下郎中、侍从要佩戴以貂尾为冠羽的王冠都饰，并要在冠前附上金蝉。貂羽、附蝉都是皇上亲信"侍中"所使用的冠饰，刘旦这么做，也就是已经把自己当成皇上看待了。

郎中韩义等人认为刘旦这么做十分不妥，于是就上书劝谏，已经被皇帝梦冲昏头脑的刘旦哪里还听得进去，一气之下，竟然砍下了这些人的脑袋。

不过，就在刘旦还在做着自己的皇帝梦的时候，刘泽那边却出事了。公元前86年八月，刘泽起兵失败的消息传来，这也打乱了刘旦的整个计划。

原来，刘泽在起兵时遇到了一个强劲的对手，那就是以精明强干而著称的青州刺史隽不疑。刘泽在起兵之前就曾想把这个眼中钉肉中刺除掉，不料淄川靖王刘建的儿子刘成却把他给出卖了，事情败露之后，他的阴谋也被隽不疑得知。隽不疑就上书将这件事告诉了皇上，朝廷很快就将刘泽抓起来审讯，刘泽也不是什么铮铮铁骨就把刘旦给供了出来。

汉昭帝毕竟只是个8岁的孩子，心地善良，顾念着刘旦是自己的异母哥哥，就不忍动杀戮之心，再加上他刚即位不久，更不宜随意杀戮，因此并没有过多治燕王的谋反之罪，刘旦也因此逃过了一命。

刘弗陵为何会继位

既然汉武帝有多个儿子，为什么偏偏要选一个小毛孩当皇帝呢？这就要从发生在汉武帝晚年的巫蛊事件说起了。

汉武帝一共有6个儿子，二皇子在很早就夭折了，在皇长子刘据被冤死后，选择谁当的皇位接班人可是让汉武帝犯了难。

昌邑王刘髆也就是汉武帝的第五个儿子，成为了第一个被淘汰出局的人。刘髆是汉武帝最喜爱的妃子李夫人所生，因为母亲受宠，所以汉武帝对这个儿子也是宠爱有加，甚至曾经动过为他废黜太子的念头。刘髆的两个舅舅李延年和李广利也因为沾了妹妹的光，得到了汉武帝的赏识。

公元前90年，汉武帝派遣李广利带兵征战匈奴。在出兵之前，李广利和丞相刘屈氂密谋，打算扶持昌邑王为太子，不料事情很快就败露了。

那么这件事是如何败露的呢？俗话说隔墙有耳，特别在皇室家族中，想要商议一件事一定要谨慎再谨慎，小心再小心，因为稍不留意就可能被别人探听去了。李广利就是因为在密谋的时候，恰好被人给听去了。消息很快就传到了汉武帝的耳朵中，朝中大臣私下储君的事情本就是谋逆之罪，因此汉武帝就下令抄了丞相刘屈氂的家，并将其逮捕入狱。在抄家的过程中，官兵还在刘屈氂妻子那里搜到了私自藏匿的巫蛊。这下子事情就变得更加严重了，汉武帝本就对巫蛊之术深恶痛绝，再加上刘屈氂密谋扶持昌邑王为太子，于是就下令灭了刘屈氂的族。而案件的另一个祸首李广利因为当时还带兵征战匈奴，所以汉武帝只好先把他的妻儿抓了起来，关入了大牢。在外征战的李广利得知了消息之后，想要用立功的方式来请求皇上的宽恕，以此来保全家人的性命。结果事与愿违，李广利因为贸然出兵，加上军营内乱，最后兵败，走投无路之后只好投靠匈奴。听到李广利战败投敌的消息之后，汉武帝刘彻更是怒火中烧，一气之下杀死了李广利的家人。这件事之后，昌邑王刘髆也彻底失去了希望，不久就在抑郁中死去了。

汉武帝第二个淘汰的人便是后来谋反的燕王刘旦。当时刘旦可以说是几个皇子中最博学多才的，他对星术学说很有研究，同时很擅长骑射，广招宾客游士。在前太子刘据和齐王刘闳死后，刘旦开始骄傲起来，认为储君之位已经成为了自己的囊中物，于是在公元前88年，也就是汉武帝刘彻驾崩的前一年，他上书请求在禁宫中值夜班，这是历代太子才能做的事情。刘旦这样做，一是想要向大臣们宣布自己的太子之位，二是想要抓住有利的时机。

汉武帝在前太子刘据死后对立储之事就变得十分敏感，他在看完刘旦的上书之后，已经嗅出了他的野心，心里大怒，于是一气之下将前来送信的刘旦的使者给杀了。汉武帝这招杀鸡儆猴可是把刘旦给吓得不轻，赶紧收敛自己的傲气，开始老老实实在自己的封地当燕王。

事情并没有因此而结束，刘旦失去了太子资格之后，就有人开始落井下石，向汉武帝告发了他私藏朝廷通缉的要犯。汉武帝马上下令，削去燕王刘旦辖境内的良乡（今北京房山）、安次（今河北廊坊市安次区）和文安等三县，以示惩戒。刘旦不仅没有当成太子，还被收回了大片封地，真是偷鸡不成蚀把米。

第三个被汉武帝踢出局的皇子便是广陵王刘胥。汉武帝对这个皇子一直都不太喜欢，因为这个皇子是个花花公子，没事就喜欢和乐师们在一起鬼混，或者拉着自己的一群狐朋狗友到处闲逛，根本无视朝中的法律，到处惹是生非。因此这个皇子根本就没有当太子的资格，汉武帝也没有考虑过立他当太子的事情。这个皇子不争不抢，倒也乐得自在。

如此一来，皇太子的人选也就只剩下小儿子刘弗陵了。刘弗陵虽然只有8岁，但是长得虎头虎脑，又表现得异常聪颖。再加上他是怀胎14个月才生下来的。因此汉武帝对这个小儿子可谓是异常宠爱。刘弗陵也经常在汉武帝的身边玩耍，给年事已高的汉武帝带来了不少快乐。

虽然想要立刘弗陵为太子，但是想到要把这个偌大的江山交给一个年仅8岁的孩子，刘彻还是觉得有些不放心。在历史上因为继位者年纪太小而大权旁落的例子并不在少数。那么应该如何解决这个问题，如何能让自己的大汉江山继续延续下去，这成为了摆在汉武帝面前的两个难题。汉武帝心里也非常清楚，在公布继承人之前，他首先要做好两件事，一就是为小儿子找好合适的辅政大臣，帮助新君可以快速地在政治上成熟起来，不被奸臣把持朝政；二是要时刻注意朝中各势力的动静，一旦发现有不利于刘弗陵的现象，就要尽可能帮助刘弗陵斩草除根，这样自己去世之后，刘弗陵才能顺利即位。

经过了一番精挑细选，金日磾成为了汉武帝心目中最合适的首辅大臣，不管是从人品还是从性格来说，都让汉武帝十分满意。金日磾这个人做事光明磊落，而且对为人处世和折冲御侮之道颇为了解，更重要的是他对汉室忠心耿耿，这让汉武帝能够放心地把太子托付给他。

金日磾，原本是匈奴休屠王的太子，长得高大俊美，体力惊人，尤为擅长骑射。公元前121年，休屠王和浑邪王一起归降汉朝，后来休屠王反悔，被浑邪王所杀。金日磾与母亲、弟弟都被当成俘虏成为了大汉朝的奴仆。当时只有14岁的金日磾被安排在皇宫禁苑养马。身为匈奴部落的王子，金日磾自幼就在马背上长大，对驭马之术十分了解，因此这件差事对他来说，倒是得心应手，再加上从小就喜欢骏马，这个少年倒是自得其乐。

金日磾就这样快乐地养了几年马，有一次，汉武帝带自己的后宫嫔妃和宫女到马厩赏马。金日磾就和十几个马夫牵着马从汉武帝面前走过，由于马夫很少会有机会能够看到宫女。因此很多马夫都趁此机会，偷偷打量汉武帝身边的嫔妃和宫女，只有金日磾目不斜视，埋头走过。汉武帝看到金日磾的表现十分好奇，再加上金日磾长相端正，高眉深目，身材高大，气宇不凡，于是就向其询问他的家世，这才知道他本是匈奴休屠王的太子。汉武帝对这个少年好感倍增，又见他喂养的几匹马个个膘肥体壮，心里十分高兴，于是就将他升为了马监，随后又将他提升为侍中、驸马都尉。金日磾得升之后，并没有因此而得意忘形，反而行事更加低调。汉武帝见此更是欣赏他，让他当了内侍，从此出入都让他陪同在身边。金日磾为人很是谨慎小心，深得汉武帝的信赖，还被赐了姓为"金"，并赏赐了千金。后来，金日磾的母亲因病而去世了，汉武帝还特意恩准他在甘泉宫图画其亡母像，并在画像上署上了名字"休屠王阏氏"，这对于金日磾来说可是天大的恩赐，是其他大臣根本就不敢想象的事情。

对于汉武帝对自己的恩赐，金日磾心中也十分感激，从此更加对汉武帝忠贞不二。金日磾有两个儿子，汉武帝对这两个小孩也十分喜欢，还经常与他们一起玩耍。不过金日磾对自己的两个儿子却管束很严。据说有一次，金日磾的大儿子自以为有了汉武帝的袒护，举止乖张，竟然在宫中调戏起了宫女。金日磾路过正好瞧见了大儿子的所作所为，一气之下，命人把大儿子绑了起来，并亲手将其杀死。汉武帝听说之后，勃然大怒，将金日磾狠狠地训斥了一顿。金日磾面对汉武帝的指责马上磕头谢罪，并解释说逆子胆大包天，如果今日不将其杀死，日后必定会祸害家人。汉武帝见此，也只好作罢，从此之后对金日磾更加敬重。

金日磾陪在汉武帝身边长达几十年，为人处世一直抱着谨慎小心的态度，就连汉武帝赐给他的宫女，他也一次都没有碰过，生怕会亵渎了圣上。汉武帝想要将他的女儿纳为自己的妃子，金日磾担心将来女儿入宫后，会给别人落下口实，说自己的外戚势力，于是就婉言谢绝了。汉武帝听说之后，非但没有生气反而对他更加敬佩，除此之外金日磾还救过汉武帝的命。

当初在巫蛊事件中，太子刘据被人冤枉，被逼起兵，杀死了奸贼江充，当时马何罗和他的弟弟马通一起出力对抗太子的势力，成为了平叛的英雄。汉武帝还给二人封了侯位。后来，巫蛊冤案真相大白。汉武帝想到自己逼死了儿子和孙子痛心不已，于是就把江充全族全部灭口，还将苏文在横桥上活活烧死，江充的党羽和帮凶也都遭到了灭顶之灾。

平定太子刘据的马氏兄弟担心汉武帝会牵怒自己，于是经过商量之后，决定先下手为强，将汉武帝杀死再说。

兄弟二人制定详细的计划之后，就开始寻找动手的时机，可是想到金日磾每时每刻都陪伴在汉武帝身边，又让两人犯了难。因为他们根本就找不到机会动手。金日磾也看出了马氏兄弟不正常的举动，于是就加强防范，时刻观察着二人的动静，并且加强了对汉武帝的保护。

有一天，金日磾受了风寒，不能够外出，只能留在自己的宫中休养。马氏兄弟知道时机成熟了，于是加快了反叛的脚步。

第二天早上，汉武帝还没有睡醒。病床上的金日磾迷迷瞪瞪地起身上厕所，突然看到一个人影闪过，金日磾大喊："是谁在那里鬼鬼祟祟的，还不赶快滚出来？"只见马何罗蹑手蹑脚地走了出来，金日磾问他有何事，胆小的马何罗回答得驴唇不对马嘴，双腿也颤抖起来，金日磾觉得事情不妙，追问："你究竟想要做什么，赶快从实招来！"马何罗被吓得舌头打结，就连匕首也从身上掉了下来，金日磾见状大喊道："赶快来人啊，马何罗要谋反……"于是，上前与马何罗扭打在一起，侍卫们也闻讯纷纷赶来。

被屋外的厮打声吵醒的汉武帝见到这种情况，赶忙让卫士们救驾，可是，当看到卫士们拿着弓箭准备射击的时候，汉武帝又担心会伤到金日磾，所以命令不准放箭。不一会儿，金日磾便将马何罗擒住了。汉武帝询问其原因，马何罗将事情的原委讲了一遍，这就预示着马氏兄弟即将要面临死亡的处决。

从此之后，汉武帝更加信任金日磾了，可是金日磾毕竟是匈奴人，即便是他在 14 岁的时候就已经在汉朝生活，可是在治国方面，他较汉族大臣还差得很远，于是，汉武帝决定让霍光担任首辅一职。

霍光是大将军霍去病的弟弟，在经历了二十几年的官场生涯后，已经成为职场上的老油条，最重要的是，霍光拥有过人的谋略，这是其他人不可比及的。

霍光在朝廷为官这几年，基本上没有做过什么错事，也没有说过什么错话。平日里，他待人谦和、行事低调，而且极具正派之风，从来不依仗皇上的宠信欺压大臣、铲除异己，这让他在朝野上下都赢得了很好的声誉和名望，堪称正直端方的典范。在汉武帝看来，朝中大臣中，最适合辅政的就是霍光了。

汉武帝为了鼓舞霍光，就差人画了一幅"周公背成王朝诸侯图"送给霍光。

周公背成王的故事起源于周朝。在周武王弥留之际，临终托孤给自己的弟弟周公，希望弟弟可以尽心尽力辅佐侄儿，将周朝的基业千秋万代延续下去。周公代替成王治国时，面朝南方接见诸侯。周成王亲政之后，周公便面朝北方以臣子的身份跪拜天子，小心翼翼地侍奉君主。此时，汉武帝的用意已经十分明显，他想要为自己的儿子挑选一个周公，而这个人就是霍光。

即使霍光可以做周公，刘弗陵却很难是成王。因为此时的刘弗陵年纪还小，钩弋夫人又太过年轻，一旦刘弗陵登基，钩弋夫人作为其生母，一定以太后的身份临朝听政，这是毋庸置疑的。这一点，汉武帝深有体会。他左思右想，一旦钩弋夫人成为皇太后，她一定会效仿吕雉把持朝政。如果事实真是如此，她是不是也会对刘氏家族赶尽杀绝呢，那时汉刘江山就会受到威胁。汉武帝思忖着，决定一定要在他去世之前，将钩弋夫人除掉，永绝后患。当然，这个计划也很快实施了……

一天，汉武帝与钩弋夫人单独在一起，就随便找了一个理由，和她大吵起来，而且狠狠地教训了她一番，钩弋夫人顿时觉得后背发凉。

原本，当钩弋夫人知道自己的儿子有幸继承皇位的时候，十分高兴，对儿子也更加疼爱了。可是，现在的汉武帝突然对她发这么大的火，让她的心里像打了五味瓶一样，很不是滋味。她实在不明白平日里对自己宠爱有加的皇上为什么会因为这样一件小事对自己发火。

钩弋夫人委屈地哭了，但是汉武帝似乎并不怜悯，火气越发大了。钩弋夫人见状"噗通"一声跪在地上，希望得到汉武帝的原谅。可是，汉武帝早已对眼前这位娇滴滴的美人动了杀念，这件事情不过是个导火索而已，汉武帝没有听她的任何解释，就命人将她关进了大牢。

其实，又有谁可以明白汉武帝心中的苦呢，如果不是迫不得已，他又怎么忍心将这样一个如花似玉的美人关进又黑又冷的监牢呢？可是，为了保住刘氏江山，他必须狠下心来。

其实，民间关于这位钩弋夫人的传说有很多，可是流传最广的还是下面这段故事。

钩弋夫人，姓赵，是齐国河间人。钩弋夫人的家境并不好，父亲因为获罪而被处以宫刑，成为了太监，在中黄门任职。她的母亲在她很小的时候就去世了，无奈之下，钩弋夫人只好投奔河间的姑姑，并且在姑姑的照顾下长大成人。

那时，汉武帝到河间巡视，听相士说当地有祥云笼罩，那里一定住着一位奇女子。汉武帝听说之后，便立刻派人前去寻找，经过千辛万苦，终于找到了这位年轻貌美的女子。可是，这位姑娘长得虽然漂亮，但因为从小体弱多病，很少进食，而且双手握拳，无法伸展。汉武帝被眼前这位女子深深吸引了，于是尝试着将这位少女的手掰开，就在这时，奇迹出现了，这双手竟然真的张开了，更让人奇怪的是，她的手心里还攥着一只小小的玉钩。

汉武帝见到这种情形，心里十分高兴，立刻将其册封为"拳夫人"，随即带回汉宫。没多久，拳夫人就怀孕了。公元前94年，六十多岁的汉武帝又拥有了一位小皇子，取名"刘弗陵"，拳夫人也册封为"婕妤"，也称钩弋夫人，刘弗陵也因此被称为"钩弋子"。

钩弋夫人怀孕14个月生产，这让汉武帝更加惊喜，他对钩弋夫人说："朕听说尧帝也是怀孕14个月才出生的，就像你生下的皇儿一样，真是让朕感到无比欣慰啊!"说完之后,还让人将钩弋生孩子的地方改名为"尧母门"。

曾经三千宠爱在一身的钩弋夫人的命运却也如此凄惨,汉武帝将她关入大牢后不久,便处死了她。钩弋夫人想着自己年幼的儿子,想着自己才二十几岁,不禁悲从中来。当天晚上,钩弋夫人埋在甘泉宫以南,并且连一个墓碑都没有,仅是做了一个小小的标识,以此来识别钩弋夫人的坟墓。

处死钩弋夫人之后,汉武帝又相继将其他几个子女的母亲全部杀掉了。不过,他们的死却没有钩弋夫人那么幸运了,因为钩弋夫人的死换来了她儿子的皇位,但是他们的死却是无声无息的,没有留下一点痕迹。为了不给刘弗陵留下一点威胁,汉武帝就连自己女儿的母亲都没有放过。史书上这样记载道:只要是为汉武帝生过子嗣的人,不管生男生女,都被处死了。

汉武帝明白,这是一件很残忍的事情。有一天,汉武帝问身边侍奉的人:"对于这件事,人们有什么看法吗?"侍卫们都不敢说话,只是婉言说:"人们只是有些不明白,既然儿子要登基,为什么还要将他的母亲杀死,这让那些没有儿子的妃嫔们也很不理解。"

汉武帝这才将自己隐藏在内心深处的话讲了出来:"朕的心思,又怎么是你们这些愚蠢的家伙可以揣测的呢?纵观历史,国家之所以发生大乱,多半是因为少主登基,太后专政,吕后的故事你们也都听说了,这就是我这样做的真正原因。"

钩弋夫人被杀的第二年,70岁的汉武帝一病不起,这场病的确让朝中大臣担心不已,大家的心中明白,汉武帝的时间到了。

有一天,汉武帝将霍光叫到身边,霍光含着热泪说:"陛下要是有什么不测,要册立谁做太子呢?"

那时,汉武帝将早已经画好的"周公背成王朝诸侯图"递给霍光,让他打开。同时,汉武帝还传召了金日磾、上官桀、桑弘羊等人,让他们与霍光一起辅佐幼主。汉武帝看着面前的四位大臣,问道:"你们明白其中意思吗?"

霍光等人摇摇头说:"微臣愚昧,并不知道皇上是什么意思,还请皇上明示。"

汉武帝坐起来，深吸了几口气说："朕决定册立刘弗陵为太子，而你就是周公，尽心辅佐幼主。"

霍光摇摇头说："臣没有能力可以担此重任，辅佐幼主，臣自知不如金日磾，还请皇上三思啊！"

金日磾一听，立刻下跪说："臣是匈奴人，都是皇上不嫌弃，才有了臣的今天，臣自知能力不及霍光，倘若由臣辅佐幼主的话，只怕会引来匈奴人的耻笑，他们会认为汉朝无人，才会让一个匈奴人来担此重任。"

汉武帝并没有直接回答他们两个人的话，只是慢悠悠地说："你们两个人对朕和大汉王朝忠心不二，没有半分私心，这些朕都看在眼里。朕之所以让你们来辅政，也是经过一番深思的，并非冲动之举，现在你们责无旁贷，都要听从朕的安排，不要再推辞了。"

紧接着，他用缓慢的语气传达了命令：霍光、金日磾、上官桀、桑弘羊听旨，现在，朕册封霍光为大司马大将军，金日磾为车骑将军，上官桀为左将军，桑弘羊为御史大夫，霍光为辅政大臣之首，同心协力共同辅佐少帝刘弗陵。四位大臣接旨，叩谢离去。

第二天，汉武帝写下遗诏，册立刘弗陵为皇太子，由霍光为首的四位辅臣协力辅佐。

两天后，汉武帝驾崩了，葬于茂陵。之后，霍光等托孤大臣将8岁的刘弗陵辅佐上皇帝位，即是历史上的汉昭帝。

第七章

在牢狱中成长的皇帝——汉宣帝刘询

帝王档案

☆姓名：刘询，原名刘病已，字次卿

☆民族：汉族

☆出生日期：公元前 91 年

☆逝世日期：公元前 49 年

☆配偶：许皇后（恭哀皇后）、霍皇后、王皇后（邛成太后）等

☆子女：5 个儿子，2 个女儿

☆在位：25 年（公元前 74 年—公元前 49 年）

☆继位人：刘奭

☆庙号：中宗

☆谥号：孝宣皇帝

☆陵墓：杜陵

☆生平简历：

公元前 91 年，刘询出生，之后因"巫蛊事件"被打入大牢。

公元前 87 年，从监狱中被放出来，并重新列入宗室。

公元前 74 年，登基当上皇帝。

公元前 71 年，挚爱的皇后被谋杀。

公元前 68 年，霍光去世，刘询谋划整治霍氏集团，逐渐将权力握在手中。

公元前 67 年，将长子刘奭册立成皇太子。

公元前 62 年，将谋反的河东人霍徵史镇压下来。

公元前 60 年，设立西域都护府。

公元前 49 年，驾崩。

人物简评

汉宣帝小的时候流落民间，日子过得非常困苦，因此对百姓的疾苦了解得比较深入，在当上皇帝以后，颁布的政策对汉朝的百姓都有很大的好处。由于人民得以休养生息，汉朝的国力也变得空前强大。他将危害国家的霍氏集团铲除，并且打击地方上的恶势力，还解决了困扰汉朝多年的匈奴问题，可以说政绩非常突出。

然而他也犯下了不少错误，尤其是重用外戚和太监，给汉朝带来了不小的危害，也给后来的叛乱埋下伏笔。而且在晚年的时候，他变得非常奢靡堕落，也做了很多劳民伤财的错事。

但是总的来说，纵观他的一生，还是功大于过的，可以算是一个好皇帝。

生平故事

宣帝以前的名字不叫刘询，而是刘病已，他的字是次卿。不知道为什么，他登基以后就对自己原来的名字不满意了，便把名字改成了刘询。刘询是史皇孙刘进之子，也就是当年曾经被废过的太子刘据的孙子，汉武帝刘彻的曾孙子。

刘询坐上龙椅的时候年纪还不算很大，才18岁。不仅在汉朝的皇帝当中，就算放眼中国历史上所有的皇帝，他也是很有特点的，因为他坐过牢。这种经历，其他皇帝都不曾有过。

和匈奴建立友好关系

汉朝一直有一件比较纠结的事，就是和匈奴人的关系。这两个国家似乎一直都在打仗，从来都没有消停过。在与匈奴人的关系方面，汉宣帝刘询对汉朝有特别大的功绩。如果认真思考一下，就会发现，汉武帝当年穷兵黩武，一直想将匈奴赶尽杀绝，但所取得的成效却还不及没怎么兴师动众过的刘询。

汉武帝时期，汉朝一直在和匈奴作战。到了汉武帝末年，由于内部的权力分配出现矛盾，匈奴的领导集团产生了裂痕，实力大大削弱。因此，虽然他们还是经常会侵犯汉朝的边境地区，但不敢再向汉朝纵深方向前进了。这样一来，汉朝便不用再像以前那样畏惧匈奴人。

刘询刚当上皇帝时，曾经遇到过一件事，就是匈奴人攻打和汉朝结亲的乌孙。乌孙马上向刘询请求调集军队救助他们。刘询得知这个消息之后，立即命令骑兵前去支援。匈奴人听说汉朝的皇帝一下子就派来了十五万精锐的骑兵部队，想要把他们剿灭，顿时吓破了胆，赶紧撤退。尽管汉朝这次的出兵没有真正给匈奴人带来什么伤害，但是他们在急急忙忙逃走的过程中却死了很多人，连养的牲口也出现重大损失。

尽管这次的损失不小，但匈奴人不会轻易放弃对乌孙的战争。很快，冬天到来了，匈奴人又率领大军，再次攻打乌孙，想要为上次的失败报仇雪恨。不过他们这次的运气仍然不好，在途中遭遇了罕见的大风雪，有不少将士以及牛羊被活活冻死，最后能活着回去的只有不到十分之一的人。

见匈奴遭受了前所未有的打击，以前被匈奴控制的丁零、乌桓也不再听匈奴人的话了，他们联合乌孙，一起向匈奴发动进攻。匈奴人拼死作战，在战场上死了数万人。由于天气寒冷，又没有吃的，老百姓也死了很多。牲畜的损失更是严重，有将近一半都冻死了。

经过这次事件以后，匈奴人的实力进一步减弱。很多以前臣服于匈奴的国家见到这种情况，都不再受匈奴控制了，纷纷独立起来。战争、自然灾害、内乱，这些情况叠加到一起，让本来强大的匈奴顿时变得弱小了，无法再向汉朝发动进攻。

实际上，内乱是导致匈奴实力变弱的根本原因。他们的力量太过分散，根本形不成气候。匈奴内部曾经一下子冒出来五个单于，内部的混乱可想而知。权力集团那么多，当然每一个的实力都不是很强，人数也没有什么优势。就算是当时力量比较强的单于，所率领的人数也仅有几万人。

后来，呼韩邪单于被郅支单于打败了。于是，在公元前51年，呼韩邪领着他的部众到了汉朝的边境地区，将自己的儿子送到汉朝当人质，希望可以对汉朝称臣，让刘询帮助他。为了表达自己的诚意，呼韩邪亲自去了一趟五原塞，希望可以到长安觐见刘询。

刘询听说呼韩邪要臣服于汉朝，非常高兴，立即命车骑都尉韩昌前去欢迎，并命令沿途所过之地都必须派骑兵保护呼韩邪单于的安全。等把呼韩邪接到京城以后，刘询非常隆重地接待了他，不但不因为他是过来称臣而轻视他，还特别礼遇，并赏赐给他不少钱物。

刘询安排呼韩邪单于住到长平，一路上命使者在前面引路。等呼韩邪到了那里以后，刘询还特意前去看望，并且提前宣布将呼韩邪见到他时应该行的跪拜之礼免除。呼韩邪没有想到刘询会这样对待自己，心中非常感激，让随着他一起到京城来的人都出去迎接刘询的到来。当时和呼韩邪单于一起进京的有很多匈奴的贵族，还有不少其他部落的领袖，再加上随从，人数过万。这些人全都出来列队迎接刘询，场面特别盛大。

呼韩邪一直在京城停留了一个多月，才和刘询依依不舍地告别。在回去之前，呼韩邪希望刘询准许他将自己的族人安排到汉朝边境附近居住，这样一来，他们就能以汉朝建造的受降城为依托，抵御别人的进攻。刘询马上同意了，还让长乐卫尉董忠等人领着一万多骑兵和从边境地区召集起来的军队，将呼韩邪安全送回去。

刘询知道呼韩邪在遭受了各种打击以后，实力已经大不如前，为了能让他恢复元气，下令将边境地区储存的谷物、大米等各类粮食拿出一些，分给呼韩邪。呼韩邪接到刘询发给他们的粮食，不用再为没有吃的而担心，得以快速发展。两年过去了，呼韩邪再次进京面见刘询。自这时候开始，匈奴与汉朝的关系就变得非常好了，而且这种良好关系被一直延续下去。

呼韩邪归顺了汉朝，这件事当然瞒不过郅支单于。他得知这个消息以后，明白呼韩邪的实力已经非常弱了，不然肯定不会向汉朝称臣的。因此，他便打算趁着这个千载难逢的机会，一鼓作气把呼韩邪消灭掉，将呼韩邪以前的地盘占领。然而没想到的是，当他率领军队准备进攻时，却遇到了汉朝派出的保护呼韩邪的军队。郅支因为对汉朝军队心存畏惧，便不敢再继续动手了，马上率领部下迁移到了西边。

后来到了汉元帝时，汉朝军队打败了郅支单于。郅支在战斗中牺牲之后，呼韩邪单于趁机再次将匈奴统一起来。

汉朝和匈奴之间一直保持着和平共处的关系，直到西汉末年时，这种关系才发生了改变。汉朝和匈奴之间的斗争持续了那么多年，一直都是两国都无法解决的难题。然而刘询却用和平的方式将这个难题解决了，这对汉朝和匈奴都是好事。刘询让两国人民过了那么多年平静的日子，可以说是功在当代利在千秋。

扳倒霍氏集团

自古以来，皇帝和大臣之间的关系都特别复杂，其中的迂回曲折之处，不是三言两语能说清楚的。通常情况下，皇帝和大臣是一种合作关系，他们并肩携手治理国家。然而皇帝又经常会对位高权重的大臣心生疑忌，甚至为了安全起见，将大臣除去。汉宣帝刘询扳倒霍氏家族，就是其中非常典型的例子。

在刘询当皇帝时，霍氏家族的势力非常强大。霍氏家族领头的人是霍光，这个人很不简单，是汉武帝临死时亲自选定的顾命大臣之首，深受汉武帝信任。另一方面，霍光也对得起皇帝对他的信任，他在帮助刘询管理国家时尽职尽责，是个十足的忠臣。然而他是个兢兢业业的好官，不代表他的后代也如此。

霍光的子孙不注意约束自己的行为，再加上他们家族在当时太引人注目了，因此被很多大臣视为眼中钉。当然，被大臣们忌恨还是小事，关键是霍氏家族引起了皇帝刘询的不满，因此，他们注定没有好下场。

刘询小时候的日子过得就非常坎坷，经历了一般人所没有的苦难。他眼看着自己的至亲被处死，接着还到牢里过了一段时间的苦日子，对于政治斗争有多么危险，他深有体会。因此，他虽然当上了皇帝，却明白自己的地位还不巩固，便一忍再忍，等待时机。

在公元前73年，霍光就曾打算将主事大权让给刘询，却遭到了刘询的拒绝。刘询虽然年纪不大，心思却十分缜密，他还没有站稳脚跟，所以不能轻易收回权力，不然没有霍光撑腰，他治理不了天下。见刘询不愿意掌权，霍光也乐得继续把持朝政。

刘询为了安抚大臣们的心，决定奖励他们，将以霍光为代表的重臣加官进爵，封邑封侯。这种做法有很多好处，大臣们见皇上对自己没有疑心，心里踏实了不少，给国家办事时更加用心了。

大臣们是高兴了，但刘询心里的滋味却不怎么好受，他作为皇帝，很多事情还必须让别人做主，想想就觉得窝囊。他隐忍不发，憋了七年，至公元前68年时，他的机会终于来了。霍光因为年纪太大了，生了一场大病，躺在床上起不来了。刘询便马上亲自跑过去探望，还哭了一场。

刘询为了让天下人知道他对霍光的感激之情，传下圣旨，让霍光的儿子霍禹当了右将军。没过多久，霍光就死了。刘询与太皇太后一起到霍光的坟上祭奠，并为他举办了一个特别盛大的葬礼。这次葬礼的规模极大，简直比得上帝王的葬礼了。

霍光一死，刘询的绊脚石没有了，他马上便把权力收回，宣布亲政。但是情况依旧不容乐观，因为虽然霍光已死，霍家的势力仍然存在，并且特别强大。霍光的儿子霍禹现在是右将军，掌握着军权，想要动他不太容易。其他的霍家势力也是盘根错节，非常复杂。

朝廷上和霍光作对的大臣也有不少，但是在霍光活着时，他们不敢怎么样，现在霍光死了，他们心里的一块石头也就落了地。这些大臣害怕霍光的儿子继续像霍光那样把持朝政，所以不敢让他掌握更多权力，立即上书奏请让其他人代替霍光的位置。

霍光以前是大将军，这个位置的人选必须谨慎对待。刘询也知道不能让霍禹过多掌权，和大家商量了半天，最后命张安世做大将军。张安世知道这个大将军不好当，霍家权势那么大，一个不好他就得玩完，于是打算拒不接受。刘询哪里容他自己做决定，最后封他为大司马并兼领尚书事。

不过，刘询没想一下子就把霍家完全压制住，他只是打算将权力平均分配一下，这样在今后管理朝政时就不用像以前那么费力了。时间不长，刘询便让霍光兄长的孙子霍山当了乐平侯，以奉车都尉领尚书事，让霍光的孙子霍云当了冠阳侯。经过这次加封，霍氏家族出现了三个侯，其地位依旧不是其他家族能比得上的。

霍光还活着时，他的妻子霍显心术不正，曾经命人把皇后毒死，为的是让她自己的女儿霍成君母仪天下。刘询不知道这件事，以为皇后是自己死的，所以就将霍成君立为第二任皇后。有人知道事情真相，但因为霍光权势熏天，不敢说明。现在霍光已死，人们没有了顾忌，便将这件谋杀皇后的事抖了出来。

刘询本来就对皇后的死有些怀疑，但一直以为是自己疑神疑鬼，现在听了那些议论，顿时觉得事情不那么简单。然而事情已经过去很久，再要调查不那么容易。没有什么过硬的证据，刘询也不能把霍家怎么样，只好先将心里的愤恨压下。

皇帝已经把他们视为眼中钉了，但霍家的人却完全没有这种意识。他们平时一点也不知道收敛，生活十分奢侈，而且做事特别没规矩，完全不把国家法度放在眼里。霍家的种种行径让很多大臣心生不满，但害怕得罪人，不敢向刘询告发。后来，早在霍光活着时就一直与霍家不睦的丞相魏相看不过去了，他将霍家各种不端的行为揭发出来，请刘询定夺。

刘询小时候在民间生活过很长时间，早就听说霍家的人经常为非作歹，他以前要依仗霍光来管理国家，因此没有追究霍家的事。现在有丞相领头参劾霍家，霍家又和他有杀妻之仇，因此他决定立即着手整治霍家。

然而，霍家的势力太庞大了，不是一下子就能铲除的，因此刘询决定慢慢来，先削弱他们的势力再说。他首先下令，以后大臣们呈递的奏折不需要再经过霍山的手了，直接送到他的手中。这道命令一下，霍山虽然还是领尚书事，权力却被剥夺了，只是个摆设。刘询很器重魏相，命他当给事中，什么事情不知道该怎么办了，就找魏相过来商量。

尽管霍家的人整天只知道吃喝玩乐，但朝廷上发生了这么大的变动，他们不可能觉察不到。霍显见最近的局势好像有点不太对头儿，便将霍云、霍山、霍禹等人全都叫到一块儿，告诉他们这些日子都收敛一些，不要被皇帝抓住把柄。

刘询不停削弱霍家的势力，但短时间内依旧不好拿他们开刀。刘询希望能把他们的势力再削减一些，便和魏相等一众朝臣商议该怎么做。魏相马上将霍家集团在各地当官的情况列举了出来，呈递给刘询过目。刘询看了以后不禁惊讶得合不拢嘴，原来霍家的势力比他想象中还要大得多，霍光的女婿、孙女婿、外甥、侄孙等人全都身居要职，整个汉朝似乎已经成了霍家的！

刘询和魏相等人商议过后，制定出详细的计划，然后立即便开始执行。他首先将霍家的势力逐渐由京师调至地方上，然后命霍禹做有名无实的大司马，把他手中的权力收了回来。

把刘询的结发妻子许皇后毒死这件事，别人根本不知道，全都是霍显一个人干的。到了现在这个时刻，其他人还不知道为什么皇帝事事针对霍家，他们又聚起来商量怎样应付现在这种情况。

这时霍显认为不能再继续隐瞒杀害皇后的事了，便向其他人说明。霍家的人知道霍显杀了皇后，全都吓坏了，知道皇帝一定不会放过他们，赶紧想办法保命。然而杀害皇后这可是天大的事，无论怎么做都不会获得皇帝的原谅，因此他们打算造反，将刘询废掉。然而具体应该如何行动，他们却拿不定主意。

霍山与霍云口风不严，刚一回家，就将打算造反的事告诉了家里的人。家里那些人整天过着舒服的日子，突然听说要造反，立即吓得不知所措。后来霍家的人再次商量之后，确定了造反的具体计划，然而他们没有机会将计划实施，就被人告到刘询那里去了。

刘询听说霍家要造反，特别重视，立即下旨彻查，并命令军队把霍家团团包围。军队在霍家进行了搜查，发现霍家有不少兵器，明显是准备图谋不轨的。这下证据确凿，刘询毫不客气地将霍家的人关进了大牢。

通过一番审查，霍家的罪状被一件件公布出来。刘询觉得时机已经成熟，便开始给霍家的人治罪，腰斩了霍禹，处死了霍显以及霍家的女婿们。与此同时，那些与霍家有关系的几千个家族都被他灭了门。此外，刘询还把现在的皇后霍成君废了，将她打入冷宫，软禁在昭台宫。至此，曾经无限风光的霍氏集团，很快就被连根拔起。

尽管刘询将霍氏集团铲除，但他却依旧记着霍光给国家做出的贡献。在治国方面，他依旧沿用霍光的治国方法，并且继承发展。到了他垂暮之时，在麒麟阁之中张贴画像，依旧将霍光视为最大的功臣，将霍光的画像陈列在内。

妻子被谋杀

妻子被别人杀了，这是任何人都无法忍受的，更不要说一个皇帝。然而，刘询在知道自己的皇后被人谋杀后，却必须继续忍着。

汉宣帝刘询刚登基时，在朝廷上一点根基也没有，所以将大小事务都让霍光负责，自己基本上什么都不管。他唯一自己做主的事就是册立皇后。

刘询当皇帝时年纪还不算很大，不过因为他一开始是流落民间的，因此早早就已结婚，还有了儿子。他的妻子叫许平君，儿子便是刘奭。刘询登基时，他的儿子才出生没多久，不满百日。

许平君14岁时，就已经和别人定亲了，然而不等结婚，她未来的丈夫就生病死去了。那时候刘询正处在潦倒失意之中，一点也看不到前途。不过许平君的父亲许广汉与刘询却一见如故，和他结成了忘年之交，并希望刘询可以娶许平君为妻。于是，在许广汉的坚持下，刘询和许平君走到了一起。

那时候的刘询什么也没有，连筹备婚礼的钱也拿不出来。他的婚礼是经常照顾他的张贺为他办理的。等结了婚，刘询就搬到了许广汉家，做起了什么都要依赖别人的上门女婿。

然而，无论什么样的生活都不能阻止爱情发芽。刘询与许平君是真心相爱的，所以他们的生活虽苦，却过得非常快乐。许平君对刘询的关怀无微不至，刘询从来没有像现在这样幸福过，他终于体会到什么是爱了，所以他对妻子与岳父非常感激。

过了一年，许平君便生下了儿子刘奭。刚做了父亲，刘询就又碰上了一件喜从天降的好事，他突然莫名其妙地当上了皇帝。这样的变化太巨大了，所有人都感到大吃一惊。

刘询还从来没有到皇宫去过，他由一个穷困潦倒的落魄之人，突然变成了当今天子，做了未央宫的新主子。许平君作为刘询的结发妻子，当然也跟着一起进宫了，并且马上被刘询册封为"婕妤"。

现在刘询的身份地位和以前大不相同了，因此，虽然许平君是他的妻子，但让谁来当皇后这个问题还是得商议之后才能决定。由于霍光当时掌握朝廷大权，所以大臣们都希望刘询能让霍光的女儿霍成君当皇后。然而，刘询对自己的结发妻子一往情深，坚持要立许平君为皇后。

实际上刘询早就考虑过册封皇后的事了，他刚知道自己要做皇帝时，便已经开始思考这个问题。他的观点十分明确，一定要让温柔体贴的许平君做自己的皇后。不过摆在他面前的还有几个难题。首先是岳父许广汉以前遭受过宫刑，所以许家的地位特别低贱，这也就使得许平君地位低下。其次，许平君长得也不漂亮，看起来不太体面。刘询自己当然不会在乎这些，但是他怕别人不能接受。

刘询知道，尽管他是皇帝，但想立许平君为皇后，也不是件容易的事。为了堵住大臣们的嘴，他使用了一点小小的手段。刚登基，他便传下圣旨，说是要找自己在穷困潦倒之际所用的一把旧剑。这个圣旨当中说得言辞恳切，无论是谁都能明白刘询想表达什么意思。大臣们一直在官场上摸爬滚打，自然一眼便看出皇帝这不是在寻找失物，是在说自己对许平君的爱。

刘询是皇帝，尽管他还没有什么实权，但也没有大臣愿意违背他的意思。于是大臣们商量了一番，一起给刘询上了一道折子，希望将许平君册封成皇后。刘询等的就是大臣们这句话，立即就批准了他们的奏章，迫不及待地让许平君当了皇后。

木已成舟，许平君既然当了皇后，按理说别人就没有什么想头了。然而事情并不是这样简单，对于册立皇后这件事，有好多人都心存怨念。首先感到不满意的，便是将天下大权尽数握在手里的霍光。

虽然霍光是一个忠心为国的人，不过作为一个父亲，他对女儿还是很宠爱的。刘询不让他的女儿当皇后，他心里特别不高兴。想想也是，霍光一手把刘询从贫民窟里拉出来，让他当了皇帝，到头来说的话他却不听，也难怪霍光生气。但是既然已经封许平君为皇后，皇帝的金口玉言肯定无法更改，霍光一点办法也没有。

皇后的人选已定，按照汉朝那时的规矩，皇后的父亲是要封爵的，这时候霍光就找到发挥的点了，立即就表示反对。他认为，许广汉是一个犯过罪的人，还被处以宫刑，这样的人是没有资格接受封赏的，也不能做封国大王的。

对封赏许广汉的事，霍光一开始表示强烈反对，不过过了些时日，他就改变主意了。霍光做了这么多年的官，他知道不能和皇帝闹得太僵，差不多就行了，不然就要倒大霉。过了一年多，他的气早就消了，就向刘询进言说，许广汉作为当今皇后的父亲，应该受到封赏才对。

刘询当然同意，将许广汉封为"昌成君"。这个位子比侯爵是要低一点，也没有封国，不过却不能影响许广汉的地位，毕竟他是皇帝的岳父，经常受到刘询的关照。

霍光对皇后的事已经淡忘了，但是他的妻子霍显却没有。霍显是个只关心自己的利益，完全不顾别人的人，见许平君当了皇后，她恨得咬牙切齿，无论如何也平息不了心里的怒气。为了让自己的宝贝女儿成为皇后，她想将许平君除去。霍显的用心非常险恶，但却没有机会下手。

公元前 72 年，许平君已经做了两年的皇后了，这时她又怀孕了。眼看便到了分娩的日期，此时已是寒冷的冬天，天气本来就非常冷，而孕妇身体通常又很虚弱，所以一个不小心，许平君便染上了风寒。由于她以前生活比较贫困，所以在当了皇后以后也都一直保持了节俭的风格，身边侍女特别少，只有几个人。侍女本来就不多，有照顾孕产妇经验的人更是少之又少。针对这种情况，刘询在让御医赶紧给许平君看病的同时，又寻找皇宫外面的女医生以及生过孩子有这方面经验的官员之妻到宫里来，让他们在皇后身边进行照顾。

　　掖庭户卫淳于赏有一个精通医理的妻子——淳于衍，她也接到了入宫服侍皇后的通知。淳于衍与霍显是老朋友了，所以这次她还没进宫，就先来找霍显辞行。她还有一个目的，就是希望霍显能在霍光面前为她丈夫淳于赏说点好话，让他赶紧升官发财。

　　霍显是权倾朝野的大将军霍光的妻子，平日里风光无限，没有什么需要担心的，然而却整天为女儿当不成皇后发愁。她不明白，为什么许平君要家世没家世，要脸蛋没脸蛋，偏偏就能受到皇帝的宠爱。看着许平君不停给皇帝生孩子，她就知道，这个女人的地位是不会动摇的，自己的女儿想通过正当手段取得皇后之位是不可能的。

　　霍显在整天为女儿的未来忧心忡忡，恰好此时淳于衍来向她辞行了。知道淳于衍要到皇宫里去照顾生病的许皇后，霍显马上眼前一亮，觉得这是老天赐给自己的机会，一定得好好把握。因此，她马上笑脸相迎，不仅特别热情地接待了淳于衍，还将身旁侍奉的人都赶出去，与淳于衍单独说起了悄悄话。她们两个人的谈话内容惊心动魄，霍显打算让淳于衍趁着照顾皇后的机会，将皇后毒杀。

　　淳于衍哪想到自己来到大将军府，还没有说出让自己的丈夫升官的事，就摊上了这件掉脑袋的差事。她先是吓得出了一身汗，不过认真想了想，为了今后的荣华富贵，这个险值得冒，于是便答应了。接着，两个人商量出一个绝妙的方法，决定到时候由淳于衍将附子弄成粉末，藏于衣服当中，带到宫里去，然后找机会加害皇后。

　　皇后很快便诞下一名公主，因为她一直生着病，又在生孩子时花了不少力气，所以身体比以前更虚弱了。御医给皇后看过病之后，说是皇后的身体必须用心调理，便根据她的具体情况，开了一个调养的方子，让皇后的侍女们给她做一种药丸。

　　制作药丸时要用到很多药材，淳于衍就趁这个好机会，把她带来的附子粉末放到丸里面。附子性热，一般人吃了没什么事，但是不能在生完孩子以后吃。

　　许平君吃了夹杂大量附子的药丸，马上觉得头昏眼花，额头上流出很多冷汗。她十分痛苦，便向淳于衍问道："怎么我吃下这个药丸之后这么难受，似乎连气也喘不过来了，这药是不是有问题？"淳于衍安慰她："皇后你别紧张，这个药方是太医专门为你开的，一定不会出问题，你休息一会儿就会好得多了。"许平君听了这些话，尽管心里还是有点疑惑，却也没有再追究，过了一会儿，便在痛苦中去世了。

皇后突然离世，刘询没有一点心理准备，顿时伤心欲绝。这时候有人认为皇后的死有些蹊跷，也许与她吃的药丸有很大关系，所以应该将开方子的太医抓起来问个清楚。刘询听了以后，觉得非常有道理，便马上传旨，把给皇后看过病的太医全都关进牢里，一个接一个细细拷问。

淳于衍刚一回家，立即便被捉住，投进大狱，不过她坚决不承认是自己杀了皇后。至于那些太医们，他们根本不知道怎么回事，当然也是招不出什么来。霍显知道淳于衍被关了起来，心里非常惊恐，害怕她把自己供出来。但是此时再想杀掉淳于衍来灭口已经晚了，如果这时候灭口，更加引起皇帝的猜疑。

没有办法，霍显便将毒害皇后的事对霍光说了。霍光也吓了一跳，责备霍显不应该这么做，而且事先瞒着自己，现在大错已经铸成，想补救都来不及了。霍显感到特别害怕，在霍光面前大声痛哭起来。霍光不忍心见霍显哭泣，便答应她想办法将这件事平息掉，不过以后不许她再自作主张做这种危险的事。

霍光找到刘询，对他进行了一番劝说。他认为许皇后的死不能怪别人，这是她的命不好，刚从苦难中脱离出来，就去世了。假如把皇后去世的责任全都推到太医们头上，未免有点不公平，这不是一个贤明的君王的行事方法。再说了，太医们和皇后无冤无仇，他们为什么要做这种危险的事呢？

尽管刘询的怀疑依然存在，不过他也知道霍光说的话很有道理，他不是一个昏君，而且现在地位也不是特别牢固，不想开罪霍光。以前就曾经有刘贺被废掉的例子，刘询不想步他的后尘，于是没有胆子再继续追查下去了，只有强行将心里的疑问驱逐出去。接着，他便传旨赦免了所有的人。就这样，杀害许皇后的真凶淳于衍没有受到应有的惩处。

刘询追谥许平君为恭哀皇后，把她葬在了西安的市郊。后来刘询死了以后也是葬在此地，人们便将这里称为杜陵。不过许平君没与刘询葬在一起，因此她的陵墓是单独出来的，叫作少陵，也叫杜南。

重新确立相权

由于朝廷大权都握在霍光的手里，刘询虽说是皇帝，却没有什么实际的权力，他的政权相当不稳定。皇帝的政权都不稳定，国家政治局势不可能稳定。

等刘询费了很大的劲儿，将霍氏集团连根拔起以后，这才将权力收了回来。刘询是一个很有想法的人，他要做一个好皇帝，让汉朝变得更加繁荣。他做的第一件事就是改革吏治，这样才能重新确立皇帝的权威。

首先，他将丞相的权力恢复。早在秦始皇时期，丞相就是一个朝廷中必有的官职了。那时候的丞相主要负责帮助皇帝把天下治理好，所以除了皇帝以外，就属他的权力大，可谓是一人之下万人之上。

不过汉武帝继位以来，弄了一个"中朝官"的官职，把丞相的权力减弱了不少。丞相领导的那班中央机构叫作"外朝官"，尽管这些人是中央的正式机构，但是却什么实权也没有。皇帝身边的近臣凑在一起，形成了"中朝官"，将真正的权力掌握起来。

汉昭帝时期，权力都掌握在"中朝官"手里，刘询刚当皇帝时也是这样。"中朝官"被霍家控制着，因此实际上国家的权力都掌握在霍家那里，皇帝本身还有丞相领导的那些大臣都是空壳子，什么权力也没有。

汉昭帝时期，有一个曾经被汉武帝钦点负责管理国家的丞相——田千秋。那时候，田千秋可是朝廷上最大的官，又是皇帝认定的治国人选，尚且在那里充当摆设，不敢与霍光争什么地位。正是田千秋懂得进退之道，才没被霍光除去。以田千秋的身份地位，都不敢和霍光对着干，以后再当丞相的人就更是夹着尾巴做人，连句话也不敢说了。

官员们都不敢得罪霍光，因此整个朝廷机构没有任何作用，不能开展工作，算是基本废了。这种一家独大，一个家族把持朝政的情况特别不正常。

刘询在将霍氏集团除掉以后，决定把权力重新分配一下，下令将"中朝官"的权力全都废除，把权力还给以丞相为首的朝廷官员，让正式的中央机构重新回到工作状态。丞相带领文武百官，直接听皇帝的命令行事，不必再听别人的。

根据历史的记录，刘询亲政之后，让魏相做了丞相。接下来邴吉、于定国等人都当过一段时间的丞相。这些丞相与以往只有虚名却没有实权的丞相完全不一样，他们位高权重，是皇帝身边的得力助手。刘询在位时期，他的丞相们都是在自己的职位上一直待到退休的，没有人因为获罪被罢免或杀害。

严惩地方势力

汉武帝末年，朝廷日益腐败，在各地也出了不少乱子。很多豪强趁机培养自己的势力，变成了称霸一方的土豪。至刘询做皇帝时，无论是在天子脚下还是在边远的地方，地方豪强的势力都成了一定的气候。

这些土豪恶霸与朝廷官员狼狈为奸，有的还联姻。他们勾结起来对老百姓进行欺压，将坏事做尽。有的地方势力特别强大，简直和军队一样，一般的官府见了他们都不敢去管。这种情况让整个社会动荡不堪，严重威胁着汉朝的政权。

刘询对国家的这种情况非常担忧，而且也特别痛恨这种危害百姓的土匪行径，他打算以雷霆万钧的手段，严厉惩处这些无法无天的恶棍。

例如在涿郡有两家恶霸，分别是东高氏与西高氏，这两家根本不把国法放在眼里，整天为非作歹，横行乡里。老百姓对他们恨得咬牙切齿，却苦无办法。刘询立即命令长史严延年去将这两家办了。严延年刚到，便传令将那两家领头的几个人抓了起来。他的行事作风雷厉风行，晚上抓进狱中，第二天便砍了他们的脑袋。这种举动把那些恶霸吓坏了，也让老百姓们心中叫好。

刘询对这些地方势力的打击一点也不手软，很快就把这些恶势力全都除去了。人们见国法如此不容侵犯，谁都不敢轻易触犯法律了，地方官府的权威性与朝廷的权威性都被树立起来。国家的治安有了显著改善，百姓的生活更加稳定了。

让宦官和外戚掌权

尽管刘询在当皇帝的这段时间把汉朝治理得很不错，不过他也为汉朝的衰败埋下了隐患。他令宦官和外戚掌握大权，是一件大错特错的事。

刘询曾经受到许广汉这个岳父的恩惠，似乎对岳父产生了一种独特的感情。因此，他做皇帝的这些年，外戚王氏、许氏、史氏等各个家族都特别受照顾，权势都比较大。许延寿、史高、王接全都做了大司马车骑将军这样的大官。平恩侯许广汉在当时更是了不得的人物。

许广汉盖了一座新房子，很多王公大臣都过去道喜。长信少府檀长卿作为一个大臣，竟然为了让许广汉高兴，在酒席上扮成猴子和狗打架的样子，完全不顾自己的形象。

刘询虽然一开始时励精图治，不过在上了年纪时也不再那么圣明了，也喜欢上了吃喝玩乐，将以前勤俭节约的好习惯完全抛弃。他将自己的房子、车驾以及服装都做得特别奢华，像极了当年汉武帝时的奢靡作风。这还不算对国家有太大危害，但是刘询让宫里的宦官手握权柄，这就给汉朝带来了很大灾难。

曾经也有人对刘询把权力交给宦官提出过不同意见，认为开明的皇帝都不会让宦官主事，这样对国家和社稷非常不利。然而这时候的刘询已经听不进逆耳忠言了，他甚至认为这个大臣总是和自己唱对台戏，简直就是挑战皇帝的权威，因此就命这个进言的人自尽了。

因为刘询特别看重宦官与外戚，那些只为一己私利的人就想方设法讨好这些人。小人当道，正直的忠臣自然就受到了迫害与打压。社会风气再次败坏了，这种不良的风气一直延续至西汉末年，给汉朝带来的影响巨大而深远。

总的来说，刘询在龙椅上坐了25年，让西汉王朝得到了很好的发展，让这个国家达到了它最繁荣的时期。但是刘询一死，他的儿子就把父亲好不容易治理好的国家败坏了，让西汉王朝走上不可逆转的下坡路。也许这就是大自然的法则，强盛之后自然会走向衰败。

第八章

昏庸无能的儒术爱好者——汉元帝刘奭

帝王档案

☆姓名：刘奭

☆民族：汉族

☆出生日期：公元前 74 年

☆逝世日期：公元前 33 年

☆配偶：孝元皇后王政君、定陶太后傅昭仪、中山太后冯昭仪、司马良娣

☆子女：3 个儿子，2 个女儿

☆在位：16 年（公元前 49 年-公元前 33 年）

☆继位人：刘骜

☆庙号：高宗

☆谥号：孝元皇帝

☆陵墓：渭陵

☆生平简历：

公元前 71 年，母亲被谋杀。

公元前 67 年，被汉宣帝册立为太子。

公元前 49 年，登基当上皇帝。

公元前 47 年，将刘骜册立成太子，逼萧望之自尽。

公元前 46 年，将汉武帝时期设立的海南珠崖郡废除了。

公元前 42 年，将陕西羌人动乱镇压下去。

公元前 33 年，派昭君出塞与匈奴和亲，在未央宫驾崩。

人物简评

对于整个西汉的历史来说，人们通常把汉宣帝和汉元帝当作盛衰的分界线。汉宣帝让汉朝变得更加强盛，而汉元帝则将这份家业败坏掉了。而且在他之后，那些皇帝一代不如一代，越来越差，汉朝的天下也是越来越糟。

那些历史学家一般都说汉元帝是"柔仁好儒"，这个评语一般都被认为是在说他柔弱无能。历史上的汉元帝实在是耳根子软，没有自己的主意，他亲小人远贤臣，懦弱无能，除了和匈奴和亲算是一点功绩以外，基本上没有什么事情可说，是一个昏庸无能的皇帝。

生平故事

由盛转衰的皇帝

刘奭可以算是一个幸运的人，本来他的父亲汉宣帝刘询是流落在民间的皇室子孙，生活状况苦不堪言，也许他会跟着受一辈子的苦。但是上天就是眷顾着他，刚出生没几个月，他的父亲就时来运转，当上了汉朝的皇帝。于是他这个儿子刘奭也不用继续跟着受苦。然而他又是不幸的，因为没过多久，在两年之后，他的生母许平君就被人谋杀了。

别看他是汉宣帝的第一个儿子，但是因为没有什么才能，一开始的时候并不被汉宣帝喜欢，甚至还差点被汉宣帝废了。不过因为汉宣帝和刘奭的生母许平君的感情非常好，又是患难的夫妻，因此怎么也不忍心将他们的儿子废掉。尤其是许平君被人谋杀之后，只留下了刘奭这一个儿子，所以汉宣帝就更不能将他废掉了。

在汉宣帝时期的权臣霍光去世以后，公元前 67 年 4 月，刘奭被汉宣帝册立成太子。公元前 49 年 10 月，汉宣帝驾崩，刘奭顺理成章地当上了西汉的皇帝，也就是汉元帝。

尽管刘奭的父亲汉宣帝将西汉的天下治理得井井有条，军事力量十分强大，经济也特别繁荣。然而汉元帝却没有本事将这种繁荣继续延续下去，他一当上皇帝，西汉就开始走下坡路了，国家一天比一天衰弱。汉元帝刘奭以及他的儿子汉成帝是西汉王朝由强盛转向衰败的一个转折点，因此历史上经常用汉宣帝和汉元帝来把西汉划分成两个不同的时期。

汉宣帝刘询是让汉朝变得强盛的一个皇帝，功绩十分突出，然而从他的儿子汉元帝刘奭开始，西汉王朝就一天天衰弱。更不妙的是，在刘奭以后的那些皇帝中，没有一个是有能力的人，因此西汉自汉元帝刘奭开始，只能变得越来越糟糕，再也强盛不起来了。

飞上枝头变凤凰

公元前57年，被册立为太子的刘奭已经到了18岁的年纪，于是父亲刘询给他隆重举办了冠礼，这么一来他就是成年人了。到了五凤四年的时候，司马良娣生了一场大病，不久就去世了，这可是刘奭最爱的一个女人，没有了她，刘奭简直不想活了。在司马良娣去世以后，刘奭就一直十分悲伤，无论什么事情都不能让他高兴起来。他还迁怒那些姬妾们，整天自己待着闷闷不乐，谁也不见。

刘奭这样做也不能算是犯了多大的错误，所以汉宣帝也不好强加干涉。不过姜还是老的辣，汉宣帝知道刘奭这是因为心里的一道坎过不去，而且在司马良娣死后没有接触过女人，才会一直对她念念不忘，所以他决定再挑选一些宫女去伺候刘奭，让他从苦闷中摆脱出来。于是，汉宣帝让刘奭的养母王皇后在自己的宫里找几个让太子满意的宫女去服侍他。

王皇后左看右看，仔仔细细找了很久，才挑选出了五个看起来差不多的宫女。然后王皇后就让这些宫女规规矩矩地站成一排，把太子刘奭叫过来，让他自己看看这些美女哪一个能令他满意。刘奭挥了挥手，应付差事地说了一句："这几个人里面有一个还是差不多的。"

站在这里的有五个宫女，有一个差不多，有一个是哪一个？这个时候就要看这些宫女们的运气了，其中一个叫王政君的宫女鸿运当头，她不但穿着一身与众不同的衣服，而且站的位置和太子刘奭离得最近，而且人长得也十分漂亮。王皇后觉得太子很有可能是喜欢上她了，于是让人把王政君带到刘奭住的地方去。虽然太子刘奭将那些姬妾们都挡在门外了，但是可能是因为他以为是她们把自己心爱的女人给诅咒死了，现在换了一个宫女，而且长得风流婉转、楚楚动人，他也就不再那么排斥。再加上很长时间没有和女人接触过了，太子刘奭的情欲渐渐被勾了起来，于是心理防线终于松动，两个人很快就有了夫妻之实。

其实这个叫王政君的宫女的经历也不是太好，以前曾经接连许配给两个人，但是都是没有等到过门，那个未婚夫就莫名其妙地死了。发生一次还没什么，两次都是这样的结果就让人开始怀疑了，于是人们都认为她的命太硬，天生就是克夫的人。家里面的人也沉不住气了，就找了个算命的给她算了一卦。但是算命先生的话和人们说的完全不同，告诉王政君的家人，你们的这个女儿是个有福之人，将来一定会大富大贵的。

王政君长大之后，他的父亲始终记着算命的那句话，想到自己女儿的前途无限光明，就到处找关系托门路，将王政君送进了权力的核心区域——皇宫。虽然刚开始的时候王政君的身份地位十分低下，但是她的运气实在是太好了，一夜之间飞上枝头变凤凰，成了皇太子宠爱的人物，正好应验了那个算命先生的话。

虽然太子刘奭那时候的姬妾们并不少，差不多有十来个，但是由于他没有心情和他们同房，所以谁也没有怀上孩子，而王政君这个曾经的宫女十分幸运，一开始就受到宠幸，然后便有了孩子，而且这个孩子是一个儿子。汉宣帝知道王政君生下了一个儿子后，顿时心里乐开了花，亲自为这个嫡皇孙起了一个十分霸气的名字——刘骜。"骜"的意思就是千里马，这也就是希望他可以像千里马那样有才能有韧性，能担当大任，也能够看出汉宣帝刘询对这个孙子的期望多么的大。从那以后，汉宣帝就经常让这个可爱的皇孙待在自己的身边，一点也不让他离开。因为孩子这么受宠，所以在母以子贵的情况下，王政君顿时身价倍增，成了后宫当中地位最高的一位主子，真是后来居上。

能让天下变混乱的人

根据那些历史书籍上面的记载，对汉元帝刘奭的评价是"柔仁好儒"，这也就是说他生性仁慈软弱，喜欢儒家的那些学说。这在他还在当太子的时候就已经显露出来了，当他看见自己的父亲汉宣帝将一些法家的人提拔为重臣，并且用严酷的刑法处置那些手下的人时，就感觉非常不赞同。尤其是那些大臣们没有犯下多么大的罪时，汉宣帝也进行严惩，这就更让他看不过去了。例如大臣盖宽饶和杨恽这些人只是说了几句话，因为冒犯了汉宣帝，就被杀死或者被逼自杀了，简直就是没有道理。

于是有一次刘奭就在和汉宣帝一起吃饭的时候，非常委婉地对他说："我认为父亲您有的时候使用的那些惩罚手段稍微有点过了头，这样做影响有点不好，另外您应该让那些儒生多做官，这样他们会以怀柔的方式治理天下，让国家更加和谐。"汉宣帝听到自己的儿子居然说出这样的话来，心中大吃一惊，立即拉下脸来，十分严厉地说："从大汉王朝刚一建立的时候，就确立了自己使用什么样的国家制度，那就是既使用'王道'也使用'霸道'，把这两者很好地结合起来，才能将天下治理得井井有条，怎么可以还学习周朝那种十分单一的'德政'呢，那只能让这个天下变得混乱不堪。而且那些只会夸夸其谈的儒生们根本就不了解老百姓们的疾苦，最喜欢做的事情就是吹捧古代鄙视现代，如果让他们当上大官，全天下的老百姓们都要遭殃了！"说了这些话之后，汉宣帝接着发出一声长叹，感慨万千地说："将来让这个天下变得混乱的人，一定是我的这个宝贝儿子啊！"但是皇太子刘奭毕竟是他那死去的皇后唯一的儿子，为了挚爱的皇后，他也不能将太子废掉，这让刘奭有机会当上皇帝，也有机会将汉朝的天下败坏掉。

汉元帝刘奭的这种"柔仁"的性格，说白了就是软弱无能。刘奭的母亲在他还很小的时候就离他而去了，但他的养母王皇后却是一个行事十分谨慎小心的人，很懂得约束自己。因此，刘奭在当上皇帝以后没有被皇太后压制，皇太后也基本不干涉他的朝政。但是这也不能令软弱无能的汉元帝刘奭有什么作为，实际上他不但没有太多的成就，还让强大的汉朝逐步走向衰弱。

灭掉郅支单于

匈奴的问题一直以来都是汉朝的一块心病，但是到了汉宣帝时期，由于汉朝的国力空前强大，而匈奴的力量却一直在减弱，所以汉朝和匈奴之间的关系产生了关键性的转折。公元前60年之后，匈奴内部出现了十分严重的权力斗争，以致于出现了五个单于，都说一山不容二虎，这下子突然出现了五个，于是相互之间打打杀杀，整个乱成了一锅粥。到了最终，局势稍微明朗一些了，但还是有两个单于，郅支单于和呼韩邪单于共同存在，互不相容。

到了汉元帝当皇帝的时候，他在处理汉朝和匈奴之间的事情上做过两件非常重大的事情，其中一件就是陈汤将郅支单于平定。

在汉元帝刚一登基之时，匈奴的郅支单于因为觉得自己和汉朝离得挺远的，汉朝根本对他构不成什么威胁，又因为对汉朝保护他的敌人呼韩邪单于感到十分恼怒，于是他就打算彻底和汉朝划清界限，还和康居王互相联系，结成盟友，最后还于都赖水（今恒逻斯河）边上建造了一个用来防守的城，把这座叫作郅支城的城池当成他的大本营，继续扩张自己的势力。

由于郅支把他的魔爪伸向了西域地区，这就给大汉王朝对西域的统治带来了特别严重的威胁。在公元前36年的时候，陈汤刚当上西域的太守，新官上任急于建立功业，于是率领军队向匈奴杀了过去，这一仗打得非常漂亮，是一次大胜仗。于是，汉朝将威胁自己管理西域地区的最大势力给铲除掉了，在后来将近四十年的时间里，汉朝和西域一直保持了和平稳定的局势，中西双方的交流和沟通得到了很好的保障。陈汤这个人虽然在当官的时候有很多恶劣的行径，不过他将郅支单于消灭掉，还是非常值得肯定的重大功绩。

昭君出塞

眼看着自己的敌人被汉朝灭掉了，呼韩邪单于为自己不用再担心受到攻击感到非常高兴，但是他却害怕汉朝什么时候会来侵犯他。于是在公元前33年，呼韩邪单于又来到汉朝的都城长安拜谒汉元帝，这是他第三次来长安了，为了能让两个国家的友谊长久地发展下去，这次他想要娶一个汉女当作妻子。汉元帝听他这么说，也觉得这个方法非常不错，于是很高兴地答应了他。

然而在汉元帝回宫之后，他想了想具体的事宜，就又感觉不是那么妥当，为这件事发起愁来。找一个公主嫁给他，让公主那样的万金之躯一个人嫁到荒凉的地方去，汉元帝觉得十分不忍心，因此感到特别为难。

看到汉元帝愁眉不展、唉声叹气的，他的嫔妃冯昭仪就向他建议道："在这个后宫里面的宫女有那么多，成千上万的美女当中见过陛下您的，最多不超过十分之一。您通常什么时候有了兴致想临幸她们的时候，不全是根据那些图画来选择的吗，看着哪张图上面的能入眼，就叫那个人过来服侍就寝。按照您这种挑选的办法，即便是您洪福齐天活上几万年，也不可能把所有的宫女都临幸一遍啊。既然如此，现在不如就从这些宫女当中选出一个来给匈奴就行了，也不用特别漂亮的，姿色只要一般就能说得过去。"

汉元帝听了冯昭仪的话之后觉得挺有道理的，因此就让人将那些后宫美女的画像全都搬了过来。但是因为那些画实在数量众多，他根本没有时间去慢慢挑选，于是就随手指定了一个看起来不那么漂亮的，然后让负责的人置办妆奁。

第二天，汉元帝于金銮大殿之上开设宴会，和呼韩邪喝酒吃饭。吃到差不多的时候，汉元帝下令把昨天晚上选出来的"公主"叫过来，让她和呼韩邪单于一块回到客邸结成夫妻。命令很快传下去了，在一大群宫女的簇拥之下，一个十分漂亮的美女走了出来，她的身材婀娜多姿，走起路来回风舞柳一般，慢慢走到汉元帝的跟前，向他辞行。汉元帝一看竟然选了这样一个绝世美女去和亲，心里面顿时感觉非常不是滋味，对当初的决定十分后悔。

心里面像是打翻了五味瓶一样的汉元帝呆在当场，过了一会儿才轻声对这个宫女说："你是什么时候进宫的，叫什么？"

美女小心地回答说："臣女名叫王嫱，小字是昭君，是在三年前进宫的。"

汉元帝一听这话，顿时感觉非常懊恼，心想：为什么她在宫里待了这么多年了，我却一点也不知道，甚至连见也没见过。让这么美的一个女子，嫁给那些匈奴人做妻子，实在是太可惜了点。

呼韩邪看到汉元帝神情显得非常恍惚，觉得他可能是因为即将骨肉分离而心中伤痛，赶紧从座位上下来，朝他跪下，并说："臣受到陛下如此的恩惠，居然让天上的凤凰跟随我这样的乌鸦，陛下不必担忧，臣必将好好对待公主，绝对不会让她受到委屈，而且臣和臣的儿孙们一定会世代向汉朝臣服，绝对不会起背叛之念。"听完呼韩邪的这一番慷慨陈词，汉元帝却一点也提不起精神来，他像是丢了魂一样麻木地点点头，然后让手下的人将公主护送至单于居住的客邸完婚，他的目光一直注视着昭君，直到她从视线当中消失不见。

因为错误地选择了一个天仙似的美人嫁给匈奴，汉元帝刘奭感到非常的郁闷，回去以后又让人把王昭君的那张画像拿出来仔细看了一遍。发现王昭君的这张画像实在不怎么样，一点也不像她本人那么漂亮，如果勉强来说的话，最多只有两三分相似之处，至于神韵就更是没有了，很明显是画工马马虎虎画出来应付差事的。接着他又将那些已经被临幸过的人的画像拿出来看了看，这些画像全都非常漂亮，甚至比真实的情况还要美。这些画工将美女画成丑的，将丑女却画得这样美，简直就是在戏弄皇帝啊！于是汉元帝勃然大怒，立即下令将那个给王昭君画像的人抓起来审问。

经过调查发现王昭君在进宫以后，按照当时的规矩，经过画工画像之后，拿到皇上那里去过目，然后随时等待着皇上的临幸。那个负责给进宫的美女画像的人叫毛延寿，对于画肖像方面的事他特别擅长，但是他却是一个非常贪财的人，靠着手上的这个画像的权力，经常向那些美女们讨要贿赂。因为这些宫女们都希望自己可以早一点被皇上召幸，所以能让画师把自己画得好看一点是非常重要的。人在屋檐下，不得不低头，于是那些美女把全部的钱财都给了毛延寿。对于那些贿赂了他的人，毛延寿都会将她们画得非常漂亮，即使是长得很丑，也可以让那画像看起来美若天仙。若是有谁不肯给钱，就算是长得有沉鱼落雁的容貌，他也可以将画像画得普普通通，甚至非常丑陋。由于王昭君的家里没有多少钱，根本没有经济条件去贿赂他，再加上本来自己就长得那么漂亮，不屑于用贿赂的方法来达到被皇帝召见的目的，所以就没有像大多数人那样贿赂毛延寿。这样，昭君的画像就被毛延寿画成了非常普通的样子。

找到罪魁祸首之后，汉元帝感到怒气冲天，这个毛延寿真是罪该万死，于是下令将毛延寿给斩了。

在王昭君嫁到匈奴之后时间不长，汉元帝就得了一场大病，接着就不治身亡。这让人不得不产生联想，也许他是因为错把绝世美人嫁给匈奴，心中感到悔恨不已，由于对昭君日夜思念才生病难愈的。作为一位美女，可以让看见她的男人魂牵梦萦，让两个国家和平共处，甚至让人思念致死，实在是了不起。

犹豫不决引祸患

汉宣帝在临死的时候给汉元帝任命过三个辅佐他的大臣，分别是萧望之、史高和周堪。其中萧望之曾经当过汉宣帝的老师，是前将军、光禄勋。

汉元帝登基以后，萧望之就与周堪一起联合侍中金敞和给事中刘向，联名上折子请奏，希望汉元帝可以效法古道。汉元帝认为他们的这个想法很好，于是就接受了，从那以后，汉元帝就常常将这四个人叫到跟前，一起讨论怎么治理天下的问题。这样一来，三个辅助汉元帝的大臣当中，唯独史高受到了冷落，徒有辅佐皇帝的虚名，却什么也做不了。史高看着萧望之他们和皇帝打得火热，心中感到非常不服气，渐渐的这种不服气就变成了深深的怨恨。

早在汉宣帝时，当上御史大夫的萧望之就曾经向皇帝举荐了很多有才能的人。那时候有一个人叫做郑朋，这个人是一个贪图高官厚禄的小人，为了能升官发财，什么事都做得出来。他为了使自己被重视起来，就上书说："史高让他手下那些亲信们去全国各地当官，然后给他自己搜刮钱财。"然后还揭发出很多史家的人和外戚许家的那些触犯法律的事情。周堪在阅读了他写的信件之后，任命他做了金马门待诏。过了不久，郑朋为了能让自己的官位进一步提升，又贼心不死地写信给萧望之，在信里把马屁拍得非常响。但是萧望之是个精明的人，完全没有被迷惑，在见到郑朋以后，他看这个人油腔滑调的，不是很正经，于是很快就和他断绝一切关系，不再和他来往了。

由于萧望之和周堪是一伙的，这个郑朋既然不被萧望之喜欢，周堪也就不再照顾他了。尽管郑朋说起来是皇帝的待诏，不过他离权力的中心还很远，根本连接近汉元帝的机会都很少，为了尽快让自己变得更有权势，他把目光转向了史高。郑朋找到史高，对他说，以前那些诬蔑他的坏话都是刘向和周堪让他那么说的，完全不是自己的本意。如果不是他们的指使，他这个长期生活在浙江的人，根本就不可能知道那些事，而且他们在教他怎么说坏话的时候，萧望之也在一旁出谋划策。

史高听他这么说，就找到弘恭和石显这两个人，想仔细询问一下，因为这两个人以前也被郑朋说过坏话。不过这两个人现在已经和郑朋穿一条裤子了，三个人狼狈为奸，因此他们告诉史高，郑朋说的一点也没错。

弘恭和石显这两个人在汉元帝的父亲汉宣帝之时，就已经活跃于朝廷的中书机构中了，因此他们对朝廷颁布的法令和那些历史典故都非常熟悉，到了汉元帝这个时候，他们一个是中书令另一个是仆射。除了对官场上的事情非常熟悉以外，石显有一种十分特别的本领，他可以猜到皇上想要干什么，但是却碍于面子，不愿意在大臣们面前说出来，然后他就帮着皇上把这些事办好。由于汉元帝的身体一向都是处在不太好的状态，又加上他觉得弘恭和石显这两个人不和别人朋党勾结，所以非常看重他们，朝廷上的那些大小事务，通常都是看石显怎么上奏，他就怎么处理，所以石显在大臣们心目中地位非常显贵。由于弘恭和石显本来和萧望之他们的关系就不是很好，现在就和史高勾结到一起，共同对付萧望之一伙。

萧望之他们很快就察觉出情况有点不对头，为了能够先发制人，他们找了一个机会对汉元帝说："自古以来，中书都是一个非常重要的部门，只是因为那时候汉武帝常常游玩于后宫，因此才把这个职务交给了那些太监们。但是皇上您现在的情况和以前不一样啊，所以是时候把这个规矩改回来了，只有让大臣们担当这个职位，才能和'不近刑人'这句古话相协调啊。"但是汉元帝显然不是这么想的，因此他犹豫不决，这件事也就无限期地拖延了起来。这么一拖，就让弘恭和石显有了可乘之机，也让他们对萧望之一伙更加仇恨了。

见郑朋不愿意跟着萧望之一伙人了，弘恭和石显便和他勾结在一起，顺便把另一个想倚靠周堪却被拒之门外的华龙也吸收进来。这几个人趁着萧望之他们不在的时候，在汉元帝面前打小报告，说萧望之他们那伙人正在策划着要把史高给罢免掉。汉元帝信以为真，就让人到萧望之那里去问。萧望之没想到皇上会让人来问这种问题，于是说："外戚当上大官以后，通常都是吃喝玩乐，不干正事，我只是希望能把这种不正之风调整一下，这样对国家的发展才能起到好的作用，除此之外没有什么其他的想法。"这些话回答得虽然不错，但是弘恭和石显非常能搬弄是非，他们向汉元帝建议，萧望之说出这样的话来，目的明显是想要离间您与那些亲戚们之间的关系，像他这种情况，就应该"谒者召致廷尉"。

由于汉元帝这个人根本没什么主见，听到他们这么说就信以为真，而且他认为"谒者召致廷尉"的意思就是让廷尉对萧望之进行问话，于是就准奏了。然而弘恭和石显可不是那么想的，他们立即就将萧望之打入了大牢。汉元帝听说萧望之被关进牢里面去了，赶紧派人把他从牢里面释放出来，还让他恢复原来的职位。

在萧望之从大牢里被释放出来时间不长，汉元帝就下了一道圣旨，大意是：萧望之做了他那么长时间的老师，功劳特别大，并且"国之将兴，尊师而重傅"，所以又给萧望之加封了一个关内侯的爵位，还打算将他任命为丞相。然而正在这个时候，萧望之的儿子上折子说，希望皇上能对萧望之莫名其妙被关进大牢这件事做出调查，因此汉元帝就命令相关的部门进行调查。

但是，因为弘恭和石显他们的权力非常大，控制着这些部门，因此在他们的示意下，调查的结果很快就出来了：把萧望之打入大牢这件事情一点儿错也没有，但是萧望之指使自己的儿子上折，并且在内容中使用了一些"亡辜之诗"，这就不是像他这样的高官应该做的事情了，简直就是对皇上的不敬，应该受到严肃处理。由于弘恭和石显非常了解萧望之的性格，知道他是一个十分高傲的人，别人一侮辱他，他就受不了。因此就借着这个好机会，在汉元帝耳边不停地诋毁萧望之，煽风点火。他们甚至拉出了很多年以前的事，说萧望之以前在辅政的时候，就经常对史高他们百般排挤，为的就是独揽朝政大权，现在还教他的儿子上了那么一道不敬的折子，如果不把他关进监狱里坐几天牢，他就不知道自己吃几碗干饭了。再说，如果他犯下这样大不敬的罪，皇上您都不进行惩罚的话，就让大臣们觉得您赏罚不明。

汉元帝也了解萧望之是一个怎样的人，担心他受不了牢狱之苦，因此犹豫不决。石显马上又说："皇上不必担心，坐几天牢而已，又不是杀了他，这样处理已经算是相当宽大的了，像他犯的这种大不敬的罪，本来应该直接砍头的。而且让他坐几天牢对他也有好处，能让他意识到自己的错误，就会改正过来了。"于是最终汉元帝同意了他们的请求。

石显这些人见汉元帝答应下来，顶着奉旨办案的幌子，底气立马就足了，他们派出官兵把萧望之的家重重包围了起来，然后皇帝派出的人就来叫萧望之了。萧望之见到这样的情形，想要自尽，但是他的妻子却把他拦住了，觉得这件事应该不是皇上的主意，一定是那些小人们自作主张。于是萧望之便问他的门生朱云怎么看，朱云也是个只有一腔热血，却没有多少头脑的人，就说他应该自尽。萧望之听完仰面发出一声长长的叹息，认为自己作为一个丞相的候选人，现在都已经是六十多岁的人了，假如再被他们抓到监狱里去，还有什么脸面活在这个世上，所以就喝下了毒药自尽而死。

这件事马上就传进了皇宫，汉元帝知道后大吃一惊，非常后悔地说："原本我就以为他是一个非常高傲的人，很有可能不愿意到监狱里面去，是我害了他啊！"可以看出，汉元帝对于萧望之还是比较了解的，也明白他是被人陷害的，但是却眼睁睁看着他被别人逼死，真是让人哭笑不得。但是汉元帝也算是个很会自我安慰的人，在萧望之死前虽然对他不是太好，死后却经常派人去他的坟上祭奠。

萧望之被陷害致死这件事说明了汉元帝是一个完全没有主见的人，他优柔寡断，还很容易听信小人们的话。假如第一次将萧望之打入大牢，是因为他不知道"谒者召致廷尉"到底是什么意思，还有情可原的话。第二次想要让萧望之下狱就非常清楚了，完全是他下达的命令，而且他也知道萧望之是一个性情刚烈的人，这差不多就是逼着萧望之自杀。

在萧望之死了以后，汉元帝虽然不太高兴，但也没有采取什么严厉的惩罚措施，只是把弘恭和石显叫过来训斥了一下，然后唯一的惩罚就是将他们两个"免冠谢"。

实际上，汉朝的皇帝们在很早的时候就已经显露出"亲小人，远贤臣"的不良现象了。到了汉元帝的时候，那些居心不良的大臣们和太监石显勾结在一起，终于干了一件轰轰烈烈的大事，那就是借着皇帝的手把一个德高望重的大臣萧望之除去了。自此以后，朋党带来的危害在朝廷之中变得更加明显了。甚至多年以后汉献帝那时候发生的"十常侍"之乱，也可以在这里发现一些祸患的根源。

第九章

沉迷于声色的皇帝——汉成帝刘骜

帝王档案

☆姓名：刘骜

☆民族：汉族

☆出生日期：公元前 51 年

☆逝世日期：公元前 7 年

☆配偶：许皇后（许娥）、赵皇后（赵飞燕）

☆子女：生有几个儿子，最后都被无辜害死

☆在位：26 年（公元前 33 年~公元前 7 年）

☆继位人：刘欣

☆庙号：统宗

☆谥号：孝成皇帝

☆陵墓：延陵

☆生平简历：

公元前 51 年，汉成帝刘骜出生。

公元前 33 年，汉成帝刘骜登基为帝。

公元前 28 年，出现世界上最早的太阳黑子的记载。此外，还出现了我国古代最详细的哈雷彗星观察记载。

公元前 31 年，汉成帝下诏减天下赋钱。

公元前 13 年，汉成帝下令禁奢靡。

公元前 8 年，汉成帝设三公，三公制度开始实行。

公元前 7 年，汉成帝逝世，终年 46 岁。

人物简评

在昏君排行榜上，他的大名可谓是如雷贯耳。他自甘堕落，荒淫无道，不理朝政，最后竟然死在了温柔乡里，倒也不枉他风流的名声。后来，大汉朝因为他的昏庸无能，而惹来了王莽篡汉的悲剧。他就是沉迷于声色的昏君——汉成帝刘骜。

生平故事

刘骜登基

刘骜的母亲王政君是汉元帝的皇后，位置还算是稳固，她的儿子刘骜的太子之位也比较稳定，后来，汉元帝慢慢地喜欢上两个女人：傅昭仪和冯昭仪。

傅昭仪生了一男一女，儿子刘康被封为定陶王。刘康生性活泼聪明，才艺众多，深得汉元帝的喜欢。父子两人经常"坐则侧席（紧挨着御座），行则同辇"，很是亲密。从那之后，王政君母子也就被冷落在了一边。

冯昭仪也生了一个儿子，名为刘兴，被封为信都王，后改封为中山王。汉元帝对他们母子也不错。

而这位皇太子刘骜，虽然长相俊美，却是一个沉迷于酒色之人。汉元帝非常不喜欢他，曾经一度想将他废掉，另立二皇子刘康为储。而在这个时候，却出现了一个名为史丹的外戚。他可是汉元帝身边的红人，因为和太子刘骜臭味相同，关系密切，所以便站出来，支持太子刘骜，为太子保驾护航。

有一次，汉元帝的弟弟中山王刘兴因病去世，太子刘骜赶来吊唁，可是脸上却看不出半点悲伤的气息，汉元帝心中很是生气。而机灵的史丹立即跪在地上谢罪，说："皇上请息怒，是臣让太子一定要克制悲伤的情绪，免得惹皇上伤心。"就这样，一场大的风波被史丹的一句话，便轻描淡写地遮掩了过去。

公元前33年，汉元帝因病卧床不起，傅昭仪和她的儿子定陶王刘康，每天陪在汉元帝的身边，而皇后王政君和太子刘骜却很难见他一面。王政君和刘骜内心都非常担心，因为都说久病床前识孝子，如果再这样下去，可不是什么好事情啊！

就在这关键时刻，史丹又及时出现了。他以自己是汉元帝贴身宠臣的身份前来探病，趁着寝殿中只有汉元帝一人的时候，只身闯进室内，跪在汉元帝的床前声泪俱下地为太子求情。汉元帝看史丹泣不成声，内心深受感动，心肠一软，叹息一声，表明自己并不会废黜太子。史丹听了之后，心里也就有了谱，连连叩头请罪。汉元帝接着说："朕的病恐怕是治不好的，希望你以后能够尽心尽力辅佐太子，千万不能辜负朕的期望啊！"就这样，刘骜的太子地位算是保住了。

当年五月，汉元帝因病去世；6月，20岁的太子刘骜继承帝位。可以说，刘骜之所以能够坐上这皇帝的位置，史丹可谓是功不可没的。

王莽出现

当初，刘骜的爷爷汉宣帝之所以给他取名为"骜"，便是希望刘骜能够成为大汉王朝的千里马。可惜最后他并没有成为一匹好马。正是因为他的昏庸无能，为大汉王朝埋下了王莽篡汉的祸根。

刘骜做了皇帝，王政君成了太后，连带着她的母家也都一个个的上了位。刘骜的舅舅王凤趁着这个机会，包揽军政大权，代理朝政，风光一时。在这个时候，王家家族却是遗忘了一个人，那就是王凤的二弟王曼，因为他去世得早，所以并没有被封侯称王。王曼的二儿子名为王莽，字巨君，出生于公元前45年。王莽长得奇丑无比，嘴巴很大，下巴很短，一双金鱼眼，红眼珠，嗓门大，声音嘶哑。

王莽还有一个哥哥，但是也没有活多长时间便去世了。所以年纪轻轻的王莽也就成了家里的顶梁柱。王政君做太后那一年，王莽才14岁，只是一个未成年的孩子。

王莽母子没有得到王氏家族的特殊照顾，二人相依为命，过着比较清苦的生活。王莽和他那些兄弟们很不相同，他孝敬自己的母亲，照顾哥哥的遗孀和调皮任性的侄子；对外则是和一些英俊的人做朋友，还拜在当时著名的学者陈参的门下，学习经书，孜孜不倦，待人接物都彬彬有礼，特别是对那些手握大权的伯父、叔父们，更是小心谨慎的对待。在儒家思想的熏陶下，王莽倒不像他的堂兄弟们那般只知道寻欢作乐，而他在人前总给人温文尔雅、谦恭谨慎的印象，表现出一个年轻儒者的风范，因此也得到了人们的广泛称赞。

公元前22年，伯父王凤病倒了。王莽则在他的床前尽心侍奉，衣不解带，连着伺候了好几个月，累得两眼乌青，头发散乱，很是疲惫。王凤看此情景，心中备受感动，临死的时候，他还请求皇太后王政君和外甥汉成帝，让他们多多照顾一下王莽。随后，王莽24岁的时候，得到了他的第一份职务——黄门郎，从这之后，便开始了他的政治生涯。

大司马王商，也知道这个侄子很不一样，于是便上书汉成帝，愿意把自己的一部分封地分给王莽，其实也就想暗示汉成帝，应该给王莽封侯了。而朝中有一些大臣对王莽的印象也不错，在汉成帝面前是几经夸赞，王莽的名声也渐渐响亮起来，这才引起了汉成帝的极大关注。

公元前16年5月，汉成帝下诏册封王莽为新都侯，封地便是南阳郡新野的都乡（今河南新野县境内），食邑一千五百户。不久之后，又提升他为骑都尉、光禄大夫、侍中。到现在为止，王莽才算真正的踏入了大汉朝政权的核心。年仅30岁的王莽，地位已经远超于他的那几位叔叔，成为大汉朝最有权力和地位的大臣。

而汉成帝切切实实就是一个政治废物，昏庸无能，沉迷于酒色中，朝中的事务全靠着他母亲家族苦力支撑着，由此，也使得外戚势力越来越膨大。所以，到了西汉晚期，王氏家族已经演变成一个势力庞大的外戚家族，而接下来的王莽篡汉也就是顺其自然的事情了。

赵氏姐妹花

汉成帝在皇宫里待得时间久了，也想去宫外找找刺激。鸿嘉元年（前20），汉成帝在富平侯张放的陪伴下，穿着便服，跑去宫外的闹市区，而这一次便让他碰上了一位绝世美人——赵飞燕。赵飞燕是阳阿公主家的舞女，长得是沉鱼落雁、闭月羞花、体态轻盈。史书上说"燕瘦环肥"的说法，燕，指的就是赵飞燕；环，便是杨玉环。

汉成帝玩完之后，便去了阳阿公主家，公主设宴款待，并且让几位歌女助兴。后来汉成帝对赵飞燕一见钟情，便将其带回宫中，成为昭阳殿的主人。

赵飞燕的父亲名为冯万金，赵飞燕还有一个孪生妹妹，她们都是冯万金和江都王的孙女姑苏郡主私通所生。因为姑苏郡主嫁给江苏中尉赵曼为妻，所以飞燕姐妹都从"赵"姓。二人长大之后，被卖到阳阿公主的府中学习歌舞。由于体态轻盈，姐姐得到了"飞燕"的美称。

由于赵飞燕的专宠，赵临和兄弟赵钦也被汉成帝封为成阳侯和新成侯，赵氏一家一时间风光无比。可是，在西汉中后期，外戚势力膨大，霍氏、许氏、王氏等先后执掌政权，而后来的赵氏根本就无从相比。所以，赵飞燕的出现并没有影响朝中政局。入宫后不久，赵飞燕又给汉成帝选了一位婕妤，她便是赵飞燕的妹妹赵合德，二人联手，来保全赵氏家族的荣誉。

赵合德长相貌美，肌肤胜雪，性情温柔，和姐姐赵飞燕相比，更添了一种别样的魅力。汉成帝甚至将赵合德的怀抱称之为"温柔乡"。赵合德进宫后，汉成帝也让其住进了昭阳宫，并且慢慢将心思转移到赵合德的身上，日夜宠幸。而对于赵飞燕却是日渐冷落，不过赵飞燕和赵合德毕竟是孪生姐妹，汉成帝也不会太过份。

赵氏姐妹入宫后，一场新旧战争正式开始了。

自从许皇后被汉成帝冷落之后，再加上接连三年都发生了日蚀现象，大臣们便将这种"阴盛"之象，怪罪在王氏家族的专权上。面对这些异声，王氏自然也不可能坐以待毙，于是便把矛头一致对向许皇后，说这种现象正是她的"失德"造成的。于是，汉成帝缩减了许皇后的零用钱，将她冷落在宫中，很长时间都见不到一面。许皇后心里憋着一肚子的火，不知道该怎么发泄。后来，许皇后的姐姐平安侯夫人许谒想到了一个拙劣的主意，那便是在背地里装神弄鬼，恶言诅咒车骑将军王音和后宫中一个有孕在身的王美人。这件事情很快被王氏家族的人知道了，不过他们却不自己揭发，而是选择了赵飞燕来做这个揭发人。最后，赵飞燕帮着王氏家族整垮了许皇后，许氏家族也全部被流放。

许皇后被废黜，皇后的位置空了下来，于是赵飞燕便吵着让汉成帝立她为皇后。汉成帝要册立赵飞燕，遭到了太后王政君的阻拦。后来，经一个叫淳于长的家伙从中周旋，赵飞燕才算是如愿以偿地坐上了皇后的宝座。

淳于长是太后王政君姐姐家的儿子，和王莽是亲表兄弟。淳于长跑到王政君面前，说立赵飞燕为皇后，不会危及到王氏家族的权力，最后太后终于点头答应了。永始元年（前16），赵飞燕被册立为皇后，与此同时，妹妹赵合德晋升为昭仪，昭阳殿便成了赵合德的天下。为了感谢淳于长的周旋功劳，汉成帝封他为关内侯，不久之后又被册封为定陵侯。

为了取悦新皇后，汉成帝让宫中工匠在皇宫太液池建造了一艘奢华的御船，名为"合宫舟"。有一天，汉成帝和赵飞燕二人在舟中赏景。赵飞燕身穿南越进贡的云英紫裙和碧琼轻绡，一边唱着《归风送远》，一边翩翩起舞，汉成帝命令侍郎冯无方吹笙以助歌舞之兴。船划到中流，突然刮来狂风，差点将身轻如燕的赵飞燕吹倒。冯无方奉汉成帝的命令加以保护，死死拽住了赵飞燕的双脚，而赵飞燕则继续歌舞。从那之后，宫中也就有"飞燕能作掌上舞"的传说。

可是，宠幸并不是一辈子的，而夺她所爱的人不是别人，正是赵飞燕的妹妹赵合德。赵合德和赵飞燕两人一起长大，感情非常好，赵合德也经常在汉成帝面前说姐姐的好话，这也是赵飞燕的皇后地位没有动摇的主要原因之一。刚开始，心高气傲的赵飞燕，并不甘心备受冷落，她听人说汉成帝喜欢看赵合德洗澡，于是便效仿此种方法，请汉成帝现场观摩。甚至她还搬出"假孕"的手段，想要挽留汉成帝，但是一切都未能改变什么。

赵氏姐妹自己无法生育，却也不让别的妃子生育。宫中有一位名为曹伟能的女官，怀上了汉成帝的孩子，在临盆的时候，赵合德让人带着皇帝的诏书，将曹姬毒死，取走了婴儿。那婴儿被乳母张弃抚养了十一天后，便被人带走，从此不知下落。后来，后宫的许美人也有了身孕，汉成帝暗地里派御医去探视，还给许美人送了三粒名贵的养身丸药，做保胎之用。许美人产下儿子之后，赵合德又哭又闹，汉成帝被逼的没有办法了，竟然将自己的亲生儿子活活掐死了。赵氏姐妹的残忍手段真是令人发指，而汉成帝这个昏庸的皇帝也算到了无以复加的程度。

那个时候，在民间有一首讽刺赵飞燕的童谣："燕燕尾涎涎，张公子，时相见。木门仓琅根，燕飞来，啄皇孙。皇孙死，燕啄矢。"

红杏出墙

赵氏姐妹凭借汉成帝对其的专宠和自身的先天优势，在后宫中可谓是横行一时。三宫六院，根本就没有人能够和赵氏姐妹相提并论。而在汉成帝眼中，后宫那几万美女一个个都成了粪土，无法入他的眼睛。由此，这些美女们也不甘寂寞，竟然背着汉成帝，玩起了同性恋。

不过，好景不长，赵氏姐妹的烦恼来了，她们盛宠当前，宠幸不断，可她们姐妹二人却没有一个人怀上身孕。生育对于后宫的嫔妃来说，可是极度重要的。而在这一点上，赵氏姐妹自然也知道，如果自己不能为汉成帝生下一男半女，那么赵飞燕皇后的位置就不保了。

对于赵氏不育一事，根据史书记载：因为赵氏姐妹想要一直保持肌肤白嫩，她们经常将一种叫作香肌丸的药丸塞入肚脐，然后通过肚脐融化到体内。这种药丸的确有明显的效果，服用之后，肌肤似雪，永葆青春。可是，香肌丸内含有大量的麝香，长时间的接触，就会引起女性不育症。

那个时候的科技并不发达，赵氏姐妹也不知道她们不育的罪魁祸首便是自己的爱美之心，在她们眼中，还以为是汉成帝出了什么病呢。这样想来，既然汉成帝有毛病，那就找其他的男人，反正到时候不管是谁的孩子，只要是她生的，那就是皇上的孩子。于是，赵飞燕偷偷将其他的男人带进自己的寝宫。再说汉成帝刘骜每日都和赵飞燕的妹妹赵合德混在一起，根本无暇顾及赵飞燕，这也就给了赵飞燕机会。事实上，除了想要生一个孩子外，赵飞燕也是因为长时间的宫中寂寞，才为自己找了一些男人。

就这样，赵飞燕开始利用手中的权力，让心腹去为其搜罗男人，尤其是那些生有很多男孩子的男人，都被心腹一个个地带入皇宫。

不过天下没有不透风的墙，这件事情被汉成帝知道了，汉成帝怒火中烧，想要处死赵飞燕。幸好赵合德出面为姐姐求情，这才替她摆平了怒不可遏的皇上。赵合德奉劝姐姐玩也要有个分寸，不要那么大张旗鼓的，赵飞燕表面应承，但是内心里挺不服气的，毕竟她的恩宠是被妹妹赵合德抢去的。过了一段时间后，赵飞燕又开始寻找新的男人。

赵飞燕这一次选男人的标准便是帅气健康年轻，孩子自然是越多越好。赵飞燕还特意准备了一间屋子，里面放置了一座巨大的神龛，神龛后面安放着一张神床，而这些男人便是藏在这张神床上。所有的事情安排妥当后，赵飞燕便对汉成帝说自己要参经拜佛，不能受人打扰，更不可有人随意走进这间屋子。

汉成帝刘骜倒也不在意，因为他早就已经不喜欢赵飞燕了，在他那里，赵飞燕的体贴竟然不及赵合德的十分之一。如今，他和赵合德如胶似漆，哪还有闲心去关注赵飞燕呢。

自从赵飞燕"闭关"后，刘骜也真的没有去打扰她。这边汉成帝和赵合德打得火热，那边赵飞燕也不甘落后，和男人玩得不亦乐乎。只是，隔墙有耳，再加上这个如狼似虎的皇宫，宫里有很多人对赵氏姐妹早就已经看不惯了，都眼瞅着这两个姐妹的错误。过了没多长时间，一些赵皇后和其他男人私通的消息不胫而走，传到了汉成帝和赵合德的耳朵里。赵合德看这种情况，心知不妙，于是便先发制人，替姐姐开脱："我那个姐姐可是一个烈性子，进宫没多长时间便做了皇后，宫里肯定有很多人都嫉妒她，说她的坏话……"说着说着，赵合德还拿出了她的杀手锏，可怜兮兮地抽泣起来。

汉成帝在女人面前是个软根子，根本看不了女人的眼泪，于是急忙发誓说对赵氏姐妹那是绝对的信任。有了汉成帝的承诺，赵氏姐妹也算是高枕无忧了。不过，赵氏姐妹后来却因为一个男人翻脸了。

赵飞燕认为一直偷偷摸摸反而容易落人把柄，倒不如光明正大一些，于是她对外宣称，这些男人都是她的远房亲戚，亲戚之间相互走动走动，也是理所当然的事情。因此，赵飞燕一下子多出了很多哥哥弟弟。

不久，赵飞燕看中了一名烧锅炉的男子，长得虎背熊腰，胳膊比女人的大腿还要粗。根据史书记载，这位烧锅炉的名为"燕赤凤"。有一天，两人完事之后，燕赤凤正要离开，却碰到了刚刚进来的赵合德。赵合德是来和自己的姐姐聊天的，顺便也想提醒姐姐做事一定要谨慎，不可这么明目张胆。那个时候，燕赤凤正好走到门口，二人四目相对，赵合德和她姐姐一样，也喜欢上了这位燕赤凤，从那之后，赵合德也红杏出墙了。

这天，燕赤凤刚刚离开赵合德的寝宫，赵飞燕便闯了进来，因为她知道了妹妹和燕赤凤的私情。姐妹俩好一顿争吵，赵飞燕醋意正浓，完全失去了理智，但是赵合德可是一个异常聪明的女人，没一会儿她便让自己镇静下来，恢复了理智，她知道皇宫是一个极度危险的地方，她们两姐妹就像是一根绳子上的蚂蚱，命运息息相关，如果再不团结起来，那么就只有等别人鱼肉的份儿了。于是，妹妹主动向姐姐道歉，说："姐姐，以前小的时候，我们俩盖着同一条被子，天气太冷，你便搂着我给我取暖，这些事情，妹妹我一天也不敢忘记。现在，在这个皇宫中，到处都充满了危机，如果我们二人再自相残杀，到时候恐怕就没有我们的立足之地了。"

赵合德的一番至情至理的话让赵飞燕深感愧疚，她冷静下来，想到刚才发生的事情，她知道是自己太鲁莽了。二姐妹抱着痛哭了一场后，便和好如初了。后来，为了不影响二人之间的感情，她们随意找寻了个借口，将燕赤凤杀掉。虽然说燕赤凤是个无辜的牺牲品，不过也算是值了，一个烧锅炉的人，竟然和汉成帝共享一个女人，可谓艳福不浅啊！

班婕妤和赵氏姐妹

班氏家族，在汉朝时期是非常显赫的家族，文武功勋，德行学问，都极一时之盛。西汉汉成帝时期的班婕妤和东汉的班彪、班固、班超等人都是名垂千古的人物。

班婕妤是汉成帝的妃子，赵氏姐妹入宫之前，汉成帝最为宠爱的便是她了。她的父亲班况，在汉武帝时期，带兵攻打匈奴，为大汉朝立下了不少汗马功劳。

班婕妤在后宫中是出了名的贤惠淑德。当初，汉成帝被班婕妤的美貌所吸引，二人整天在一起，不分昼夜。班婕妤有着很高的文学造诣，特别是对熟悉的史事，经常是引经据典，以此来开导汉成帝心中的积郁。除此之外，班婕妤还擅长音律，经常为汉成帝表演乐器，让汉成帝进入一种忘我的境界。对于汉成帝来说，班婕妤绝不仅仅只是他的后妃，说是精神导师也不为过。

汉朝时期，皇帝外出巡游，经常坐一种豪华的车子，帷幕是用绫罗做成的，坐垫是用锦褥做成的，然后前面两个人拉着车，这种车子称为"辇"；而皇后妃嫔所乘坐的车子，前面只有一个人牵挽。

为了能够和班婕妤形影不离，汉成帝完全不顾古时便有的乘坐规矩，特意让人制作了一辆较大的辇车，出游的时候便可以与班婕妤坐在同一辆车里，谁知，这一建议却遭到班婕妤的拒绝。她说："看古时候所留下的图画，圣贤的君王，左右都是圣贤的臣子。夏、商、周三代的末主夏桀、商纣、周幽王，左右才是自己的妃子，而他们最后却都落得国破家亡的下场。如果我和你一起同出同进，这岂不是和他们一样了吗，能不令人凛然而惊吗？"

汉成帝认为班婕妤说得很有道理，于是便放弃了同辇出游的想法。后来，王太后听说了班婕妤的这件事情，打心眼里也是对她赞赏有加，对身边的每个人都啧啧称赞说："古时候有樊姬，现在有班婕妤。"

不要小看了这寥寥几个字，王太后把班婕妤和春秋时代楚庄王的夫人

第九章

沉迷于声色的皇帝——汉成帝刘骜

樊姬相提并论，这便是给了班婕妤最大的肯定和赞赏。而关于樊姬的故事，讲的是春秋战国时期，楚庄王刚刚继承王位，他每天只知道骑马狩猎，不理朝政，樊姬对其苦苦相劝，但是并没有多大的效果，于是便每天坚持不吃禽兽的肉。终于有一天楚庄王被感动了，才决定改过自新，不再犯同样的错误，将自己的全部精力都用在朝政上。后来楚庄王重用樊姬推荐的贤人孙叔敖为令尹，三年之后称霸天下，成为"春秋五霸"之一。

王太后将班婕妤比作樊姬，让班婕妤在后宫中的地位更加牢不可破了。班婕妤也一直注重妇德、妇容、妇才、妇工等各方面的修养，希望对汉成帝能够带来好的影响，让汉成帝成为一个人人称颂的明君。而这个"班姬辞辇"的故事，也一度被传为佳话。

只可惜汉成帝并不是楚庄王，自从赵氏姐妹入宫后，他便一头栽了进去，再也没有复苏过来，就连曾经一度恩爱的班婕妤也被他抛在了脑后。

赵氏姐妹进宫后，飞扬跋扈，这让许皇后非常痛恨，无奈之后，便想出了一条对策：在自己的寝宫中安置神坛，每天早上和晚上都要诵经祈福，祈求皇帝多福多寿，同时也诅咒赵氏姐妹赶快消失。事情败露以后，赵氏姐妹刻意诬陷皇后不仅仅诅咒自己，还辱骂皇上。汉成帝一怒之下，废黜了许皇后，并将其打入昭台宫。

为了除去宫中一切对自己不利的因素，赵氏姐妹还趁着这个机会将她们主要的情敌——班婕妤好好地打击了一番。昏庸无能的汉成帝竟然相信了赵氏姐妹的话，但是班婕妤却不畏惧，她对汉成帝说："臣妾听说'死生有命，富贵在天'，自己的内心还没有修正好，还没有得到上天的保佑，怎么就已经被邪欲所左右了？如果让鬼神知道了，岂有听信谗言的道理？如果鬼神不知道，那么说那些谗言诽谤又有什么意义呢？臣妾不但不敢这样，更不屑于这样。"虽然那个时候的班婕妤已经失去了汉成帝的宠爱，但是她说的句句在理，汉成帝只好不加追究，后又想到了他们二人的过往，便重重赏赐了班婕妤，以此来弥补心中的愧疚。

为了躲避日后的是是非非，班婕妤认为自己应该急流勇退、明哲保身，所以她给汉成帝写了一篇奏章，请求前往长信宫侍奉王太后。这也正是班婕妤的聪明之处，她找了太后做靠山，就再也不用担心赵飞燕姐妹的陷害了。汉成帝心中也知道她这么做的意图，也非常爽快地答应了她的请求。

深宫寂寂，岁月悠悠。班婕妤曾经借秋扇抒怀："新裂齐纨素，鲜洁如霜雪。裁作合欢扇，团圆似明月。出入君怀袖，动摇微风发。常恐秋节至，凉飚夺炎热。弃捐箧笥中，恩情中道绝。"班婕妤将自己比作是秋后的扇子，扇子秋后还可以再等第二春，但是班婕妤却再也没有机会重新获得汉成帝的喜爱了。

不久之后，赵飞燕被册封为皇后，赵合德晋升为昭仪，这些在班婕妤眼中，和她已经毫无关联了。心如止水、形同槁木的她，日日陪伴在皇太后的身边，闲暇时候便涂涂写写，将自己内心的感慨跃然于纸上，为文坛留下了许多佳作。

汉成帝和男宠的生死之恋

试想一下，一个死在温柔乡里的皇帝怎么和一个男宠产生了一段"动人心扉"的感情呢？

古时候，爵位的等级从高到低依次是公、侯、伯、子、男，侯位列第二。张放，根据《汉书》记载，位列富平侯一职，从这里也可以看出，他的地位非常显赫。张放的曾祖父官拜大司马，母亲是公主的女儿。张放长得非常俊美，又很有才华。这样聪慧的少年，自然深得汉成帝的喜欢。后来，汉成帝宠幸了张放，还把皇后的侄女许配给他，并且将他们二人的婚礼办得极为奢华，赏赐以千万计。

平日里，张放"与上卧起，宠爱殊绝"，想必是非常风光的，他和汉成帝还时常微服私行，出宫快活。可是好景不长，张放得到汉成帝宠爱的事情，立即遭到了朝中各大臣的不满，尤其是那几个国舅，心里总想着找机会将张放除去。于是，几个大臣轮番在太后面前煽风点火。太后认为皇帝正值年富力强的时候，所以行为不检点倒也怪不得这个汉成帝，要怪只能怪张放一个人。于是王政君找了一个莫须有的罪名，将张放发配到边地……离别的那天，汉成帝抱着张放肆无忌惮地哭着，看这个阵势，或许汉成帝真正爱的是这个张放也不一定。

张放被流放之后，汉成帝思念成疾，最后忍受不了相思之苦，几次把张放召回宫中团聚，可是过了没多长时间，又被外力所分开，就这样，反反复复了好多次，每一次都是那么的"惊天地泣鬼神"。

后来，赵氏姐妹入宫后，汉成帝的心里还是没有放下张放，想那赵氏姐妹横行后宫，却始终比不上一个男宠在汉成帝心中的地位，真是可悲可叹啊！公元前7年的一天，汉成帝像往常一样来到赵合德的宫中，二人聊了一会，便上了床。就这一夜，汉成帝便再也没有醒过来，死在了温柔乡里。原来，赵合德在此之前给汉成帝吃了大量的春药，致使汉成帝最后力竭而亡，倒也不辱他风流的名声。

第十章

被毒死的可怜小皇帝——汉平帝刘衎

帝王档案

☆姓名：刘衎

☆民族：汉族

☆出生日期：公元前9年

☆逝世日期：公元6年2月4日

☆配偶：王皇后，即王莽的长女王嬿

☆子女：无

☆在位：5年（公元前1年~6年）

☆继位人：无，大政被王莽把持，后王莽篡位

☆庙号：元宗

☆谥号：孝平皇帝

☆陵墓：康陵

☆生平简历：

公元前9年，刘衎出生，是汉元帝的孙子。中山孝王刘兴之子，生母卫姬。

公元前8年，他的父亲刘兴去世，年仅2岁的刘衎继承中山王位。

公元前1年8月15日，汉哀帝因病去世，同年七月，迎立中山王刘衎。九月，刘衎登基为帝，史称汉平帝。

公元5年2月4日，汉平帝刘衎去世。终年只有14岁。

人物简评

他是史上最无辜的皇帝之一，是最惨的傀儡皇帝，他眼睁睁地看着母舅家惨遭灭绝，忍受着和母亲骨肉分离。他每天要面对权臣的脸色，每天要唯唯诺诺地应和。他就是被人毒死的皇帝——汉平帝刘衎。

生平故事

母子被迫分离

公元前9年，汉平帝刘衎出生。刘衎，原名刘箕子，父亲中山王刘兴，父亲去世之后，刘衎继承王位。公元前1年，汉哀帝驾崩，王莽把持朝政大权，不愿立年长的皇子为王，于是在同年9月，拥立年仅9岁的刘衎登基称帝，第二年改国号为"元始"。

汉平帝刘衎的生母是中山孝王的小妾，她的母家卫氏是一族势力很小的外戚，可即便如此，王莽也是时常感觉心神不安。他要防止刘衎的母亲卫姬被封为太后，让卫氏族人联合起来争夺政权，因为他不可以让同样的事件再次上演，之所以这样说，是因为汉哀帝即位之后，傅、丁两大家族共同执政，将王氏家族驱逐出朝。王莽每一次想到这些，就不寒而栗。于是，他立即去征求太皇太后王政君的同意，册封汉平帝的母亲卫氏为中山孝王后，而且赏赐了卫玄、卫宝作为关内侯，赐汉平帝的三个妹妹为"君"，虽然这些外戚都有了各自的封号，但是却不允许汉平帝和他们接近，不准他们进京面圣，甚至强行断绝了汉平帝与他们的联系。就这样，汉平帝与母亲活生生地被拆散了。

刘衎虽是一国之君，但也是一个年仅9岁的孩童，而且，刘衎自小身体羸弱，很需要娘亲的照顾。不仅如此，作为母亲，看着自己的儿子却不能相认，这种心情又有谁能理解呢？作为汉平帝的母亲，心中挂念儿子，几次上书说想要进京看望自己的儿子，却都被王莽拒绝了。不仅如此，为防止皇亲威胁到自己的政权，王莽还设法铲除了汉平帝的舅舅全家。汉平帝虽知道王莽杀死了自己的亲人，但痛恨自己的手中没有一点实权，不可以为亲人报仇而痛苦不已。他此时唯一能做的就是养精蓄锐，暂时忍下这一切。

汉平帝即位之前，王莽是一个躲在幕后的操控高手，他虽没有显著的政绩，也没有真知灼见，更不具满腹经纶，仅仅凭借着"声誉"得到了众人的赞赏。那时，人们并不知道王莽竟是一个披着羊皮的狼，脱下羊皮之后又是怎样的面目可憎。他把所有人都骗了，让大家误以为他是大汉王朝的救世主，还将大汉王朝的希望全部寄托在他的身上。

汉平帝即位之后，王莽的野心开始显露出来，他逐渐窃取了大汉王朝的政权。而汉平帝年纪幼小，身体多病，不要说与王莽争高低了，就连在宫中安稳地生活都成为了奢望。王莽隔绝了汉平帝与母亲的一切联系，完全将小皇帝架空了，让小皇帝成为了一个空壳子，任人摆布。

汉平帝已经成为了傀儡，更不要谈施展手脚、大展宏图，即便是王莽不存在，大汉王朝也无力回天了。汉平帝这个孩童，即便使出浑身解数，也无法拯救大汉王朝。

于是，汉平帝在落寞与孤独中，默默守护着这座深宫，就好像是一具尸体般，没有丝毫生气与活力。而这正好给了王莽大展拳脚的机会，他想方设法拉拢地主阶级的知识分子，在关键的时候还会使出一些小恩小惠收买人心。而胆小的汉平帝唯一的任务就是好好配合王莽完成他要完成的任务，用自己的名义发号施令，提高王莽在人们心目中的地位和威望，任其扩大自己的势力。

凡事皆以王莽为准

汉平帝虽是一国君主，在百姓心中拥有至高无上的地位，但是他在宫中连一丁点的权力都没有，所有的大权都握在王莽的手中，所有的政事都是王莽一个人处理，甚至是选拔人才的权利。而且，王莽选拔人才有自己的一套理论：首先，这个人一定要听话，只能听从王莽的建议，不得违抗命令；其次，这个人一定要有才能，做事要快、准、狠；再次，这个人的名声一定要好，要深受百姓和大臣的爱戴；最后，要太皇太后王政君喜欢。

根据这样的选拔标准，王莽挑选了很多的人才，组成了自己的势力集团。从那以后，朝堂之上再没有一个人是王莽放在眼里的，当然，这也预示着王莽在朝中的地位稳定下来。

王莽还建议："册封汉宣帝的三十六个曾孙为列侯，封太仆王恽等二十五人为关内侯，前前后后被封赏的人有二百人。而那些没有子嗣的王、公、列侯、关内侯等可以在血亲之内指定一个人为继承人。"然后，以汉平帝的名义发布了全国诏书。如此一来，人们虽然对这位年少的君主充满了感激之情，但是他们更加感激的是这位真正手握大权的人，因为这样可以大大降低王莽篡权夺位的阻力。

兴办学校一直人们的梦想，他抓住人们的心理，以汉平帝的名义出资修建了几十所学校，从中央逐渐扩展到地方，形成了一个全国性的教育网络。在中央，王莽极力扩充太学，而且增立《乐经》，将五经增为六经。之后，又增加了博士人数到每经五人，学生增加到了一千人。

汉平帝对于王莽提出的以上一系列措施，一头雾水，即使是这样，汉平帝也是不闻不问，只需要按照王莽的指令批准即可。

通过以上一系列措施的实施，不管精神上还是物质上，王莽都算得上是一个大赢家。为什么这样说呢？因为经过以上措施之后，贵族、官僚等都与王莽同流合污，即便是中下层地主，尤其是一些读书人，也都站到了支持王莽的行列，认为他是一个很有才能的人，人们对他寄予了很大希望。再加上王莽培植的势力极力操纵、煽动群众，使得各地的官吏以及地主都争相阿谀奉承。到此为止，汉平帝已经完全被王莽操控了。

人的欲望是无法被满足的，王莽担任大司马一职，可谓一人之下万人之上，但是这依旧不能满足他强烈的欲望。他想要有朝一日可以坐到那个至高无上的帝位上，他想要成为辅佐周成王的那个大圣人周公。为了达到目的，王莽偷偷派人到益州，教唆当地的蛮夷，让他们向朝中贡献白雉，这是仿效周公以蛮族献白雉作为祥瑞之兆的事情，蛮夷遵照了王莽的意思。这个举动让满朝文武一片茫然，不知是什么原因，便异口同声地说："这是祥瑞之气，是王莽的功德感动了上天！"于是，朝臣们纷纷上奏太皇太后，太皇太后十分高兴，于是以汉平帝的名义，晋升王莽为"安汉公"，还赐予了相对应的食邑俸禄。但是，王莽却不肯接受，太皇太后见王莽如此"谦虚"，就更加坚定了加封的决定，还一定要王莽接受不可。王莽前前后后推辞了四次，才"不情愿"地接受。事实上，这是王莽自编自导自演的一出好戏，或许是因为王莽的演技太高了，才让朝中上下的官员都傻乎乎地认为他是大汉王朝的功臣。当然，在汉平帝的心中，更是将王莽视为匡复汉室的栋梁，只可惜这些都是他一厢情愿而已。

汉平帝仅是王莽手上的一枚棋子，任由王莽摆布。他哪里知道，王莽的野心如此之大，他不单只是想要掌握朝政大权，还想要那个位置和名号。再加上，太皇太后年事已高，对于朝堂之事早已经厌倦，只想要安安稳稳地度过晚年，而这也正好给了王莽一个大展拳脚的机会。于是，王莽暗示亲信，说太皇太后不应再过问朝事，以后这些事情就交由安汉公处理即可。从那之后，王政君便对外宣称，除了像封爵此等重要的事情外，其他的事情都由王莽一人处理，其中也包括官员的考核。要知道，人事权力是历来朝中最大的特权，王莽掌握了这项大权，也就给了他建立党羽的机会，最重要的是，王莽可以借此机会铲除异己，将大汉王朝牢牢攥在自己的手中。

王莽成了汉平帝的岳父

话说回来，不管王莽的权势有多大，都不可能成为汉室的象征，而这个象征只有皇上和太后娘娘才担当得起，如果失去了他们，就谈不上王莽专权了。不过，毕竟太皇太后的年事已高，王莽担心姑母去世之后朝廷会有动荡，于是就想出了一条长久之计——将自己的女儿嫁给汉平帝，如此一来自己在宫中的地位就不可撼动了。

公元2年，王莽奏请太皇太后，想要将自己年仅11岁的女儿许配给汉平帝，太皇太后准许了。汉平帝虽然贵为天子，但连选择皇后的权利都没有，当真是可悲啊！

几天后，太皇太后下了一道懿旨，让全国各地的适龄少女都到相关的部门登记，之后再将记录好的文档上报朝廷，这些档案最终落到了王莽的手中。王莽打开一看，报名的人数真得很多，而且大多数都是王氏一族的人。王莽思虑再三，觉得女儿获选的几率不大，这该如何是好呢？王莽对名单中的人物进行了一下权衡，走了一招险棋。他找到太皇太后，说自己的能力不足，女儿也没有那般貌美，请求太皇太后让女儿退出选举。

虽然太皇太后表面上是此次选妃的主持人，但是真正在幕后操控的人是王莽。当王莽向太皇太后提出让女儿退出这次选妃的时候，太皇太后并没有揣测到王莽的真正用意，说道："让安汉公的女儿退出也是好事，如此一来，就可以免去很多的是是非非。"王莽一边感谢太皇太后，一边暗地里痛骂。不管怎样说，他的这一步棋真的走错了。

当朝廷上下传出王莽的女儿不参加选妃的消息时，那些得到王莽暗示的大臣们纷纷上书说："没有谁比安汉公的女儿更适合做皇后了。"最可恶的是，这些大臣竟然联合起来为王莽的女儿请愿威胁太皇太后，在无可奈何之下，太皇太后只好答应了。

王莽见满朝文武都倒向了自己，不禁暗自高兴，但是又装出一副无所谓的面孔，到处劝说大臣们不要如此，以此来体现自己的大公无私。王莽越是这样做，人们请命的心意就越坚决，而王莽也就越能达到自己的目的。没错，王莽自编自导的这场闹剧最终又以女儿被立为皇后而落下帷幕。

就这样，当今的天子汉平帝，也稀里糊涂地成为了权臣王莽的女婿。王莽名正言顺地当上了皇帝刘衎的岳父，汉室也成为了王莽手中的玩物。

刘衎死亡之谜

公元6年，年仅14岁的汉平帝突然暴毙而亡，让世人备感疑惑。汉平帝的死，究竟是自然，还是人为因素呢，是否像外界流传的那样，是被王莽用毒酒害死的呢？

汉平帝刘衎从登基开始，便受到了王莽的严厉控制，这让他一直处于郁郁寡欢的状态，他亲眼看到王莽此人的狠毒阴险，他心中也明白自己的这个皇帝位形同虚设，再加上自己的亲舅舅一家都被王莽所杀，母亲卫姬虽然幸免于难，但是他们母子却被王莽硬生生地拆散，终生不得相见。所以，刘衎也经常对王莽面露愠色，时常会表露出反感情绪。王莽眼见这个小小的皇帝一天天长大，在政治见解上也日渐成熟，他心里担心，这个小皇帝长大之后，肯定会对付自己，与其那个时候栽在他的手里，倒不如先下手为强，除去汉平帝。

公元 6 年 12 月，王莽借着腊八节送椒酒的名义，为汉平帝送了一杯酒，但是这并不是一杯普通的酒，因为这里面放了慢性毒药。喝下毒酒之后的汉平帝慢慢毒发身亡。这件事情震惊了朝野，王莽眼见事情已经成功，便装出一副可怜巴巴的样子，并上演了一出周公"告天代疾"的故事，俨然以当代周公自居。

最可笑的是，王莽还煞有其事地写了一篇长长的祷文，然后风尘仆仆地跑到京城郊外的太庙举行仪式，一本正经地念给大臣们听。甚至告诫大臣们不要将此事传扬出去，如果不慎传了出去，祷文中的祈祷就不灵了。

王莽此招可谓是一箭三雕，不但达到了掩人耳目的目的，还为自己赢得了一个"代疾"的好名声，最重要的是，他为自己洗刷了篡权弑君的"冤屈"。王莽的戏码是不是该结束了？当然没有。汉平帝喝下毒酒之后，在床上躺了几天，最终在未央宫驾崩。刘衎去世之后，王莽还扬言说汉平帝是因病去世，甚至趴在床前大哭了一场。而这个时候的王莽嘴边早就已经露出了得逞的微笑，似乎忘记了还有一个年纪轻轻便守寡的女儿在悲痛万分。

汉平帝的王皇后

小王皇后大约出生在公元前 4 年，那个时候的执政君主是昏庸无能的汉成帝。因为汉成帝的荒淫无道、不理朝政，使得外戚专权朝中。而那个时候，也就是王莽兴起的时代。小王皇后便是在这个时候出生的。

小王皇后自幼饱读诗书，是一个温柔贤良的女子。

公元前 1 年 8 月 15 日，大汉王朝发生了一件大事。汉哀帝因为纵欲过度而去世，汉哀帝是汉元帝孙子，汉成帝的侄子，他的父亲为定陶恭王。

汉成帝没有儿子，所以汉哀帝刘欣继位。汉哀帝死的时候也没有留下一男半女。

小王皇后7岁入宫，虽然说她是太皇太后的亲侄孙女，可是因为汉平帝和她父亲的原因，小王皇后过得并不幸福。

因为小王皇后的父亲杀了汉平帝的母舅一家，除了其母卫姬外，没有一人幸免。这一年，汉平帝只有10岁。只可惜他手中没有权力，无法为自己的亲人报仇，所以他对于王莽家族的恨意是无以言表的，而在这种情况下，他迎娶王莽的女儿，怎么可能会给她好脸色看呢?

到底只是一个年幼的孩子，他对小王皇后的态度全部都写在了脸上，只要一不顺心，便拿这位小皇后发脾气。幸好，这位小皇后内心知道汉平帝这样对待她的原因，所以她并不怪他。只是耐心地陪在小皇帝的身边，再加上小皇后原本就是个知书识礼性格温婉的好姑娘，她处处迁就汉平帝，而她自己的这些遭遇，也没有透露给她父亲只言片语。

时间久了之后，两个人的心也在慢慢地贴近。在这个冰冷的后宫中，两人之间的隔阂终于慢慢地解开了。

可是，好景不长。这对小夫妻刚刚冰释前嫌，他的岳父王莽却是一刻也没有闲着，太皇太后日渐衰老，汉平帝也越来越大，这对于他的政权已经带来了莫大的威胁。于是在公元6年2月3日，王莽送了汉平帝一杯毒酒，几天之后，汉平帝暴死。

所有温暖就此停止，而小王皇后的心似乎也跟着汉平帝死去。

汉平帝去世后，王莽让人封锁了全部的消息，汉室宫庭笼罩了一股恐怖的气氛，人人自危。但是小王皇后内心明白，杀害自己丈夫的人正是自己的父亲。刚开始听说这个噩耗的时候，小王皇后哭得死去活来。可是她心中明白，从开始到现在，自己只不过是父亲手中的棋子，是这场阴谋的轴心。阴谋的一边连着丈夫，一边是父亲，除了哭泣和认命，她想不出来还有什么办法能够平复她内心的痛苦。

汉平帝去世之后，三个月的时间，朝中无主，而这也是王莽最后的试探。

三个月之后，年仅2岁的刘婴被立为皇太子，年迈的王政君早就已经失去了干涉朝政的能力，于是，王莽又成了天子的代言人，全权代理朝政事宜，历史上称之为"假皇帝"或"摄皇帝"。也是从这一年起，小王皇后成为了大汉王朝的太后。当然，她并不是西汉朝中最年轻的太后，在她之前，还有一个上官太后，她15岁的时候，就已经是太皇太后了。

三年以后，也就是公元9年，外表谦恭、仁孝的王莽终于按捺不住，露出了自己的真实面目，他将一切工作全部准备好之后。初始元年，也就是公元8年，王莽逼迫太皇太后王政君交出传国玉玺，同年，王莽篡位改国号为"新"。

王莽篡位之后，小王皇后被封为黄皇室主，不过，她却没有对父亲屈服，在王莽面前，她坚持行汉礼，并且总以身体不适为借口，从来不参加新朝政的任何会议。

对于小王皇后来说，活着跟死了其实没有多大的差别。虽说她的一生富贵到了极点，但是她却没有感受到一点快乐。这场充满阴谋和苦难的婚姻，这场还没有来得及施展的爱情，都被她的父亲残忍地杀死。从那之后，她便成了一个没有灵魂的躯壳，每日待在深宫，守着亡夫的名字，日日夜夜不停地祷告与忏悔。

而她那当了皇帝的父亲，却像个杀人恶魔一样，随意滥杀不服从他的子民，甚至连自己的亲生儿子、孙子都不放过。

不过，这些事情似乎和这位年轻的太后并没有太大的关系。大汉已经灭亡，而她的心也随着丈夫死去。十几年间，她时时刻刻都在想念着那个少年，就这样，她和外界彻底断了联系。除了汉平帝每年的祭日，她会去他的陵前烧一柱清香外，她几乎不再迈出宫门。

她的身体日渐消瘦下去，而这一切也被王莽看在眼里。毕竟是他的亲生女儿，而自己则是造成女儿如此生活的罪魁祸首。所以他便想方设法的为小王太后找个丈夫，让她再次出嫁。因为在他看来，女人一旦有了孩子或者是家庭，她就会放下从前的痛苦。

这一天，王莽派遣了一位年轻俊美的少年跟着御医去为小王太后看病，小王太后怎么会不知道王莽的意思，这一刻，她积存了很久的怒火被点燃，二话不说，拿起长鞭，对着那位少年抽去。从那之后，再也没有什么年轻少年，敢进入她的宫门了。

王莽执政的几年中，朝政收支不好，再加上连年灾难，朝廷也没有给予及时的救助，甚至有些地方还出现了人吃人的惨象。朝政到了这个地步，百姓已经没有活路了，纷纷揭竿而起，最后致使天下大乱。其中湖北京山境内的绿林军，声势最为浩大。

王莽面对这种情况根本就没有任何办法，只能任凭其发展。公元23年9月，绿林军一举攻破长安。王莽也被商人杜吴所杀，王莽死后，他的身体被人分割，可谓凄惨至极：头颅被砍下挂在了城头上，身上被人割得一块一块的，就连王莽的舌头也被人做了下酒菜，十分残忍。

要说王莽的死，是他咎由自取的话，那么小王皇后被卷入这场战乱之中，最后如落花般离去，可是惹世人叹息。公元23年，汉军进驻长安，处死王莽，然后汉军又放了一把火，大火一直烧到了承明殿。而这时候，承明殿里仍然住着一个人，这个人便是当年的小王皇后——新莽朝的黄皇室主。黄皇室主是父亲王莽赐给她的封号，但是她却从来都没有承认过，因为在她眼里，自己只是大汉朝的皇后，是汉平帝的妻子而已。

从义军杀进长安城的那一刻起，她就已经做好了决定。她让人打来一盆清水，将脸上的灰尘擦去，又上了一个淡淡的妆，然后又换上隆重的汉朝皇后礼服，就如同她当初嫁入皇宫时那般。

大火很快烧到了她的宫殿，她将垂缦纱帷放下，平静地坐在大火的中央，就好比一座雕塑般，动也不动。死之前，她说了最后一句话便是：我用什么面目去见汉家的祖宗呢？

小王皇后夹在丈夫和父亲中间，纠结了一辈子，而在她临死之前，她还在担心那个少年是不是会原谅他，会不会接受她这个叛臣的女儿呢？

汉平帝陵墓考察

汉平帝刘衎去世之后，被安葬于康陵。康陵位于咸阳城以北的渭城区周陵乡，2001年6月，康陵被国务院公布为全国重点文物保护单位的古墓葬之一，位于今陕西省咸阳市渭城区周陵乡大寨村东约二百米处。

汉平帝虽然在位时间不长，但是他的陵墓规模却非常大，仅次于汉武帝茂陵封土规模。按理说，汉平帝在位时期，西汉政权岌岌可危，陵墓更不应该建筑得如此巨大。而之所以这样，或许是与王莽主政和其妻小王皇后有关系。汉平帝是被王莽害死的，再加上汉平帝的皇后是自己的亲生女儿，为了掩人耳目，特地为其建造高大的陵墓。

西汉帝陵陵园规模宏伟，建筑布局严谨，封土高大，里面还埋藏了丰富的葬品，是中国古代最具代表性的帝王陵墓，反映了封建时代埋葬制度的最高形式。康陵是一处具有2000多年历史的重要文化遗存，具有很好的历史、文化与科学价值。

第十一章

东汉王朝的开创者——汉光武帝刘秀

帝王档案

☆姓名：刘秀

☆民族：汉族

☆出生日期：公元前 5 年

☆逝世日期：公元 57 年 3 月 29 日

☆配偶：阴丽华，郭圣通

☆子女：11 个儿子，5 个女儿

☆在位：32 年（公元 25 年~公元 57 年）

☆继位人：刘庄

☆庙号：世祖

☆谥号：光武皇帝

☆陵墓：原陵

☆生平简历：

公元前 5 年，刘秀出生。

公元 22 年，刘秀和兄长刘縯在春陵起兵，加入绿林军作战。

公元 23 年，兄长刘縯被刘玄所杀。

公元 23 年，绿林军在昆阳之战中以少胜多，大败王莽军队。刘秀因此战名鹊起。

公元 24 年，刘秀前往河北，得到当地豪强的支持，开始与绿林、赤眉分庭抗礼。

公元 25 年，刘秀称帝，东汉纪元开始。

公元 27 年，刘秀收编赤眉军，之后花了 10 余年的时间，统一了全国。

公元 57 年，刘秀逝世，谥号光武皇帝，庙号世祖。

人物简评

　　对于汉世祖光武皇帝刘秀，历史上的评价很高。一直以来，史学家们都说他上承天命，拨乱反正，让汉朝的历史走出了低谷，让天下得以安定，而且一心谋求国家兴旺，算得上是一位"中兴之主"。王夫之对他的评价非常高，说他是"三代以下称盛治"，政绩超过了历史上所有的皇帝。

生平故事

光复汉室　　登基为帝

　　汉光武帝刘秀的父亲是济阳县的一个小县令，虽然说刘秀的家世并不好，但是刘秀家族的血统却非常尊贵，因为他们是汉高祖刘邦的后裔。

　　刘秀父亲去世的时候，他只有 9 岁，随后便跟着自己的叔叔刘良一起生活。后来，他考入了长安太学，在那里读书学习，这也使他成了中国历史上学历最高的一位皇帝。刘秀从太学毕业后，便在哥哥刘縯的帮助下，于公元 22 年，发动事变，组建舂陵军。舂陵军组建的目的便是为了光复汉室。舂陵军的势力越来越大，之后又融入了绿林军，成为当时一支最强劲的军队。绿林军在刘氏兄弟的带领下，接连取得胜利，占领了南阳地区。

　　眼看就要大功告成了，可是和自己一起奋战的绿林军却坚决拥护刘玄为帝，也就是更始帝。更始帝登基后，担心战功赫赫的刘縯会威胁到自己的皇位，便寻了一个借口，将刘縯杀害。

　　听闻哥哥被害的消息后，刘秀心中是悲痛万分，但是自己手中的兵力权势根本无法和刘玄抗衡，所以也只能压下心中的仇恨，委身于刘玄帐下，并且还向更始帝认罪，数落哥哥的不是。这下也就赢得了刘玄对他的信任。

　　过了不久，刘秀和王莽在昆阳大战，以八千兵力打败了王莽的四十二万兵马，一时间声名大噪。更始帝封他为代理大司马，地位和权势都有了大幅度的提高。公元 23 年，王莽遇害身亡。更始帝决定将都城迁到长安，并且着手准备登基大典。而刘秀则被派往河北地区镇守。

刘秀待人豪爽，是一个仁厚之人。虽然他去河北的时候，只是带了寥寥几员大将和随从，但是他刚一来到河北，河北地区的一些子弟宾客都纷纷归于刘秀的门下，使得刘秀在河北的势力急剧膨胀。

后来，刘秀又收服了铜马起义军几十万人，使得军力大大增加。这支军队力量正是刘秀起家的资本，这也是人们称他为"铜马帝"的原因所在。接着，在众人策划下，刘秀以河北为根据地，不停地东征西讨，扩大了自己的统治领域，囊括了很多省份。公元 25 年，在众位将士的簇拥下，刘秀登基为帝，国号为汉，史称东汉。

东汉初期，政局动荡，各地农民起义还需镇压。所以，刘秀登基后，便派遣大部队围剿周围的起义军。到了公元 36 年，刘秀大军攻破公孙述后，东汉王朝才算是基本稳定下来，也慢慢走上了发展的征途。

刘秀毕竟是布衣出身，对于百姓疾苦非常关心。注重兴修水利、缩减官员、减轻赋税，大大减轻了百姓的负担，深得人心。在这一系列措施的促使下，社会秩序安定，经济也得到了恢复和发展。

刘秀毕竟是受过高等教育的人，他在治理国家时也主张以文治国，注重教育。刘秀自己也经常前往太学讲经论道，极大推动了东汉文化的发展。

在政治上，刘秀推行了一系列的重大改革措施。他深知政权外散的危害性，所以他登基之后，便注重削弱相权，加强皇权，把东汉王朝的决策权慢慢地集中到皇帝手中；对于地方官员，刘秀还设置了专门的监察机构，中央直接控制地方。

这一次政治改革是比较成功的，也是后世人所要学习的榜样。东汉王朝在刘秀的治理下，带着浓浓的文化气息，开始走向新的历史征程。

整顿吏治　安置旧臣

每一位开国皇帝身边都有一群戎马相随的兄弟。在战争时期，他们在一起睡觉、一起打仗、同甘共苦、相互扶持，个个都是新朝的开国功臣，每个人身上也都有着数不清的赫赫战功。

可是，这种关系在新皇登基之后就全部改变了。原本的手足兄弟变成了君臣，而那些戎马一生的将军也开始离开硝烟战场，投身于阴谋诡计四起的朝堂，不管从哪方面看，皇帝和这些开国功臣之间都存在着一种非常微妙的关系。皇帝既要顾忌往日的情面，又要防止权力外散。如果处理不当的话，可能就会使这些大臣骄横妄为，威胁自己的统治；或者是存有二心，临阵倒戈甚至另树旗帜，动摇新建的政权。

在这一方面，西汉时期便给人留下了深刻的印象。汉高祖刘邦在大将韩信、萧何、张良等人的辅佐下登基为帝，成为大汉王朝的开国皇帝。只可惜韩信最后落得个兔死狗烹的下场，这也是很多开国功臣的真实写照。

刘秀创业初期，身边也有很多骁勇善战的将军，足智多谋的志士为他出谋划策，打下江山。其中，最为著名的要数"云台二十八将"了。不过，在光武帝看来，这些将士戎马一生，在战场上可以说是叱咤乾坤，可是却不一定懂得朝中典章制度，不知道治国之道。所以，如果单凭他们的战功就把他们安放在重要的位置，最后不仅不利于朝政，甚至还会危害到自己的统治。

同样，如果不重用他们的话，大有过河拆桥的意味，这也不足以让那些战功赫赫的将军心服口服，最后可能还会演变成不听号令、危害朝政的下场。所以，这个问题就需要刘秀深思熟虑了，争取找到一个最为妥善的解决方式。

刘秀登基之后，将封赏开国功臣的事情交给郎中冯勤处理。冯勤是一个谨慎的人，他所封赏的依据就是功劳的大小，谁的功劳大，谁的土地就大，谁离皇城就近，土地质量就好；相反，功劳越小，分到的土地也就越少、越远、越贫瘠。刘秀依据冯勤制定的方案，一次封赏了将近四百人，给了他们非常高的地位。功劳最大的列侯分到了四个县，而功劳最小的则是只有几百户。这样看来，东汉和西汉相比，列侯的土地势力要小很多。不过，为了防止这些有功之臣恃宠而骄，刘秀也采取了一些必要的措施。

对于那些有真才实学的人，刘秀都委以重任，比如大将邓禹，邓禹曾经率领军队南下，收复了刘嘉，打败了延岑，刘秀则封他为丰臣侯，地位很高，后来又加封他为高密侯。而对于那些没有治国之才的开国功臣，刘秀则是让他们享尽了荣华富贵，但是这些人的手中却是一点实权都没有。刘秀的这一做法算是削弱了诸侯的权利，把这些开国功臣全都牢牢掌控在自己手中。自刘秀登基之后，那二十八名悍将真正被重用的只有三位，其他都被刘秀列为闲职，颐养天年。

册封完有功之臣后，刘秀又特地下达了一道诏书，意思也就是要求那些老臣要恪守本分、不要做出格的事情，这样就能够保住一生的荣华富贵，而且还能把自己的爵位传给子孙后代，如果不听劝告，仗着自己劳苦功高、为非作歹，那么灾难也就不远了。这一道诏书的发布算是给那些功臣起了一个震慑作用。

此外，刘秀安置旧臣的同时，也重用了一大批的文官。在刘秀看来，要想更好地推行新朝的典章制度，最关键的还是在于文官身上，毕竟他们熟悉典章制度，也了解治国之道。所以，在刘秀登基的那几年，曾经几次下诏，要求地方官员举荐优秀的人才，要其参加考试，以求才有所用。

对于官员的选拔，刘秀也制定了一个严格的规定，第一，要求考试人员身家一定要清白，品性要高尚。第二，要学识渊博，通晓四书五经。第三，熟悉朝中法令，能够依法办事、依理办事。第四，有独当一面之才，遇事不惑。在选拔官员的时候，一定要严格按照这四项标准进行，如果有人不守法的话，那么肯定会依法究办。

就这样，在这些措施的实施下，刘秀确实网罗了一批有才能的文官。此外，为了不放过任何一位有才之人，刘秀曾经还亲自外出，四处寻访贤人，那些作风廉洁、品性端正的人都得到了重用。一时间，朝野清明，百姓喜悦，一片大好景象。

设尚书台 皇权下移

西汉时期，朝政设立三公，权势滔天，致使皇权下移。刘秀从中吸取了教训，虽然设立了三司（大司徒、大司马、大司空），但是这三者之间却是互不干涉，各司其职，不能逾越。这样一来也就平衡了这三者的权力，防止一方独大。

公元51年，三司之一的大司马改为太尉，而其他两个则改为司徒和司空，这二者的权力都低于太尉。这样一来，又进一步削弱了三司的权利。但是，在削弱权力的同时，新的问题又出现了。三司的权力被削弱，而尚书台的权力却是日渐加大，所以也就有了一种说法。那就是东汉时期虽然设置了三公，但是其所有的事情却全部都归于尚书台管理。

尚书台直接听命于皇帝，就连尚书台的人犯了错误，也只能皇帝亲自裁决，其他人都没有审判的权利。其实，刘秀之所以设置尚书台，主要是为了牵制三司的权力，维护皇权的统治，所以尚书台的出现也就是皇权和相劝斗争的结果，这是加强中央集权的一项很重要的措施。在中国古代政治上有着很重要的作用，尚书台的出现，算是暂时维护了皇权的集中。

在刘秀的统治中，他大大提高了尚书台的地位，使得尚书台权利大幅度提高。原本那些地位比较低的官员也都成了政要人员，掌管着国家政事的处理权，直接对皇帝一人负责，只听从皇帝的号令行事。这样一来，他们的地位也就相当于皇帝身边的秘书，打理皇帝的日常政务，就好比皇帝的左右手一般。此外，在宫中，刘秀还设立了中常侍、黄门侍郎等职务，这些都是由宦官担任，直接传达皇帝的指令，并且还有权阅读尚书台呈递的诏书。

这样，在刘秀的布置下，三司成了徒有虚表的空壳，没有实权，而尚书台的地位却是蒸蒸日上，以维护皇权的名义开始执掌朝政，虽然说在东汉初期，表面上皇权已经归结在皇帝一人身上。实际上，刘秀的这一措施却也为东汉的发展埋下隐患。

东汉后期，尚书台的权势过大，皇权再次下移。再加上宫中大小黄门官职都由宦官担任，虽然他们只供皇帝驱使，但是因为在他们手中也有一部分实权，这也就造成了东汉后期出现宦官专权的混乱局面。

以文治国　提倡柔道

刘秀登基后，他还制定了一项新的治国方策。因为刘秀对儒家学说比较尊崇，竟然和朝中大臣一起讨论儒学经典，所以在儒家学说的影响下，刘秀主张以文治国、提倡柔道。

刘秀欣赏儒学经典里的道理，有时，在和大臣探讨的过程中，竟然忘记了休息时间，一聊就是大半夜。皇子刘庄见这情景，曾经对刘秀说："父皇是一国之君，应该以身体为重，不能日夜操劳，要为江山社稷着想啊。"刘秀却回答说："朕非常喜欢儒学经典，和大臣们一起讨论只觉得精神抖擞，并没有感到疲劳，皇儿不必过于担心。"有时候，对于古今文学的争论，刘秀还会亲自做起裁判，主持这场辩论赛。

后来，刘秀几乎把全部的精力都花在了儒学经典上，除非国事紧急，否则对于政事刘秀是绝口不提。有一次，刘庄向刘秀讨教攻战的问题，可是刘秀却说："你是一国太子，只要学好治国之策就行，攻战问题并不是你所涉及的。"

还有一次，匈奴内部发生叛乱，再加上那里连年遭受饥荒，百姓流离失所，正是收复匈奴的大好时机。有些大臣将这件事情上奏给刘秀，可是刘秀却秉承着儒家学说的仁政思想，并没有肯定这一建议，从而白白失去了这一大好机会。刘秀如此重视儒学的目的，就是为了想要建造一支新的官吏队伍，顺利实现从打天下到守天下的这一平稳过渡。

就这样，慢慢地，随着儒家学说的推广，刘秀也逐渐改变了朝中官吏的结构，由原先的功臣和武臣变成现在的文臣，并且没收了功臣手中的权力，让他们离开朝堂，各自享受其荣华富贵。

在对外方面，刘秀也是以"柔道"为主。对于那些主动投降的将士，刘秀都会多加安抚，不会为难他们半分，但是对于将士的首领却没有那么好心了；对于那些归顺的老百姓，刘秀则是把他们遣送回家，分给他们田地，拆掉他们的营垒，让他们种田养家。

此外，关于奴婢的一些诏令，也是刘秀实施"柔道"的内容之一。公元35年，刘秀颁布了一项有利于奴婢的诏书，他认为，天地万物都得到上天的恩赐，所以才幻化为形，而在这其中，最可贵的就是人类。对于那些斩杀奴婢的人，一定要重罪论处；对于那些故意伤害奴婢的，要依法处置；而那些被烧伤、烫伤的奴婢，则是恢复了她们百姓身份，恢复了自由身；如果奴婢失守伤人的话，可以免其死罪。随后，又接连发布了几项诏书，内容如下：那些被贩卖的妻子儿女，愿意回到父母身边的，就可以自行回去，不得阻拦；如果有敢拘留者，就按照当朝律法处置；而那些被迫做了奴婢的人，也会恢复她的自由身，那些自愿做奴婢的，则是废黜了赎金制度等，这一系列的制度，充分维护了奴婢的权益，维护了底层人们的正常生活和尊严。

效仿明君　严于律己

刘秀可以称得上是一个明君，他在位期间，勤俭节约、从不铺张浪费。刘秀不喜欢喝酒，不喜欢音律，手中也从来不会拿着玉器珠宝，这在历代皇帝中，可谓少之又少。

为了给东汉后世做个好榜样，刘秀可谓是想尽一切办法杜绝奢侈之风。他曾经吩咐掌管宫廷膳食的官员，对于地方或者其他国进献的美味佳肴，都要一一回绝，不能接受。而他国向东汉进献的汗血宝马、宝剑等物，也被刘秀赏赐给了出色的骑士。

对于后宫妃子的待遇，刘秀也有着明确的规定，除了皇后和贵人外，其他人都没有俸禄，也没有特殊的待遇。而在汉武帝时期，光是有俸禄的妃子就有 14 个等级，每年后宫的金银花销非常惊人。

刘秀在位时期，为自己建造陵寝，并且取名为寿陵。在建造陵寝的时候，刘秀还可以吩咐，占地面积不要太大，不必起高坟，而那些低洼的地方，也不必填平，只要做到不积水就算可以了。而且，等到刘秀百年之后，陵墓内也不许随葬金银珠宝等器物，这一点则是效仿的汉文帝所为。

此外，在刘秀身上还有一种常人所不能及的气度，这一点在收复马援事件上就能够看出来。公元 28 年，刘秀和公孙述都是号令一方的起义领袖，而在陇右盘踞的隗嚣也在中间徘徊不定，不知道要归顺谁比较好。隗嚣便派遣自己的亲信大将马援前去打探消息，也好为自己选择一个最好的出路。

马援在西州一带颇有名气，很受隗嚣的器重。刘秀听说马援这么重要的人物要前来拜访，内心极为看重。于是，他自己独自坐在洛阳宫宣德殿的走廊下面，然后派人将马援引到那里。

马援走进一看，立刻对刘秀好感倍增。只见那刘秀穿着一身很平常的服装，连帽子都没有戴，很是随意地坐在地上，像是在等待一个许久不见的老朋友一样。这时，刘秀也看到了马援，便笑着说道："贵客远道而来，理应隆重欢迎才是。只是贵客一直徘徊在我和公孙述之间，见多识广，我也就不好再摆弄姿态，让贵客见笑了。"态度极为谦逊。

马援见此情景，便觉得这刘秀绝非一般帝王，他以后肯定会是一个明君。马援叩首道："如今天下间的局势，想必皇上应该有所了解，不仅仅是皇帝选择贤臣的问题，臣下也是选择明君而辅之。"随后，马援又想起自己拜见公孙述的场景，万人戒备，就连他上前接近的空隙都没有，这让马援很是反感。想到此，马援又问道："皇上见我，竟然不带一个侍卫，难道不怕我是刺客吗？"

刘秀听了之后，便笑着打量了一下马援，并且说道："你这哪是刺客，明明只是一个说客而已。"这一次的会面，让马援和刘秀二人相谈甚欢。马援一直觉得刘秀身上有汉高祖刘邦的气质，能够担当起帝王的责任，便决定要跟随刘秀。

可是马援回去之后，隗嚣却不听从马援的意见，执意不归顺刘秀。最后，马援只能离开了隗嚣，独自去投靠刘秀了。

为了严于律己，对于那些阿谀奉承的大臣，刘秀总会时刻保持警惕，以免走入前人的魔障，误国误家，而对于那些刚正不阿的官员，他还会着重嘉奖。

有一次，刘秀外出打猎回来的时候，天色已晚，城门也已经关闭了。刘秀让人点上火把，并且命人前去告诉守门的将士郅恽，说是皇上打猎回来了，让其赶快打开城门。可是郅恽却说："天已经黑了，火光又离得这么远，看不清楚，我怎么知道是不是真的。"说完，还命人严守城门，防止他们硬闯进入。

等了半天，刘秀见那郅恽是铁了心不开门了，只好又前往东门，从那里进了皇城。第二天，刘秀就接到了郅恽的奏折，里面斥责皇帝，外出打猎，深夜才归，没有给国家、人民做出一个好榜样，实在有损国风，危害国家。刘秀看了之后，不仅没有生气，而且还大大封赏了郅恽一番，认为东汉王朝能够有这样的官员，是国家的福气。紧接着，刘秀又把昨日给他开门的东门守将贬职了。

不过，话又说回来，刘秀毕竟是一国之君，他是万人敬仰的皇帝，虽然他提倡刚正不阿，但是如果损害到他的尊严和颜面，那么他也是不饶的。

大司徒韩歆是一个直率的人，说起话来也是不知轻重，没有避讳。有一次，刘秀拿出隗嚣和公孙述之间的通信，并且将其读给朝中大臣们听。书信内容写得非常有才华，韩歆听了之后，忍不住赞叹道："其实亡国之君都是有才之人，你看古时候的商纣和夏桀也都是有才之人。"这句话听在刘秀耳朵里可就变了味道。想必在韩歆那里，自己还不如这几人有才华了，心中大为恼怒。不过念及韩歆的本性，刘秀也没有当即发作。谁知，这韩歆却不懂得察言观色，根本就不知道台上的帝王已经因为他的一句话心中怒火了。他还是在那里喋喋不休，又开始说起东汉王朝要发生动乱了，并且还列举了大量事实。

这一下，可是彻底激怒了刘秀。当下，刘秀便罢免了韩歆的官职，并且让他回乡养老去了。下朝之后，刘秀是越想越气，觉得自己的自尊心受到了严重的伤害。于是他又写了一封诏书，专门命人前去谴责韩歆。

韩歆可是大司徒啊，也就是相当于丞相一职，属于朝中最高职位。没

想到，被罢免之后，皇上竟然还特意派人带着诏书来责骂自己，这就相当于给自己定了死罪，韩歆内心也是纠结万分。司隶校尉鲍永知道这件事情后，便上书刘秀，说韩歆的脾性一向如此，敢于说真话，但是他并没有一点恶意，还希望刘秀可以赦免他的罪。

谁知，气头上的刘秀根本就听不进去，不仅没有赦免韩歆，而且还把为他求情的鲍永贬为东海国相。韩歆听说后，自知刘秀心意已决，便和其儿子韩婴一起自杀谢罪。

韩歆的死引起了朝中上下很多大臣的不满。因为韩歆曾经跟随刘秀南征北战，立下了不少的功劳，如今却落得个这般下场，自然惹得那班老臣极为心寒。为了安抚民心，刘秀只能下令厚葬韩歆，并且按照大司马的规格为韩歆举办了葬礼。

废立太子　约束贵戚

一人得道，鸡犬升天。刘秀做了东汉的开国皇帝后，刘氏一族也瞬间从平民阶层走向了贵族阶层，成了皇亲国戚，非富即贵。刘秀的兄弟、叔父们个个封侯封王，而刘氏家族中的女子也一个个的成了公主。一时间，刘氏家族风光无限。

刘秀登基后，册封郭氏为皇后，刘秀总共有十一个儿子，其中五个都是这位郭皇后所生，许美人生了一个，而第二任皇后阴氏也为刘秀生了五位皇子。

公元26年，刘秀册封郭氏为皇后，阴氏为贵人，并且册立郭氏的儿子刘疆为太子。公元41年，刘秀废黜郭皇后，并且立阴丽华为皇后，公元43年，废太子刘疆，并且立阴氏的儿子刘庄为太子。

阴丽华可是刘秀千辛万苦才得到的美人。刘秀和阴丽华成亲时，阴丽华19岁，刘秀29岁。后来，刘秀要前往洛阳上任，于是便将阴丽华送回新野，让她在此等候。第二年春天，刘秀又迎娶了郭氏。郭氏一族是当时的大家族，那个时候的刘秀急需要拉拢这样的势力，支持自己起义，所以他才决定娶郭氏为妻。后来，刘秀登基后，便册封郭氏为皇后，并且派人将阴丽华从新野接到皇宫，册封为贵人。

相对于郭氏来说，刘秀还是比较喜欢阴贵人的。有时候，刘秀出宫时也会带着阴贵人一起出去，由此可见他对阴丽华的宠爱。汉明帝刘庄就是阴丽华跟随刘秀出征路途中产下的。刘秀对刘庄也是喜爱不已，经常将他带在自己的身边，亲自教导。刘秀的这一做法，不免让郭皇后极为嫉妒和担忧。刘秀知道后，还斥责郭皇后不识大体，小家子气等。郭皇后无奈，也只能任由他去了。

公元41年，刘秀政权稳固后，便废黜了郭皇后，改立阴贵人为后。郭皇后被废，太子刘疆的压力就大很多，他深知父皇极为喜欢阴皇后的儿子刘庄，担心父皇会为了刘庄而加害自己，整日惶恐不安，一直请求刘秀将他的太子之位废掉，然后由刘庄接任。

刚开始，刘秀为了做做样子，死活都不答应刘疆的请求。父子俩僵持了一年多后，刘秀才假装不舍的将刘疆废黜，让他和东海王刘庄调换了位置。因为刘秀对刘疆是心存愧疚的，所以便扩大了赐给刘疆的封土，而且还给了他很多特殊的待遇。由此一来，刘疆也可以说是个聪明人，不仅没有让自己卷入太子之祸中，而且还得到刘秀的厚待。

对于贵戚来说，刘秀倒也不会过分纵容，相反，对于那些言行过分的贵戚，刘秀还会想法约束他们的行为，维持朝纲正常运行。司隶校尉鲍永、都事从官鲍恢二人一向性情耿直，不畏惧豪强，不偏袒贵戚。对于那些不守礼法的贵戚，他们二人更是直言不讳，有时还会向刘秀弹劾。

刘良是刘秀的叔叔，他仗着刘秀是皇帝，便任意呵斥京中大员，一点礼数都没有。这一点被鲍永二人上奏给刘秀，刘秀便依着这件事情来警告贵戚，一定要注意自己的言行，否则到时候让鲍永等人抓住了把柄，自己也不可能为他们说话的。

刘良临终前，刘秀问他还有没有什么未了的心愿。刘良说："我别的事情没有，就是我的朋友李子春犯了罪，县令要将他斩首示众，还希望皇上能够救下他的命。"刘秀听后有些为难，说道："李子春犯了罪，理应受到法律的制裁，我作为一国之君，哪能不顾法纪呢？这个我不能答应，您还有什么其他的事儿么？"就这样，刘良到死都没有完成这个愿望，因为在刘秀看来，贵戚不代表着就能够置法律于不顾。

还有一次，湖阳公主家的下人当街杀人，很是猖狂。犯下罪后，便一直躲在湖阳公主府中不出来，当地官吏不敢进湖阳公主府查办，只好另想计策。

后来，县令董宣听说湖阳公主要出门，而驾车的正是那位犯了事儿的下人，于是便在出城的地方守候。看到湖阳公主的车子来了后，便命人将

车子拦下，将公主数落了一顿，并且当街把那位犯事的下人就地正法了。

湖阳公主哪受到过这种委屈，当下便将董宣告到了刘秀那里。刘秀一听那还了得，便命人将董宣召进宫，想要当着湖阳公主的面将他打死，也好为姐姐出一口气。董宣对刘秀说："皇上，在我临死之前，希望你能再听我说句话。"刘秀说："那行，你说吧，朕倒是要听听你能说什么？"董宣回道："皇上圣明，朝纲严明，这就是东汉能够中兴的原因。如今却纵公主府上的下人杀人，以后还要怎样治理天下呢？我的话已经说完，也不用他人动手，我自己自尽就是。"

说完，便往旁边柱子上撞去，顿时头破血流。刘秀见状，心里大吃一惊，急忙让服侍的太监将董宣拦住。看着董宣也是个正直之人，便想着让他给公主赔礼道歉，事情也就这么过去了。可是董宣坚持认为自己没有错，不会向公主磕头认错。甚至周围的太监按着他的脖子，他也是两手撑地，坚决不给湖阳公主磕头。

湖阳公主大为不满，说道："皇上当初是平民百姓，都还敢窝藏罪犯，官吏都不敢上门追捕。如今，你做了皇帝，却连在一个县官身上施加威严的勇气都没有了吗？"刘秀笑笑答道："姐姐说的是，这就是皇上和平民百姓之间的不同啊。"说着，便让人将董宣搀扶起来。

随后，刘秀大大奖励了董宣，并且还封他为"强项令"（也就是怎么都不愿低头的县令）。这一事件也使刘秀牢记在心，后来董宣74岁时因病去世，死在了洛阳。刘秀得知后，还专门派人前去探望，只见董宣的尸体只是用一块破布遮盖着，家徒四壁、一贫如洗。前往探视的人将这一情况上奏给刘秀后，刘秀大哭着说："朕枉为天子啊，强项令这般清廉，我竟然现在才知道，如今强项令已去，朕后悔晚矣。"

刘秀和阴丽华的故事

刘秀是中国历史上为数不多的用情比较专一的帝王，也是一个值得让女人托付终身的好男人。刘秀一生立了两位皇后，分别为郭皇后和阴皇后。郭皇后是刘秀为了巩固自己的政权而迎娶的皇后，朝政稳定后，刘秀便毅然决然的将其废黜，改立自己心爱的女子阴丽华为后，有些过河拆桥的意味。不过，郭皇后的命运并不如其他废后那般凄惨，她被废之后，刘秀给了她绝对的自由，没有将她打入冷宫，就好比平常妃子一般。而郭皇后的儿子刘疆并未因此事而遭到牵连，他还是一国太子，并没有被废黜。后来在刘疆自己的要求下，刘秀才改立刘庄为太子，给刘疆以厚待。

阴丽华是刘秀的第一任妻子，是新野人士。阴家是当地大户人家，阴丽华又是当地出了名的美人，花容月貌、知书达理，惹了不少青年的心。刘秀听说后，便一心想要娶阴丽华为妻。到了公元23年，29岁的刘秀和19岁的阴丽华结为连理。结婚之后，刘秀又投入到和王莽之间的战争中，而将阴丽华留在了新野。

后来，刘秀和王郎对战，势单力薄，便想要收复带兵十几万的王郎手下刘扬。刘扬害怕刘秀会过河拆桥，便提出要和刘秀联姻才肯归顺。刘扬有一个外甥女郭圣通，刘扬对她百般疼爱，一心想要为她寻一个良婿。刘扬见刘秀英俊潇洒、精通谋略，便知道他是一个成大事的人，所以才会提出这个条件，想要将外甥女托付给他。

公元23年，刘秀下聘，迎娶郭圣通为妻。刘秀登基后的第二年，便开始出现了立后争议。一个是在刘秀征战的这几年中，陪在自己身边的郭圣通，而且那个时候郭圣通还产下长子刘疆；而另一个就是刘秀千思万想才娶到的红粉知己阴丽华，这也是他的第一任结发妻子。

在刘秀看来，阴丽华是他的第一任妻子，性情醇厚，所以便想要立阴丽华为皇后。不过阴丽华却认为，郭圣通既然已经为刘秀诞下子嗣，而且又是生长在王家，身份尊贵，理应由她做东汉皇后。

最后，在阴丽华的劝说下，刘秀立郭圣通为后，并且立长子刘疆为皇太子，阴丽华为贵人。刘秀登基之后，一直勤于政事、心怀百姓，在他的治理下，东汉倒也出现了大一统的局面。

阴丽华主动放弃了皇后的位置，让刘秀感动的同时，也让其对阴丽华的愧疚更添一分。于是，刘秀便拿出更多的爱去宠阴丽华，给她最大的幸福。再看郭圣通，自此郭圣通做了皇后，刘秀对她就越来越冷漠，更是几天都不见郭圣通一面。

郭圣通也是个可怜人，我想如果让她选择的话，她也宁愿选择刘秀，也不愿意做这个皇后的位置。可惜，她不是阴丽华，不管她如何做，都引不起刘秀的注意。为了弥补对阴丽华的亏欠，刘秀每天都要去她的寝宫问候一番，有时候，一天要去上好几趟。阴丽华知道刘秀的心思，但是也同情另一位如同在冷宫的皇后，于是便提醒劝说刘秀，应该多去皇后宫中走动。刘秀听了，只觉阴丽华通情达理，惹人怜爱，从此就更加宠爱她了。

有一次，刘秀和阴丽华商量，想要把阴丽华的兄弟全都册封为侯爵，让他们拥有享不尽的荣华富贵，可是却被阴丽华拒绝了。阴丽华说道："臣妾只是一个小妾，我的兄弟怎可没了礼数，而跃居侯位呢？"就这样，在阴丽华的再三推拒下，刘秀才打消了这般念头。

后来，刘秀又给阴丽华拿来了大量的奇珍异宝供她赏玩。阴丽华又说："东汉王朝刚刚稳定，正是需要人力财力的时候，臣妾就一个小女子，需要这么多珠宝做什么呢？如今全朝上下，百废待兴，皇上还是留着这些珠宝，用在有用的地方吧。"就这样，刘秀再一次被拒绝了。

刘秀三番五次想要表达自己的爱意，可是却都被阴丽华拒绝了。刘秀心里有些失落，阴丽华见状，便安慰他说："皇上，我们经历了那么多的患难，如今才有了这番成就。臣妾知道您的心里是有我的，这就足够了，其他的东西都不重要。您不要觉得对不起我。现下，您只要安心做您应该做的事情，我就已经很高兴了。只要你的心在我这里，还有什么不满足的呢？"听阴丽华这么说，刘秀的心才算是放下了一点。

东汉初期，政局不稳，难免要东征西战。每一次带兵出征时，刘秀都会把阴丽华带在身边，却以宫中琐事需要人打理为由，将皇后一人留在宫中。公元28年，在刘秀出征的途中，阴丽华产下了第一个儿子，起名为刘庄，这也是后来的汉明帝。这一次，或许是喜事给刘秀带来了好运，接连打了好几个胜仗。回朝后，刘秀对刘庄是大加封赏，整个后宫沉浸在一片喜气洋洋的气氛中。

在这种情况下，只有一个人是郁郁寡欢、闷闷不乐的，她就是郭圣通皇后。作为一宫之主，按理说，她听说阴丽华产子的消息后，应该带领各宫嫔妃前来祝贺才是，这样才能显出她一国之母的风范。可是因为心中嫉妒，她却没有来为阴丽华道喜，只是一个人躲在宫中生闷气。

在她看来，阴丽华产下皇子并非什么好事。依照刘秀对阴丽华的宠爱，难保有一天会危及到儿子刘疆的太子之位。以前，阴丽华将皇后之位让给她，郭圣通心里是充满感激的，如今，一个心里只装满嫉妒的女人，早就不知道感激为何物了。郭圣通想不明白，她到底哪里比不上阴丽华，为什么刘秀都不愿多看她一眼呢。

过了没多久，又发生了一件惊天动地的大事。阴丽华刚产子不久，就传出阴丽华的母亲和弟弟被强盗所害的消息。听闻噩耗，阴丽华当时就晕了过去，醒来后不吃不喝，只是恸哭不已。到最后，嗓子哭哑了，眼泪也流干了，刘秀则是看在眼里疼在心里。

刘秀为了安抚爱妻阴丽华，便下达了一道诏书，诏书的内容如下：朕身份低微的时候，娶了阴丽华为妻。那时，因为战事繁忙，婚后不久，我们二人便只能忍受离别之苦，各奔东西。不过，幸好最后大家都能安全渡过，没有丧命于战乱中。当初朕登基后，想要立阴丽华为后，可是却被她给推却了。后来又想封她的弟弟为侯，也被她推却了。只是没想到，如今她的母亲和弟弟竟然遭此横祸，朕深感悲痛。为了安抚阴贵人，故追封其父亲陆为宣恩哀侯，弟弟䜣为宣义恭侯。要把他们的灵柩放在大堂内，接受百官跪拜，列为王侯之列，以此来告慰他们的在天之灵。

刘秀所发布的这道诏书让郭圣通很是不安。因为这道诏书里面向人们表达了三层意思：第一层就是刘秀和阴丽华之间的鹣鲽情深，向众人说出了他和阴丽华患难夫妻之情；第二层意思，也就是说阴丽华大度宽容，竟然将皇后的位置让给了她郭圣通；第三层，刘秀对阴丽华的家人大肆封赏，由此也表现出阴丽华在刘秀的心中是极其重要的。

郭圣通对于这道诏书极为不满，从第一条和第二条来看，刘秀在发布诏书的时候完全都没有顾及到郭圣通的感受，就连让后位这一比较隐私的事情，都被刘秀公之于众，这让郭圣通很是难堪。

郭圣通出生于王家，地位尊贵，哪里受到过这般屈辱。有时，她甚至怀疑，阴丽华以往所做的一切都是假的，为的就是博取刘秀的同情，甚至她认为连这一次诏书的发布都是阴丽华在捣鬼。就这样，郭圣通对阴丽华的怨恨越来越深。而接下来的一件事，更是激发了郭圣通的怒火，让她失去了理智。

这件事关乎到她的儿子刘疆。那个时候，太子刘疆已经十七八岁了，和刘秀多有相似，都是宽厚善良、性情耿直之人，说起朝中政事也是头头是道。只是，刘疆这个人对军事战争尤为热衷，这让刘秀很不放心。而阴丽华所生的儿子刘庄那时也已经14岁了，天资聪颖，深得刘秀的喜爱。

有一次，刘秀在批阅奏折的时候，看到一句话，说是河南、南阳不可问，刘秀盯着看了半天都不知道什么意思，于是便问朝中大臣，可是也没有一个人可以答得上来的。后来，刘庄说道："父皇，意思就是河南、南阳一带是天子脚下，处处都是皇亲国戚、王公大臣，所以在政策上可以适当的松一些，不必认真。"刘秀一听原来是这个意思，那还了得，顿时怒火中烧、大发雷霆，并且连续处置了好几个违法乱纪的皇亲国戚，一时间，震惊朝野。

随后，刘秀在皇后宫中，又大赞刘庄聪明异常，有做天子的资格。郭皇后一听，那还了得，积压在心中的不安和恐惧，瞬间爆发，也顾不上礼仪形象，便在刘秀身边大喊大叫，甚至还说如若不是她舅舅扶持，刘秀根本就当不成皇帝等之类的话，激怒了刘秀。

刘秀回到自己的寝宫后，当下发布诏书，废黜郭皇后，改立阴丽华为后。这样，刘秀和阴丽华结婚十八年后，才算是做了一对真正的夫妻。

两年之后，刘疆得到太守的点播，主动辞去了太子之位，让给了阴丽华的儿子刘庄。刘秀封刘疆为东海王，给了他最好的待遇，并且给他扩大了封土。

公元 57 年，刘秀去世，终年 62 岁。七年之后，阴丽华去世，终年 60 岁。刘庄将他们合葬在洛阳原陵，而且还让人在陵墓旁边种植二十八棵柏树，寓意着刘秀打天下时的二十八名将，世代守护着刘秀和阴丽华之间的爱情。

韩城罐萝卜

韩城罐萝卜是韩城的一种特产，味道甘甜、鲜美可口，营养价值丰富，是蔬菜中的珍品。据说，这韩城罐萝卜和刘秀还有一段传说。

相传，刘秀当时和王莽军相遇，被王莽军追的四处逃窜。有一天晚上，刘秀逃到了韩城，那时天色已晚，刘秀担心王莽的军队会在城中搜查，所以不敢进城歇息。这时，他看到城外不远的地方有一所菜园子，园子内有一个茅草屋，他急忙跑过去，想要在那里休息。

这个菜园子的主人名为陈来运，也是逃难过来的，后来找人租了二亩地，以种菜为生。这天晚上，来运吃完饭后，便抱着被子来到菜园看菜，刚想把被子往床上扔，却发现床上躺着一个人。来运心里害怕，便喊道："你是谁?"刘秀一听是个老人的声音，于是便说道："老人家，我只是一个路人，身上没钱没办法住店，所以想要在您这里借住一个晚上，明天一早我就离开。"

来运一听也是个可怜人，于是便将自己的被子让给他，刘秀推辞不过，只好接了过来。为了报答老人，刘秀将自己的情况一五一十地讲给老人听。王莽的名声很不好，老人一听这是和王莽对着干的人，当下便打包票，绝不会说出去半句，并且还许诺第二天就来送他。说完，便离开了。

第二天天还没亮，老人的妻子便做好了油饼和小米汤，让老人给刘秀送去。老人觉得天不亮就去送饭，很可能会引起怀疑。于是便想出了一个好主意。他挑出一个最大的萝卜，把里面掏空，将米汤倒进去，然后再用布盖好，放在怀里，油饼则是揣在口袋里。这样也就不会惹人怀疑了。

刘秀逃难了几天，早就饿得没有力气了。现在看到老人带来的吃的，不管不问，抓过来就吃。吃完之后，才发现盛小米汤的罐子竟然是一个大萝卜，不由得笑着说："好一个罐萝卜呀。"刘秀走了之后，老人随手把这个罐萝卜埋了起来。谁想到，到了第二年这个罐萝卜竟然生根发芽结种了。

老人把罐萝卜的种子洒在地上，结出来的萝卜一个个都像小罐子似的，中间还有一根甜心，生吃清脆爽口，熟吃味道香甜，这种萝卜刚一出售就被抢售一空。由此，来运老人的经济收入也是大幅度增加，生活也大有改善。所以，从那之后，人们便开始争相传说："韩城的罐萝卜的名字就是光武帝刘秀所封的。"

第十二章

脾气暴躁的爱民君主——汉明帝刘庄

帝王档案

☆姓名：刘庄

☆民族：汉族

☆出生日期：公元 28 年

☆逝世日期：公元 75 年

☆配偶：马明德皇后

☆子女：9 个儿子 11 个女儿

☆在位：18 年（公元 57 年~公元 75 年）

☆继位人：刘炟

☆庙号：显宗

☆谥号：孝明皇帝

☆陵墓：显节陵

☆生平简历：

公元 28 年，刘庄出生，初名刘阳，封东海王。

公元 43 年，刘庄被封为太子，并且改名为刘庄。

公元 57 年，刘庄即位，史称汉明帝。

公元 57 年，他的儿子刘炟，也就是后来的汉章帝出生。

公元 62 年，汉明帝下诏诸窦为郎吏者皆携家属归故郡

公元 69 年，刘庄命令水利工程专家王景与王吴负责治理黄河。

公元 73 年，刘庄下令由南匈奴及乌桓、鲜卑等少数民族组成的骑兵部队，出塞北征，揭开了东汉政府同北匈奴战争的序幕。

公元 75 年，刘庄因为疾病逝世。

人物简评

根据《后汉书》记载，汉明帝性情褊察，也就是说他脾气十分暴躁。他的性格与其父光武帝与其母阴丽华一点儿也不像。但是，不可否认的是，刘庄的的确确是一个十分勤政爱民的好皇帝，史载"乙更尽乃寐，先五更起，率常如此"，驾驭下有术，大权不旁落。汉明帝即位之后继续执行了光武帝的休养生息的政策，他的为政风格与清雍正十分接近，都是对手下的官吏相当苛切，而在对待百姓的时候却是恰恰相反的。

华峤在评价汉明帝时说道："世祖既以吏事自婴，明帝尤任文法，总揽威柄，权不借下，值天下初定，四民乐业，户口滋殖，中兴以来，追踪宣帝，以锺离意之廉淳，谏争恳恳，常以宽和为首，以此推之，难得而言也。"而范晔也认为："明帝善刑理，法令分明。日晏坐朝，幽枉必达。内外无曲之私，在上无矜大之色。断狱得情，号居前代十二。故后之言事者，莫不先建武、永平之政。而钟离意、宋均之徒，常以察慧为言，夫岂弘人之度未优乎？显宗丕承，业业兢兢。危心恭德，政察奸胜。备章朝物，省薄坟陵。永怀废典，下身遵道。登台观云，临雍拜老。懋惟帝绩，增光文考。"

生平故事

聪明过人的刘庄

汉明帝是汉光武帝刘秀的第四个儿子，母亲就是阴丽华皇后。建武十九年，刘庄取代兄长刘疆，被立为皇太子。他在当皇子与太子的时候，就已经表现出了聪明过人的资质。

10岁的时候，刘庄就通晓了《春秋》。光武帝统一中国之后，发现实际垦田亩数与人口不对，于是开始重新对田亩进行清查，这就是历史上著名的"度田事件"。每个州郡的官员进京前来汇报工作，光武看见陈留吏的牍上这样写道："颍川、弘农可问，河南、南阳不可问。"于是，就问陈留吏是何意。陈留吏说，他也不知是何意，自己是在洛阳的长寿街上听到的。

这个时候，帐幄后面的东海王刘庄插话说："这是郡里的官吏在教导陈留吏如何对土地进行核查。"

光武帝问："那为何河南、南阳不可以问呢？"

刘庄淡定从容地回答："河南是帝乡，南阳是帝城，这两个地方的田亩与宅第必定是有所逾制，因此不能够认真核查。"

于是，光武帝就让虎贲将诘问陈留吏，陈留吏所说的果然与刘庄是一样的。从此之后，光武帝刘秀对自己这个年仅12岁的儿子另眼相待。

建武十九年，单臣、傅镇等谋反，占领了原武城，将该城的官吏劫持了。光武帝派臧宫率领官兵进行围剿，因为单臣、傅镇的粮草十分充足，所以尽管臧宫将他们围困在城中，并且死伤了不少士兵，但是就是不能攻破城池。光武帝将众位大臣召集起来一起研究对策，大多数人提议悬赏以攻城。只有小刘庄主张千万不要将城围得太紧、太急，让贼人能够突围。这样一来，等到他们突围时，一个亭长就足以对付他们了。最终结果果然就像刘庄所料想的那样，叛贼分散突围之后被一举平定与消灭。

光武帝重建汉朝之后，由于国力不足，改变了汉武帝时期对待匈奴的战略攻势，转为了防御。后来匈奴分为南北两部。南匈奴主动要求依附，光武帝册封南匈奴，而且还与他们进行和亲。北匈奴看到东汉与南匈奴和亲，也要求与之进行和亲。刘秀不知道该怎么办才好，就与公卿们反复进行商量，一时之间仍然难以决定。这个时候，已经是太子的刘庄说道："北匈奴由于南匈奴依附、和亲，因此害怕我们，倘若我们不对北匈奴进行攻击，又与他们和亲，即使北匈奴不害怕我们，南匈奴也会对我们产生二心的。"于是，光武帝拒绝了与北匈奴进行和亲。

光武帝去世之后，刘庄继承王位，改年号为"永平"，史称汉明帝。这个时候的刘庄正好30岁，从而立之年开始实行他的一系列的治国方针与谋略。

梦中见金人

汉光武帝为了巩固自己的统治，极力提倡儒家的孔孟之道。他每次到一个地方去巡视，都会打听当地的人们是否有熟读四书五经之人。如果确实有这样的人，他都会亲自上门拜访，一定要将这个人请出来做官。那个时候，精通儒家学术的人，得知皇帝如此尊崇儒术，就从各个地方背着书籍赶往京城。光武帝在京城修建了一所太学，设置了五经博士，让那些精通经书之人在里面讲学。京城中的学术气氛立即变得浓厚起来，儒家的忠孝节义等学说对维护专制统治起到了非常大的积极作用，

光武帝死了之后，他的儿子汉明帝刘庄继承王位。汉明帝不但信仰儒家学说，而且还信仰佛教，利用佛教的教义来更好地维护他的统治。永平八年，也就是公元65年，汉明帝刘庄还特意派人前往印度去取经求佛。

佛教源自印度，因果报应的"轮回"学说是佛教非常重要的教义。按照佛教的说法，只要是有生命的东西，总是像一个车轮一样不停地转动着，从出生到死亡，好像车轮转了一圈。接着，死亡之后就是来世的生。一个人这一世是人，前一世或下一世不一定是人。他的前一世很可能是神。因为不修行，这一世就被惩罚做人了；也可能他的前一世是牛马等牲畜，由于修行了，这一世就升级做了人。这种因果报应的轮回学说与统治阶级的需要十分相符，他们对佛教的这种人生观加以利用，将与统治阶级的反抗思想消除，鼓励人们在这一世要极力忍耐服从，好好修行，将所有的希望都寄托在来世。

佛教创立之后，在印度广泛地流行。公元前3世纪，也就等于中国的战国末期，阿育王统治印度的时候，规定佛教作为印度国教。西汉末年，西域有一些小国开始十分崇拜、信仰佛教。公元前2年，信奉佛教的大月氏王派遣使臣伊存来到了长安。西汉的博士弟子景卢跟随伊存策《浮屠经》。从此之后，佛教就慢慢地在中国传播开来。

佛教传入中国之后，一部分王公贵族最先信奉佛教。他们吃斋念佛，希望来世可以到西方极乐世界当神仙。其中，一个非常典型的佛教徒代表就是汉光武帝刘秀的儿子，也就是被封为楚王的刘英。刘英的母亲许美人不受光武帝的宠爱，所以他的地位十分低下，尽管他是楚王，但是他的封地不仅非常小，而且还很贫瘠。刘英盼望着自己的来世能够过上比这一世好的生活，因此，他就信奉了佛教，而且还常常把自己知道的一些佛教故事到处进行宣讲，同时，也讲给他的异母兄弟刘庄听，还曾经劝导汉明帝信仰佛教。

永平八年的一天夜晚，汉明帝刘庄做了一个十分奇怪的梦。他梦到一

个很高大的金人，在金人的脑袋与脖子周围围绕着一圈十分耀眼的光芒，看起来相当威武尊严。汉明帝一觉醒来，怎么也猜不出来梦中的那个金人到底代表的是什么，这个梦到底是吉兆还是凶兆。

第二天上朝的时候，汉明帝将这个梦中的情景讲给了文武大臣们听，让他们帮自己分析一下此梦的含义。满朝的文武大臣听了之后，你看看我，我看看你，大半天谁也不说出，谁也不知道这到底是怎么回事，最后还是楚王刘英给出了自己的分析。刘英对明帝说道："启禀陛下，您大概是梦见佛了。我曾经听西域天竺国来的佛教大师说，佛高一丈六尺，通体的颜色都是金黄色的，其颈项上有日月的光辉。这与您梦中的情景是完全一样的。佛托梦给您，这是吉祥的征兆，盼望陛下尽快斋戒沐浴，并派人到天竺国求取佛经。"

汉明帝听说自己梦中所见到的是佛，梦到佛又是一种十分吉祥的征兆，非常高兴，立即斋戒沐浴，非常严肃认真地派郎中蔡愔与博士弟子秦景等人，带上黄色与白色的上等丝绸，前往天竺国去求取佛经。

蔡愔、秦景以及他们的随从，经过十分艰苦的长途旅行之后，终于到达了天竺国，而且还遇到了印度高僧，将汉朝的情况向他们介绍了一番，转达了汉明帝希望取经求佛的虔诚愿望。高僧们都认定汉明帝不怕路途遥远地派人前来求取佛经是出于十分的虔诚，就决定派遣竺法兰与迦叶摩腾两位大师，带上不少写在贝多罗树叶上的佛经，跟着蔡愔、秦景来到了中国。贝多罗树是一种生长在天竺的树，叶子宽阔而且坚韧，大多数的佛教徒都用它来书写佛经。

竺法兰和迦叶摩腾来到中国之后，朝拜了汉明帝，向汉明帝讲解了佛教的教义。汉明帝认为佛教与他加强封建专制统治的需要非常相符，就请他们带领一些佛教徒，将他们带来的贝叶经翻译成了汉文。竺法兰与迦叶摩腾刚开始住在汉朝政府招待贵宾的鸿胪寺中，他们渴望可以按照印度佛教寺院的样子为他们修建一所佛寺，以便供给他们居住，他们将佛寺画成了图样，并且交给了汉明帝。汉明帝从国库中拨出了很大一笔钱，并且找来了非常著名的工匠，在洛阳城中修建了我国第一所佛寺。由于竺法兰与迦叶摩腾是利用白马驮着贝叶经来到中国的，因此这座佛寺就取名为"白马寺"。

自从汉明帝派遣使者前往天竺取经求佛之后，佛教就开始在中国广泛地传播开了。

对待宗室

光武帝对于同姓宗室王限制比较严格。尽管他的十个儿子全部都封了王，但是所封之地都十分小，而且在各自的郡国中，是没有任何实际权力的，这与西汉时期的同姓王相比，根本不是一个档次，毫不夸张地说，简直一个天上，一个地下。不但这样，这些王侯还都不允许就国，而是统一集中到了洛阳。一直到光武帝死了，明帝即位之后，诸王才开始相继去了自己的封地。

明帝登基之后没多久，他的弟弟刘荆就假借郭况的名写了一封信给废太子刘疆，信中说道，他们母子俩根本没有任何过错，却被无缘无故地废了（刘疆的母亲就是光武帝的废后郭圣通），就极力挑拨刘疆让其起兵造反。刘疆本人根本没有任何非分之想，看完这封突如其来的信之后，可吓坏了，赶紧将信件交给了汉明帝。汉明帝经过暗地里调查，查出这封信根本就不是郭况所写的，而是自己的亲弟弟刘荆做的。为了顾念亲情，汉明帝没有对这件事情进行追究，但是却对刘荆多加了一个心眼。

一事不成，刘荆又准备在羌人造反的时候跟着造反，以便让自己也尝尝做皇帝是什么滋味。汉明帝得知这个消息之后，立即改封他为广陵王，让他从朝廷中离开，防止其再滋生是非。但是刘荆对于兄长的这番好意，并没有领情，到了封地之后仍然想要谋反，他召来相士给自己算命，看自己是不是有皇帝命。相士哪里见过这样的事情，十分恐慌，立即上报当地官员。刘荆得知消息之后，有点儿慌神，决定主动自首。汉明帝仍然念在手足之情上，只是将刘荆的卫队、随从撤去了，至于饮食住行还是与其他王侯相同。然而，这个不知好歹的刘荆心里又开始痒痒了，在被看管的那一段时间内居然又安排巫师祭祀诅咒天子，没有想到的是，被官府知道了，上报给了汉明帝。还没有等到明帝下诏，这个家伙就因为做贼心虚，自杀而亡了。汉明帝得到弟弟自杀的消息之后，非常难过，不计前嫌，追封弟弟为思王。

光武帝与许美人所生的儿子楚王刘英，在汉明帝当太子的时候，就与汉明帝的关系非常好，所以汉明帝对这个弟弟一直都十分照顾。许美人与儿子一起在楚地生活。汉明帝与阴太后还经常赏赐他们很多东西，甚至还给楚王的舅舅封了侯。无独有偶，刘英与刘荆一样，都没有体会到皇兄与太后的厚爱，在楚地秘密计划着造反。不料，天下没有不透风的墙，他的事情被一个名叫燕广的人告发了，相关部门将这件事情奏请给了皇上，要求将这个逆臣贼子诛杀。但是汉明帝念及年少时期的交情，网开了一面，只不过将他罢免，流放到了泾县。后来，或许是刘英自己心中感到万分惭愧，怎么都过意不去，最后竟然自杀身亡。死了之后，他的家属没有受一丝一毫影响，依旧享受着从前的封号，住在楚王宫中。

光武帝与郭皇后所生的两个儿子——刘康和刘延，也在封国结交宾客，图谋不轨，但是由于没有刘荆那么张狂，那么拙劣，也没有刘英那么严重，因此只是被削减了封地。

在刘庄做皇帝期间，有这么多的宗室王都曾经有过非分之想，并且也都付诸了实际行动，但是最终都没有办法取得成功，其中最为主要的原因，就是他们根本没有将封地的兵权掌控在自己的手中，因此也就不可能像西汉七国之乱一样形成气候。除此之外，封地的国相与官吏都是受到皇帝委托监督他们的，一旦发现有什么异常，他们就会立刻将情报及时反馈给皇上。实际上，每个朝代的前几代皇位继承人之间，其竞争都是异常激烈的，到了后期就没有那么明显了。

很显然，尽管汉明帝刚开始十分仁慈大度，但是自从发生兄弟谋反的事情后，汉明帝就再也没有那么心慈手软了，开始使用非常严厉的策略对此类事进行处理。毕竟是吃一堑，长一智。最后，在这十一个兄弟之中，除了长兄刘疆郁郁而终以及临淮王刘衡早逝之外，其他兄弟都由于犯谋或者别的罪名被处理掉了。在对待宫廷外戚的时候，汉明帝就更加防范，对待四大家族的权势也是给予了非常严厉地控制。

皇帝背后的贤内助

马氏是汉明帝刘庄惟一的皇后，是伏波将军马援的三女儿。她的闺名早已经失传，谥号为明德皇后。光从谥号上来看，就知道她应该是一位令人尊敬的皇后。

当年，马援在新莽的时候，因为私纵囚犯，在西北亡命天涯，后来依附了光武帝刘秀。马援曾经说道："男儿应该死在边野，以马革裹尸还葬！"后来的成语"马革裹尸"就成为了形容英勇壮烈的词汇。

马援一生，追随着光武帝刘秀征战，立下不少汗马功劳，被封为新息

侯。他为人十分正直清廉，不会讨好皇亲国戚，得罪了梁松，也就是光武帝刘秀的女婿。这些权贵子弟心中对他十分愤恨，趁着马援因为疾病去世之际，一状告到了刘秀的面前，诬告马援在民间掠夺珍宝。刘秀听了之后，勃然大怒，追缴马援的新息侯印绶。马夫人认为这不公平，拼命地为亡夫进行申辩，光武帝刘秀这才准许将他葬回了祖坟。但是，从此之后，马氏家族的地位远远不如从前。

马援生前得罪了太多的权贵，现在看到他死了，纷纷前来欺负他留下的这孤儿寡母。马夫人过度悲伤，整日里以泪洗面，于是，家事的处理就落到了三女儿马氏的头上。那个时候，马氏才刚刚满10岁，却非常精明能干，将所有的事务都处理得井然有序。

马家失势之后，原来与马家定亲的人也都以势利眼相待，与马家三姐妹取消了婚姻。那个时候，三姐妹的年龄都在选妃的标准内，而且她们一个个都长得貌似天仙，而太子刘庄与诸王皇子都没有正妃。她们的堂兄马严就希望堂妹们能够成为诸王的姬妾。这对于那个时候的三姐妹来说，是一条不错的出路。

于是，马氏在13岁那年被选中，进了太子宫。

马氏吸取了她的父亲遭人排挤的经验与教训，平易近人，生活十分俭朴，经常穿着粗布衣裙。她德、才、貌一应俱全，非常喜欢读书，尽管从来不会干预朝政，但是却对世事明断有理，所以很快就赢得了太子刘庄的专宠。《续列女传》赞扬她道："在家可为众女师范，在国可为母后表仪。"但是，美中不足的是，马氏一直没有生育，她不得不另外找了一位年轻的侍女给太子侍寝，而她对此一点儿也不嫉妒，反而对于那位女子嘘寒问暖，非常照顾。

光武帝刘秀逝世之后，太子刘庄继承王位，历史上称为汉明帝。这一年，马氏20岁，被封为贵人，在后宫中的地位仅次于皇后。

后来，马氏的外甥女贾贵人生下了一个皇子，取名刘炟。由于马贵人没有孩子，汉明帝就将刘炟交给马贵人抚养。马贵人尽心尽力地抚育，对于养子十分宽爱慈和，尽管刘炟不是她亲生儿子，但是，她一直将刘炟视若己出，犹如亲子。

尽管马贵人十分得宠，但是毕竟没有为汉明帝生下一儿半女，因此她的立后之路有着重重的困难，而且，那个时候，后宫还有一位姓阴的贵人，她是汉明帝的表妹、太后的亲侄女。

永平三年，皇太后阴丽华下了一道懿旨，说马贵人德冠后宫，非常适合被立为皇后。于是，马贵人正式成为了正宫皇后，养子刘炟也就随之成为了皇太子。马皇后的性格十分节俭，具有美德，汉明帝非常敬重她，尽管没有留下后代，但是与汉明帝一直夫妻恩爱，皇后之位也坐得非常稳当。

永平十八年，汉明帝逝世，享年48岁，葬在了显节陵，庙号显宗。汉明帝在位的时候，国家十分繁盛富强，官吏各司其职，民乐其业，远近畏服，户口增强，天下安定，百姓殷富。随后继位的汉章帝，为人宽厚仁慈，也一直尊奉光武制度，励精图治，光大祖业，因此汉明帝与汉章帝期间称为"明章之治"。

随后，太子刘炟继承王位，也就是历史上的汉章帝，养母马皇后就被尊为了皇太后，而生母贾贵人却没有尊封。不仅这样，汉章帝也只不过对马氏家族封以侯爵，而对于贾氏家族却没有任何的封赏。由此看来，刘炟与他的亲生母亲并不亲近。

公元79年6月，一生谦逊而朴实的马太后在长乐宫中因为病去世，享年41岁。同年七月，与汉明帝合葬于显节陵。

第十三章

过度宽厚惹隐患的仁君——汉章帝刘炟

帝王档案

☆姓名：刘炟

☆民族：汉族

☆出生日期：公元 57 年

☆逝世日期：公元 88 年

☆配偶：章德皇后（窦皇后）窦氏、恭怀皇后（追封）梁氏、敬隐皇后（追封）宋氏

☆子女：8 个儿子 3 个女儿

☆在位：12 年零 7 个月（公元 75 年 9 月~公元 88 年 4 月 9 日）

☆继位人：刘肇

☆庙号：肃宗

☆谥号：孝章皇帝

☆陵墓：敬陵

☆生平简历：

公元 58 年，刘炟出生，被明帝马皇后收养，并且以马氏作为外家。

公元 60 年，刘炟被立为皇太子。

公元 75 年，刘炟继承皇位，历史上称为汉章帝。

公元 79 年，《白虎通》在汉章帝的主持下，由班固整理成书。

公元 85 年，西域乌孙国派人来访，与汉章帝交好，征战连年的中原与西域，又看到了和平的希望。

公元 88 年，汉章帝刘炟因病去世。

人物简评

汉章帝刘炟在位期间，行宽厚之政，禁用酷刑；注重选拔官吏；鼓励生产，严厉打击豪强地主兼并土地；减轻徭役赋税，鼓舞人口增值；而且还非常注重提倡儒术。因此，他在位的时候，国家兴盛、政局稳定、社会安家，与汉明帝共称"明章盛世"。但是，因为过分抬高儒学，导致一些官员求虚丢实，开始腐败。而且章帝过于放纵外戚，造成汉和帝时期外戚专权，直接导致了东汉的覆亡。

范晔《后汉书》论曰："章帝素知人厌明帝苛切，事从宽厚。感陈宠之义，除惨狱之科。深元元之爱，著胎养之令。奉承明德太后，尽心孝道。割裂名都，以崇建周亲。平徭简赋，而人赖其庆。又体之以忠恕，文之以礼乐。故乃蕃辅克谐，群后德让。谓之长者，不亦宜乎！在位十三年，郡国所上符瑞，合于图书者数百千所。乌呼懋哉！"

范晔《后汉书》赞曰："肃宗济济，天性恺悌。于穆后德，谅惟渊体。左右艺文，斟酌律礼。思服帝道，弘此长懋。儒馆献歌，戎亭虚候。气调时豫，宪平人富。"

而袁崧的评价是："孝章皇帝宏裕有余，明断不足，闺房谗惑，外戚擅宠。惜乎！若明、章二主，损有余而补不足，则古之贤君矣。"

生平故事

儒学的诞生

东汉时期的第三任皇帝就是汉章帝刘炟，是汉明帝刘庄的第五个儿子，母亲是汉明帝的妃子贾贵人。汉明帝最宠爱的马贵人没有儿子，所以就把刘炟送给了马贵人抚养。后来马贵人被立为皇后，刘炟于公元60年被立为皇太子，那时，他4岁。公元75年，汉明帝驾崩了。年仅19岁的太子刘炟继承了王位，史称汉章帝。

汉章帝于公元 85 年在鲁地巡幸之时，祭拜了孔子及他的七十二个弟子。赐褒成侯和诸孔男女帛，同时也会见了当地孔子后代 20 岁以上的男子 60 人。汉章帝对随行的孔僖说："今日的省会，对您的宗族应该是相当荣耀的吧？"孔僖回答说："臣听说明君圣王都是遵从师傅的贵道。现今陛下屈尊而来，光临敝里。这便是尊崇师道，也使得皇帝增辉，备至的荣耀！"

这孔僖的回答正好切中汉章帝的要害，使得汉章帝不得不对他加大称赞："若非是圣贤的子孙，怎么能说出这样的话！"于是，就将孔僖提升为郎中。这个故事不但表现了汉代儒生的骨气和人格，同时也反映了章帝对儒生的重视。

校书郎杨终于公元 79 年秋天，因儒家经义的阐释章句非常的繁琐，又有很多歧义的弊端，向汉章帝建议在石渠阁论定"五经"，召集群儒，进行讨论，从而确定出一个"永为后世则"的蓝本。汉章帝采纳了杨终的这个建议。

同年十一月，诏令朝臣和诸儒在白虎观进行集会，议论"五经"的相同和不同处，"使诸儒共正经义"。白虎观是汉代时期非常著名的宫观，它设在未央宫中。应了汉章帝的传召，大夫、郎官、博士和诸儒将在这里展开一场盛大规模的辩论，历史上被称作"白虎观会议"。

这场辩论由汉章帝刘炟亲自监场裁决，涉及祭祀、社稷、封禅等诸多问题，经过辩论后，在思想上达成共识，并通过皇帝制成了定论。班固等受命编撰的《白虎通义》就是这次辩论的写照和这个时期思想的成果。

"通义"指的是统一的，能够通行天下的经学思想。所以说，这部书成为今文经学的政治学说提要，它广泛地解释了封建社会的所有政治制度和道德观念，成为那个时候封建统治阶级的神学以及伦理学法典。

《白虎通义》完全继承了《春秋繁露》"天人合一"、"天人感应"的神学目的论，同时将自然秩序和封建社会秩序非常紧密地结合在一起，提出一个非常完整的神学世界观。它对天高高在上的地位加以利用，赋予天镇服和治理人的威严以及权力。其重点的刑罚科条是很合乎"天地人情"的。

强调君主至高无上的地位，强调"有分土无分民"，加强皇权和诸侯的控制，维护大地主阶层门阀士族特殊的权利，并且帮助门阀制度得到进一步的发展；同时强调对人一定要经常教化，利用礼乐来教化，革除贪欲的"六情"，反对奴隶制的残存，强调父杀子也应该诛杀。

提倡皇帝既称为天子，就要把天视作是自己的父亲，大地当作自己的母亲。在历代的皇帝当中，也有德行很好的。之所以都称作天子，是因为他们都是上天任命的。官吏的爵位也被分为五等，是效法"金木水火土"的五行，也有的爵位只有三等，这是效法"日月星"三光。显然这些是继承了董仲舒的管制效法于天意的思想。

同时歪曲地利用天地、阴阳、五行乃至生物界的一些现象对封建纲常进行论证，将这些与人类社会现象做出了十分荒谬的比附，用以论证封建纲常的神圣和永恒性。

封建纲常在《白虎通义》当中非常明确地规定为"三纲六纪""三纲"变得更加具体完备。"三纲"指的是"父子""夫妇""君臣"。"六纪"指的是"诸父""诸舅""师长""族人""兄弟""朋友"。

师徒关系，概括为"师严道尊"，也做了法典的解释。把师徒的关系提升到了父子和君臣关系的高度，使得师徒的人身隶属关系得到了强化。这对于东汉门生故吏制度和后来的"天地君亲师"思想的形成，都起到了非常大的推动作用。

强调夫权，使妇女完全隶属于男性，这也是那时候提出的主要主张。它说，妇女没有爵位的原因，是因为妇女属于阴类不和外人打交道。她们要有"三从"的义务，就是说出嫁前要服从父亲，出嫁后服从丈夫，丈夫死后服从儿子。

对于宇宙的形成，也做了唯心主义的哲学说明，认为"太初"阶段之前存在着气。"太初"生产的"形兆"，乃至天地、万物及精神文明。并且指出是由"三光"之"精"和"五行"慢慢产生的"道德"、"神明"、"文章"。

人间的官制讨论完毕以后，开始对神灵和祭祀进行讨论。五祀所指的是：祭祀门、户、井、灶和中溜（屋檐或堂屋）。规定只有大夫以上级别的人才能祭祀。祭祀是礼制的主要部分，讨论祭祀便是讨论礼制问题。

同样董仲舒的"三统"也做了相应的修补和发挥。"天有三统，谓三微之月"用月季之变推夏商周之替。强调"王者受命必改朔"，继续用

"三正"论证两汉刘姓代前朝的统治是受命于天,"各统一正"。

另外一方面,它又用所谓的"文质"说对"三正"、"三教"的循环论做了新的解释和修补。强调"三正"的循环有着先质后文的含义,"王者有改道之交,无改道之质",又声称尽管"三微说"和"质文说"之间存在矛盾,但其所依据的"天道"却是永远无法改变的,因此可以并行。"天道"主宰、协调、安排一切。这就是《白虎通义》神学思想的本质和核心规定。

在白虎观会议"共正经义"统一了经学的统治思想,对今、古文经学实行"兼收博存"的方针。今古文经派在政治上对立的意义已经消失,逐渐地趋向融合。后来的很多学者都兼治今古文经,其中以郑玄为集大成者。他以古文经说为主,兼采今文经说,在学术上对于汉代经学做了一个总结。白虎观会议对此发挥了非常积极重要的影响作用。

作好准备,多方辩论,互相交流。但是进入制定的环节以后,汉章帝就有他自己的做法了。

博士曹褒于公元86年上书建议建立典章制度,编写汉朝的礼仪大典。汉章帝任命曹褒担任侍中,作为主要负责人,开始对这项工作进行筹划。但是这项工作却遭到了很多人的反对。有人认为,这是一代大典,岂是像曹褒这样地位的人能够制定的。但汉章帝认为,朝廷礼法应该适时而立;如果诸儒放不开手脚,还总是犹豫不决,那么就很难适时完成。

众人会商讨论礼仪制度,就像是在吵架,相互间自然会产生各种分歧和疑问,无法下笔。班固认为,应该广招儒家各派的学者,把不同的意见综合在一起进行讨论。汉章帝说:"俗话说路边建房,三年不成。从前舜帝作《大章》的时候,有夔一个人就足够了。"

公元89年正月,汉章帝召见了曹褒,亲手将西汉叔孙通制定的《汉仪》交到了他的手上,说:"这套制度非常粗略松散,很多都和儒家的经义不合,如今应该依据正规的礼仪订正,使它能够颁布实施。"

曹褒没有辜负汉章帝的期望,当年就以旧典为基础,加入了儒学。按"五经"和《谶记》上的记载,依次编写由皇帝到贫民的成年加冠礼、婚嫁礼、祭祀礼以及丧葬凶灾等仪程,一共150篇奏报给了汉章帝,汉章帝觉得众人的意见难以统一,就接受了曹褒的典章,不再命令其他相关部门进行评议。

刘苍逝世

刘苍是光武帝刘秀和阴丽华皇后的第二个儿子，就是明帝刘庄的同母弟弟。汉章帝在诸王侯当中，最敬重的就是他的亲叔叔东平宪王刘苍。公元 39 年被封为东平公，公元 41 年，又被晋封为东平王。

据史料记载，刘苍从小就喜欢读书，博学多才，在光武帝刘秀的 10 个藩王中，刘苍是最优秀的那一个。汉明帝刘庄在做太子的时候，就非常佩服这位亲弟弟，在继位称帝以后更加器重刘苍。公元 58 年，东平王刘苍被任命为骠骑将军。他没有像其他藩王那样立刻就国，而是被汉明帝留在京师辅政，位居三公之上，在东汉时期地位最高，也是权势最大的藩王。汉明帝每每外出巡视之时，都会让刘苍在京都留守。刘苍辅政的四五年时间内，是汉明帝时期的"太平盛世"。为此他做出了很多突出的贡献。

史料记载，刘苍曾和大臣们一起拟定了南北郊冠祀与冠冕车服等一整套礼乐制度，也曾多次劝谏汉明帝不要在春耕农忙时前去狩猎游玩，以免耽误农事。对此汉明帝都一一接受。和那时王子们的骄奢淫逸作风完全相反。刘苍虽然已经位居一人之下万民之上，但是他依然没有一点骄纵蛮横之意。在他辅政的期间国家日益兴隆，因此他的声望也越来越大。但是他经常觉得不自在。于是就向汉明帝上疏请求辞去辅政的职位，归藩就国。

明帝看完他的疏文后没有准许他的请辞，但是被刘苍深深感动，并对他进行了褒奖。刘苍此后又无数次递辞呈，请求除职去封国，言辞非常恳切。公元 62 年刘苍终于从京师洛阳离开，到了东平都无盐（今山东东平）就国。但是汉明帝没有准许刘苍呈缴骠骑将军的印章，并且后来对他又进行了无数次的嘉奖。

刘苍非常关心朝政，经常上谏。在汉章帝刘炟即位之后，对他这位德高望重的叔叔格外尊重，对他的恩宠和待遇是其他藩王都无法相媲美的。

公元 76 年，山阳和山平发生了大规模的地震。东平王刘苍上书提出了三项建议，汉章帝回书说："朕亲自阅览诵读多次才得以心胸开阔、茅塞顿开。最近在官吏的奏书当中也有此类的建议，但是朕见识非常浅薄，有些时候觉得可以，但是后来又觉得不可以，不知道该怎样裁定，出现这样的状况，朕非常困惑。加之灾害怪异现象的出现，是因为政治引起的。现在变改了年号之后，收成不好使百姓迫于饥寒逃往他乡。这是朕没有德仁遭到的报应。冬天和春天干旱得非常厉害，所涉及的范围也非常广，尽管国库的财用还能暂时敷衍资费，但是还不知道将来究竟会怎样。在获得了您意指深远的奏章以后，朕豁然开朗。也有了主张。《诗经·国风》当中说过，没有见到有德才的好人我忧心忡忡，也没有任何的主张；见到了有德才的贤士我的心就变得踏实，好像悬着的石头一下就落地了。经过深思熟虑，只有您的奏章是最好的。我将会按照您的计策去执行。在此，将五百万钱赏赐与您。"

刘苍在知道汉章帝准备在光武帝的原陵和汉明帝的显节陵两地设县的时候，立即上书进行劝谏："我曾经看到光武皇帝亲身履行节俭的原则，他深深地知道什么是生命的始和终，恳切指示丧葬后事。孝明皇帝非常孝顺不敢违背，所以遵照父亲的命令。自谦的美德是最盛大的。我觉得，在皇陵设邑这一制度开始于强暴的秦朝。古代有墓无坟，连葬身的土垄都不能让它凸出地面，何况建立城市修筑墙垣！这么做上违背先帝的圣意，下造无用的工程，白白浪费了国家的资产，还使得百姓不能安宁，这不是招致祥和之气的做法。希望陛下履行虞舜的至孝，追念先人的深意。我实在是非常担心两位先帝的纯洁美德不能够永久流传！"

章帝看完后马上将这一规划取消了，从此，每次朝廷中争议很大又很难做出决定的时候，章帝都会派遣使者乘坐驿车前去询问，而刘苍则每次都是按照实际的情况认真进行分析，竭尽全力做出合理的答复，他的意见一般都会被接受。

公元82年的春天，刘苍到京师朝拜。刘苍在这时候已经是一位老人了，汉章帝大尽德孝，不仅给他的行程增加了经费，还以刘苍"冒涉寒露"，派遣部下专门送去貂裘，甚至还亲自到他在京师的宅邸，亲自为他检查床铺帷帐等用品，唯恐有纰漏。

一个多月以后，其他五王都按照制度返回了封地，但是刘苍又一次被汉章帝单独留下，一直到八月才允许他回去。临行之前，章帝亲笔赐写诏书："车驾祖送，流涕而诀"。

刘苍在回到封地后就病倒在床，汉章帝连忙派遣宫中最好的御医前往治病，并且派遣宫中的小黄门亲自去侍奉，派往探视病情的人员更是冠盖相望。汉章帝又专程设置驿马，方便传达视问病情用。没过多久，刘苍就因疾去世。

汉章帝十分伤心，痛苦不堪，他诏令将从建武以来刘苍所上的奏章和所作的书整理在一起进行阅览。在刘苍下葬的时候，章帝还亲自下策，对他的一生进行全面的评论，深切表达了失去叔叔刘苍的悲痛和孤独。

章帝于公元85年在东平巡视的时候，追忆起刘苍的各种德行，不禁悲从中来，对于逝去亲人的思念和物是人非的感慨感染了周围的人。

变政的开始

曹丕曾经在提及汉章帝时说道："明帝严苛明辨，章帝宽厚仁慈。"

汉明帝的严切之政，使得那时候群臣为了免遭罪责而"争为严切"，尤其是一些酷吏审理案件的时候，更是不惜使用一切手段。于是上到王公贵族下到黎民百姓，没有一个不是生活在战战兢兢如履薄冰的状态中。

汉章帝从小就表现得非常仁德厚道、勤奋上进。这也许受他的养母明德皇后马氏的品德和行为的影响。在他执政后和他父亲汉明帝的严切不同，他对待事物都比较宽厚。

在汉章帝刚刚即位时，众大臣都纷纷上疏，提出"变政"的建议。比方尚书陈宠、司空第五伦等，对典刑的用法，提出清除烦苛之法和"济之以宽"的建议，认为治理政治好像在弹琴鼓瑟，大弦太过急切，小弦就一定会折断。校书郎杨终提出"罢西域"、停止征伐的建议等，要求北征匈奴，西开三十六国，百姓频年服役，转输麻烦又浪费。对于这些老臣的进谏，汉章帝几乎都接受了，而且在他们的辅佐下，进行了一系列相关政策，

注重农业生产

汉章帝非常重视农业生产，为了让百姓们集中精力种地，他继续奉行汉光武帝和汉明帝在世时所推行的发展社会生产和与民休息的政策。

有一次汉章帝带着大臣们外出巡视，看到农民忙着种田，到处都是丰收的景象，他再也按捺不住，亲自跑到地里耕田。这件事传开后，百姓们看到皇上这样重视农业，就更加安心地种田了。

对于垦荒，汉章帝非常注重奖励，他以公田赐给或者赋予贫苦的农民，同时减轻田租和徭役，并且贷与良种和田器，甚至雇人耕种。公元76年，下诏把上林池籞赋与贫人。刘炟还经常让各级官员动员流民返乡安心种田。只要是愿意回家的流民，一路上都会得到官府的照顾。在汉章帝不断地督促之下，各级官府都大力抓农业生产。所以，汉章帝在位时期，经济得到了迅速的发展，可以称作盛世。

免收苛捐杂税

汉章帝曾多次外出巡访体察民情。他严格要求各级官员不能没有正当的原因就扰民，也不能影响播种和春耕。公元82年，在出巡之前，刘炟明确命令精骑简从，不要带任何的辎重。各地也都不要铺道架桥，并且远离城郭，派遣使者逢迎，刺探起居。出巡不能打扰百姓，也更不允许地方的官吏进行迎接。实际上是为了尽可能地减少百姓们的负担。

在最开始的几年当中，牛疫、地震以及大旱等一些自然灾害不断地发生，汉章帝在即位那年就先后两次下诏，不要收兖、豫、徐三州田租和牲畜饲料，以谷粮救济那些贫穷的老弱病伤残孤寡人士，公元83年，汉章帝又下诏减轻徭役。公元85年，汉章帝下诏，重复产子的，少算三岁。给怀孕者赐予养胎谷物每人三斛，其夫也少算一岁。

汉章帝在位期间，他曾先后20多次下诏减免徭役赋税。并且严格要求官吏"勉劝农桑"，妥善安置流民，济贫救困，竭尽所有提高百姓的生活水平。

废除一切刑罚

汉章帝二年，中原和东部一带地区发生了非常严重的旱灾，饥饿之民遍地都是。汉章帝急得团团转。他下令打开仓库放粮给百姓，直到听到粮食发给百姓之后，汉章帝这才安下心把大臣都召集起来，一起商量对策。

大臣们纷纷进言，说天降旱灾，是阴阳失调导致，是因为刑罚太重而造成的。汉章帝就采纳他们的建议，大赦天下，减轻刑罚。这样一来，社会矛盾就立刻得到了很大的缓解，社会秩序渐渐安定了下来。官吏和百姓们一同努力，最终顺利地渡过了天灾。

汉章帝于公元 76 年正月，命令各级的官吏重新审查冤狱，放宽刑罚。他非常重视教化。从那以后，汉章帝又数次下诏重建法制。公元 86 年七月，下诏禁用酷刑；八月下诏减刑；接着下诏将禁锢和株连刑罚都取消；公元 87 年，汉章帝又一次减轻了非常严重的刑法 41 条。

汉明帝时期的刑法严酷所带来的一些矛盾随之缓和了很多，但同时也使富奸行贿于人，贪赃枉法于上。直接导致东汉后期土地兼并现象变得非常严重，吏治也变得更加腐败黑暗。单从这一点上来看，不能不说章帝有不可推卸的责任。

修整吏治

汉章帝继续推行前朝整顿吏治的政策。下诏对廉洁的官吏进行奖赏，对贪官污吏进行严厉惩罚。他明确指出，"谷食连少，良由吏教未至"，以"勉劝农桑"、加大农业生产作为地方官吏的最重要的任务。

汉章帝善于使用了解民情和体察民意的人来担任某些特定的官职。比方说，成都的物产非常丰富，百姓的房屋也是相连，之前为了防止火灾，就规定百姓晚上不准用火，但是百姓们却经常偷偷在暗地里使用，导致火灾经常发生。在廉范担任蜀郡太守后就将这条禁火令废除了，并且严格的要求每家每户都准备十分充足的水，以备不测。百姓们觉得非常方便，火灾也就随之大大减少，因此，当地的百姓对他夸赞不绝。

主张进谏

汉章帝能够接受善言，所以臣下对时政也都敢于直言，直接陈述时政的弊端。在朝廷上下有着一大批忠直之士。其中孔僖就是一个。有一回他和崔骃在太学中议论时政的时候说道："光武皇帝做了天子以后，崇尚圣人之道，经治理，国家的繁盛远远超过了文帝和景帝的时期。但是，到了后来的皇帝，则放纵了自己，违背先帝的善政。"隔壁的太学生梁郁听到以后就去告发他们二人诽谤先帝刺讥当世，崔骃被抓捕审讯，而孔僖上书主动陈述说："若是讥讽得恰当，就该思虑改正；如果不得当，也应当以宽容为怀，为什么一定要治罪呢？我们受了罪责死就死了，但从此以后，天下的人看见不应该的事，还有谁敢提出来！"汉章帝了解具体情况后，不但不追究责任，还将孔僖任命为兰台令史。

因为汉章帝非常崇拜明德太后，对皇舅马廖也非常尊崇。马廖倾心和达官贵人进行交往，官员士大夫们都争着去归附。司空第五伦觉得，如果太后家族的势力过于昌盛，定会造成外戚的专权，那样必定会对国家产生极大的危害，所以第五伦坚持主张对外戚势力的发展加以控制。于是，第五伦就给汉章帝上书，称皇族过于昌盛，朝廷应该"抑损其权"；马廖作为车骑将军出征西羌的时候，他上疏称："臣愚一位贵戚可以封侯以富之，不当职事以任之"；当窦氏刚开始显贵的时候，他又上疏进行劝谏，盼望着汉章帝能够严格要求窦宪等人闭门自守，不要让他们随意进行交结，以免形成太过强大的势力。

第五伦本身就是汉光武帝、汉明帝和汉章帝三朝元老，在汉章帝时期，因政绩突出，他被从边远蜀郡地区直接提拔到朝廷担任司空。加上他又非常的清正廉洁，性格也刚毅正直，汉章帝对他十分敬重，关于他提出的建议，皇帝非常重视，基本上只要是他提出的，最终都会接纳。

废除旧太子　册立新皇子

刘炟登基那年是 19 岁，随着他的登基，后宫也迅速充盈了起来。公元 77 年，沘阳公主的两个女儿窦氏姐妹和舞阳长公主的夫家侄女梁氏姐妹一同被选进宫。和明德皇后的表外甥女宋氏姐妹共同成了汉章帝初年后宫当中的六名贵人，未来的皇后会从他们当中诞生。

宋贵人和梁贵人两对姐妹都是汉章帝的表妹，窦贵人姐妹是汉章帝的外甥女。除辈分上不同之外，窦氏姐妹在出身和另外两对姐妹的身份上不一样，她们出生在一个富贵得超乎想象的家族。

公元 33 年，出现了四大外戚，指的就是光武帝皇后阴丽华的阴氏家族

和郭圣通的郭氏家族、光武帝的母亲樊氏家族和汉明帝皇后马明德的马氏家族。汉明帝刘庄特意下旨，建立南学宫，为了这四族子弟专门开讲学堂。能够和四大外戚相提并论的，就只有窦氏家族了，窦氏和这四大外戚并列，称作"五大世家"。

窦氏姐妹的曾祖父、东汉开国元勋大司空窦融，就是窦氏家族的开创者。窦氏姐妹的祖父窦穆娶了内黄公主，唐叔父窦固娶了光武帝刘秀的女儿涅阳公主，而他们自己的父亲窦勋则娶了沘阳公主。窦氏家族在汉明帝刘庄时，曾经同时有一公、两侯、三公主、四位二千石大臣，有了这么显赫的门第，加上窦氏姐妹从小就接受他们的母亲沘阳公主以振兴家族为目的的教诲，对于这位皇帝舅舅兼丈夫，更是百般逢迎。所以，在挑选皇后时，汉章帝心里的天平就自然地偏向了窦氏。公元 78 年 3 月，窦氏姐妹中的姐姐被册立为皇后。

窦皇后在后宫十分得宠，过得春风得意。但是和她的小妹妹窦贵人一样都没有生下儿子，眼睁睁地看着大宋贵人生下皇三子刘庆，刘庆于公元 79 年被册立为太子。大宋贵人从入宫开始，就受到汉章帝养母马太后的喜爱，现如今儿子又被立为太子，势力更是不可忽视。对于大窦氏后位来说绝对是个非常巨大的威胁。

窦皇后心急如焚，小梁贵人为汉章帝生下了一个儿子，也就是皇四子刘肇，窦皇后一把将刚出生的刘肇抱进自己的怀里，声称要将他过继，就像是对待自己的亲生儿子一样抚养他，而且装出一副贤德慈母的样子，也许窦皇后的这个举动，令汉章帝想起了当年马太后对于自己的悉心抚育，而且窦氏论才学、地位和能力都在刘肇的亲生母亲小梁贵人之上，汉章帝也就欣然同意了这件事。

小梁贵人想到如果这个孩子跟了皇后，一定会身价倍增，即便将来只是一个诸侯王，皇上在封邑和俸禄方面也绝对不会亏待他，可能将来还会有机会争取到储君之位。那么她这个亲生母亲也能够跟着沾沾光，何况皇帝已经开了口答应，就算自己想反对也是不可能了。

虽说窦氏效仿自己的养婆婆，将小梁贵人生的儿子刘肇收作养子，但她却没有马太后那样的爱心和贤德。窦皇后没有在身边找成功例子，反倒效仿霍成君和赵飞燕，使用血腥的手段为自己稳固后位扫除所有的障碍。

因此，她第一个想要除去的对象就是太子的生母，大宋贵人。

公元 79 年，皇太后马明德去世，宋贵人姐妹的保护伞也就随之消失了，窦皇后开始把毒手伸向大宋贵人母子。她先是借着汉章帝对她的宠爱，不断地在汉章帝的耳边进行挑唆吹枕边风，最终大宋贵人母子失宠，小宋贵人自然也受到了牵连。随后她又导演了一出"生菟巫蛊"的案件对大宋贵人进一步陷害。

窦氏的阴谋最终之所以能得逞，是因为她和西汉宣帝的第二位皇后霍成君有点相似，她们都有个非常骄横又手段歹毒的亲娘。根据推测，窦皇后那年不过 20 出头，还没有那么重的心计和手段去安排所有的阴谋，其背后的始作俑者兼实际的"操盘手"就是她的母亲沘阳公主。那时候，窦皇后的哥哥窦宪，正担任虎贲中郎将之职，统领着禁卫军，弟弟窦笃是黄门侍郎。于是，就让他们对于宋氏家族的过失进行侦查。在宫廷中，窦皇后和沘阳公主指使宫女和宦官对宋家姐妹进行严密地监视。

可怜这对宋氏姐妹的父亲，只不过是个手无缚鸡之力的文官。窦皇后一家则不同，除了她自己是皇后，位冠后宫之外，她的母亲是公主，兄弟都手握实权。这场斗争的天平，刚开始就倾斜他们。就这样，在窦家里应外合的夹攻下，宋氏家族最终树倒猢狲散。

有次，大宋贵人因为生病想吃生菟就写了一封信，这封信是非常普通的家书，信上说帮她买一点生菟送到皇宫。生菟是中国医药十分常用的营养药剂。但是却落到了密探的手中，变成了犯罪证据。

皇后大窦氏先装出非常吃惊的样子，接着做出一副痛心疾首的神情，悲呼道："皇上哪点对你们宋家不好？你居然狠心用生菟作蛊，去诅咒他早死，让你的儿子尽早登基，真把自己当太后了吗？"接着她又非常痛心地哭闹一阵，又喊叫一阵，表演了无懈可击的忠贞后，她向汉章帝乞求道："大宋贵人想当皇后，居然不惜用生菟作蛊诅咒陛下。但是只要能让陛下和大汉太平安康，臣妾愿意让出皇后之位，即便被贬冷宫也不会有一点怨言。"

汉章帝被他这美貌的娇妻深深感动了，虽然没有即刻就做出反应，但对于宋氏姐妹心中早已兴起无名的厌恶，也不再召幸她们，甚至面都不见了。而且下令把皇太子刘庆从皇宫中迁往宫外居住。

当下的局势对于窦皇后来说，基本算是首战告捷了。汉章帝对她也更是疼爱有加深信不疑。于是，窦皇后将天罗地网重新调整了一次，让掖庭令正式检举宋氏姐妹"包藏祸心"。汉章帝于是把宋氏姐妹逮捕归案，下令进行严格的审查，由蔡伦负责主审这个案件。

说到蔡伦，人们立即会想到中国古代的四大发明造纸术，蔡伦留给后人的正是改进造纸术的杰出荣耀。但是蔡伦还有个鲜为人知的身份，就是东汉王朝的酷吏之一。

对于这一对昨日还是享尽恩宠养尊处优的贵人，今天却成了连奴婢都不如的阶下囚的非常年轻的姐妹花，蔡伦采用了酷吏一贯手法，对她们进行严刑拷问。从小就养尊处优的宋氏姐妹怎么能受得住这样的酷刑，明知道承认了就会招来可怕的灾祸，但是仍然不得不"坦承不讳"，同时把自己的亲生儿子也拉上，承认5岁的太子刘庆也参加了她们的阴谋。

汉章帝于公元82年6月颁下诏书，把5岁的刘庆皇太子之位废除掉了，贬为清河王，将窦后的养子，年仅4岁的刘肇立为皇太子。

儿子被拉下皇太子的宝座之后，接下来就是惩罚年轻无辜的母亲。蔡伦再次显示他酷吏的作风，坚持法律的尊严，对宋氏姐妹处以绞刑。这对姐妹在受尽羞辱和痛苦后带着被打得遍体鳞伤蜷卧在囚室的一角。万般悲愤交集之下，她们知道自己已经到了绝境，就将看守买通，抱头痛哭后，服毒自杀。

窦皇后也终于实现了心愿，让自己的养子刘肇坐上了太子的宝座，她的皇后之位也算是非常稳固了。用不了多久，自己就能荣升为太后了。想到这她万分得意。随即转念一想，作为太子生母的小梁贵人及其娘家如果将来得势了，对自己还是存在一定的威胁，于是她又开始想着找个机会除掉梁氏家族。

公元83年，在她母亲沘阳公主的教导下，悄悄派人作飞书诬告梁贵人的父亲想要谋反。梁竦最终被屈打成招死在狱中，梁家全部都被流放到九真郡，梁氏姐妹的伯母，就是光武帝刘秀的女儿舞阳长公主最终没能逃脱，鉴于她是公主，所以就只把她贬到了新城（现河南密县）幽禁起来。连自己的亲姑姑都不放过，更何况是梁贵人。在梁家败落的那年，梁贵人姐妹也双双毙命。那时候小梁贵人仅仅只有22岁。

　　大人之间的你死我活对于废太子刘庆以及新太子刘肇之间的兄弟之情没有产生任何的影响。虽然章帝对宋贵人是负了心，但是并不影响他做刘庆的好父亲。汉章帝废了刘庆的太子位不过是迫于宋贵人的"巫蛊"不得已做出的无奈之举。但是对于刘庆的成长，汉章帝十分地关注。

　　刘庆仍然享有和太子一样的车马、服饰以及居室。为防止日后太子即位时猜忌兄长，趁着两个儿子都还小的时候，汉章帝就专门要求他们两个同车共帐，兄弟间培养出非常深厚的感情。

　　汉章帝刘炟于公元 88 年去世，享年 32 岁，只有 10 岁的小太子刘肇继承皇位，窦皇后晋升后皇太后，她的兄弟几人也纷纷把持朝政。就这样，国家的大权落在外戚的手中，东汉王朝也快速地滑向衰败。

第十四章

心比天高命比纸薄的帝王——汉和帝刘肇

帝王档案

☆姓名：刘肇

☆民族：汉族

☆出生日期：公元 79 年

☆逝世日期：公元 105 年

☆配偶：皇后阴氏（光武帝皇后阴丽华兄执金吾阴识曾孙女）、和熹皇后邓绥（太傅邓禹孙女）

☆子女：2 个儿子，4 个女儿

☆在位：17 年（公元 88 年~公元 105 年）

☆继位人：刘隆

☆庙号：穆宗

☆谥号：孝和皇帝

☆陵墓：慎陵

☆生平简历：

公元 79 年，刘肇出生。

公元 82 年，刘肇被立为太子。

公元 88 年，刘肇即位，历史上称为汉和帝。

公元 89 年，汉和帝应南匈奴单于请求，派窦宪率军与南匈奴一起，合击北匈奴，打败北匈奴。

公元 92 年，汉和帝依靠宦官，一举将外戚窦氏势力铲除。

公元 93 年，北匈奴於除鞬单于叛汉，汉和帝派遣中郎将任尚消灭了於除鞬单于。

公元 105 年，汉和帝刘肇逝世。

人物简评

汉和帝刘肇以傀儡小皇帝的身份登上了帝位，窦太后与窦氏外戚把握着朝政大权，无论什么事情都是窦太后说了算，"刘家王朝"俨然已经成为了"窦家王朝"。不过，随着汉和帝渐渐长大，自然不甘心皇帝大权旁落，想要亲政。于是，14岁那年，他联合太监郑众，不动声色地将政权夺了回来。

汉和帝刘肇也有雄心壮志，采用各种措施，极力想要振兴刘氏基业，然而，由于各种原因，没能阻止汉王朝走向衰落的命运，最终却小小年纪就因为疾病去世。汉和帝想要主宰自己的命运，但是最终却被命运扼住了喉咙，可真是"心比天高命比纸薄"。

生平故事

傀儡小皇帝

公元88年，年仅31岁的汉章帝刘炟突然因为疾病去世，而太子刘肇这个时候仅仅只有10岁……

皇太子刘肇的亲生母亲是梁贵人，后来由窦皇后抚养长大。刘肇在汉章帝的儿子中排行老四，在他的上面还有三个哥哥：千乘王刘伉、平春王刘全以及清河王刘庆；下面还有四个弟弟：济北王刘寿、河间王刘开、城阳王刘淑以及广宗王刘万岁。既然他有这么多的兄弟，为什么会轮到他即位的呢？这一切当然都是拜窦皇后所赐。

窦皇后生怕刘肇长大之后知道自己的亲生母亲是梁贵人，就会疏远自己，所以，她极力地将众人的嘴堵住，不让刘肇知道他的生母到底是谁。关于这一切，刘肇并不知道实情，他一直认为窦皇后就是自己的亲生母亲，是他最可以亲近、最可以信赖之人，因此，公元88年，当他的父皇因为疾病去世之后，年仅 10 岁的刘肇被扶上皇帝宝座的时候，他非常放心地将所有的政权都交给了窦皇后。窦皇后成了窦太后之后，十分得意，她"含辛茹苦"将刘肇收养，为的就是这一天。

非常有意思的是，东汉从和帝时期开始，每一个皇帝都是从小就即位了。有这么小的幼儿皇帝当朝，外戚和宦官的专权和斗争自然是无法避免的，政治的纷争与社会的动乱也随时都可能发生。从此之后，东汉政权也就进入了不得安宁的历史阶段。

因为天子年纪很小，窦太后就开始临政，终于熬到这一天的她自然要好好地享受一下这胜利的果实。于是，她一上台，就放出了封官集权、宣布解除郡国盐铁之禁以及主张北攻匈奴三把火。

对于封官，窦太后有两个原则：第一，亲属；第二，听话。她将哥哥窦宪从虎贲中郎将提升到侍中，掌控朝廷机密，负责发布诰命；让弟弟窦笃担任虎贲中郎将，统领皇帝的侍卫；弟弟窦景、窦环都担任中常将，负责传达诏令与统理文书。这样一来，窦氏兄弟就占据了皇帝四周非常显著的地位，从而将国家政治的中枢掌控起来。

关于解除郡国盐铁之禁，窦太后纯粹是为了迎合豪强们的利益，但是，却不知道这样一来白白浪费了资源，破坏了环境，减少了税收，壮大了豪强，换句话就是对国家的利益产生了极大的危害。

北匈奴遭受灾乱，南匈奴单于向汉廷请求，帮助他趁机将北匈奴扫平。对此，朝臣意见并不是统一的。都乡侯刘畅前来京都洛阳吊唁汉章帝的时候，却被窦宪刺杀而亡。为了使窦宪免受惩罚，窦太后决定派遣窦宪担任东骑将军，联合南匈奴讨伐北匈奴。

永元元年，也就是公元 89 年，汉匈双方在稽落山大战，汉军将北匈奴军打败，并且一直将其余部追击到私渠比鞮海。窦宪率领大军出塞 3000 多里，登上燕然山，也就是今天的蒙古共和国杭爱山，刻石勒功，然后才班师回朝。

窦宪获胜还朝之后，耀武扬威，不可一世。不但以前犯的罪没有人提起，而且还对其加官封爵，提升其为大将军，封武阳候，原本大将军的职位在三公之下，但是因为这一次是窦宪充任，所以提升到了三公以上，仅仅次于太傅。窦笃提升为卫尉，窦景与窦环提升为侍中。窦氏兄弟非常骄纵，于是形成了"朝廷震慑，望风随旨，无敢违者"的现象。

那么，那些反对他的人会怎么样呢？

——很简单，杀！

朝廷那么多双眼睛看着，明着杀肯定不行，只有暗杀了。暗杀当然要有刺客了，而窦太后对刺客这一事睁一只眼闭一只眼，因此窦宪才培养了大批听话的刺客。这些刺客就专门帮他刺杀那些挡着他前进的道路、不听他的话、与自己有仇的人。

公元58~75年间，朝廷发生了一件大案子，查案子的是韩纾。窦家的案底就给翻出来了，窦宪的父亲窦勋首当其冲被提出来了，最后无可避免的走上了死亡之路。

公元88年，汉和帝刘肇即位，当时他只有10岁，所以由窦太后执政。这么一来，朝廷又是窦家的了。但当时韩纾早已经不在人世了，为了报仇，窦宪连韩纾的儿子也不放过，派刺客将其杀死，并且十分凶残地将韩纾儿子的首级取下来，以祭奠死去的父亲。周荣是尚书袁安的府吏，袁安上书说窦宪十分骄纵，窦景非常腐败等的奏议，都源于周荣手中的笔。窦宪门客徐龆十分嫉恨他，于是当面对其进行威胁。就连尚书府中都会遭到这样的恐吓，由此可见，一般的官吏该承受怎样的政治压力。

权力越大，欲望也就越大。在当时，江山名义上是汉和帝的，实际上却是窦太后的。窦太后拥有了权力后，不是利用这些权力为百姓谋幸福，而是整天满足及自己身边的人的吃喝玩乐。

公元89年，窦太后已经执政10年了，仗着这么多年在朝廷积累下来的淫威，她命人大肆兴建土木，她的弟弟窦笃、窦景都享受到她的恩泽，各自拥有一个豪华的府邸。然而，那一年也是老百姓们过得最最辛苦的一年。因为匈奴经常骚扰北方边境，窦宪高调兴兵讨伐匈奴，掠夺老百姓的财产，强迫老百姓交税，百姓的负担从来都没有那么重过。

总而言之，无论什么事情都是窦太后说了算。原本"刘家王朝"实际上已经成为了"窦家王朝"。可以这么说，从汉章帝驾崩，汉和帝即位开始，到永元四年，也就是公元92年上半年，在将近五年的时间中，朝政一直被窦太后把持在自己的手中，年幼无知的汉和帝根本不可能与之对抗，只能听之任之，完全成为了一个傀儡皇帝，一个提线木偶！而随着窦家权势与欲望不断膨胀，窦氏甚至感觉这个傀儡也成为了多余的，竟然打起了诛杀汉和帝的算盘，但是，汉和帝也不是吃素的，不甘心永远做木偶，他趁机将外戚铲除，将政权夺了回来……

英雄出少年

窦太后刚刚临朝的时候，就利用私情赋予窦氏兄弟重权。窦氏兄弟也仗着窦太后的庇护，骄纵蛮横，欺负百姓，甚至擅自征调边防部队。实际上，一些正直的朝廷大臣早已经对窦太后的这些倒行逆施、刚愎放纵的行径，产生了极大的不满情绪。从"太后临朝"的时候开始，他们就不停地上书进谏，有的时候甚至以死抗争，期望将黑暗的政治挽回到清明中。仅根据《资治通鉴》统计，不及五年时间，大臣们就对于各种问题进行上书，次数高达十五六次。对于窦氏的贪婪与霸权，群臣们都是愤怒不已，为朝廷的黑暗动乱而痛心疾首，为皇帝的年幼无奈而痛哭流涕，他们强烈地呼唤着皇帝的坚强。

公元92年，是个多事之年。那一年，汉室江山接二连三的发生灾难，地震、大旱、蝗灾。老天爷似乎在用这些不平凡的事件告诉人们这表面上看似平静的天下将有大事要发生了。然而，不管是谁执政，在灾害频发的年代，受苦受难的永远只能是平民百姓。

人总是要长大的，到了公元92年的时候，汉和帝也已经14岁了。在残酷冰冷皇宫里长大的孩子与普通老百姓家的孩子是不一样的，更何况刘肇是在这么一个复杂的环境中长大的。他的所见所闻都比我们常人要多得多，所经历的更不是我们能够想象的。虽然那时候的他只有14岁，但是他却很聪明。他观察到自己无形中被一股黑暗的势力紧紧圈着。这股黑势力的头脑就是窦太后，部下有窦宪等人。这些人好像生怕自己察觉到什么，一直警惕着自己的一举一动。刘肇也不是傻子，这其中肯定有什么阴谋。这时候，代表正义的大臣就上场了。哪里有战争，哪里就有反抗。对于窦太后的专政行为那些正直的官员早就恨之入骨了，只是他们被控制在其中，身不由己。这时候的刘肇长大了，懂事了，他们自然抓住这最后的希望反抗，期待着东汉的重新崛起。于是，他们秘密地告诉了刘肇窦太后等

人夺取东汉政权的巨大阴谋。

这个消息一进入刘肇的耳朵后，就在他的心里扎根了。在往后的日子里，刘肇时刻留意着窦氏家族的一举一动，并暗地下决心要夺回原本属于自己的江山。但是，窦氏家族又是何等精明之人，他们把刘肇反常的行为都看在眼里，他们知道刘肇已经不是 10 岁的那个懵懂无知的小孩子了，于是他们想到斩草除根，直接杀死刘肇，自己去做皇帝。

而刘肇对此事也早已有所防备，他知道了窦宪的取而代之的想法与阴谋。他觉得自己不能再这么坐以待毙了，否则只有死路一条。所以他赶紧去找助手。然而，这朝廷早就是窦家的了，哪里还找得到自己的势力呢？尽管也有些正直的官员还在，但是都已经被窦氏家族牢牢的控制住了，与自己都不能单独说话，更别提是商议这等大事了。不过，在这种时候，刘肇明白自己是绝对不能放弃的，于是他细细地观察朝中的所有大臣，期望找到漏网之鱼。而事实上，经过细察，他也终于找到了一个可以共谋大业的人。这个人叫作郑众，是中常侍钩盾令。不过，汉和帝不知道这个人是个宦官。他只是觉得这人一直忠心耿耿地跟着自己，而且挺有心计，能够帮自己完成这件大事。时间紧迫，确定了帮手之后就不能再犹豫了。于是，汉和帝找个没人的地方将自己的想法告诉了郑众。郑众这人也早就看不惯窦氏家族的所作所为了。一场变革悄悄地在京城进行着。

歼灭窦氏家族可不是一件简单的事，需要三思而后行，凡事要想得很周到才会有希望。要想打败窦氏家族就得把他们聚集在一起，正所谓要"关起门来打狗"。而眼下，窦宪还在京城外领兵镇守凉州，他要是听说了京城的这个变故肯定会在外面发动政变，势必会导致地方混战，到时候关起门来打的就是自己了。于是，刘肇首先要将窦宪从凉州召回京城。如果就这么下诏的话肯定会让对方起疑心，于是他以让窦宪辅政的名义召他回来。凉州离京城还有一段路，在这段时间内，刘肇正着手准备京城里的事情。他以史为镜，积极从文帝诛薄昭、武帝诛窦婴、昭帝诛上官桀、宣帝诛霍禹等人的经历中摘取必要的经验学习。

等到窦宪等人回到京城的时候，刘肇这边也已经准备妥当了。可以说，歼灭窦氏家族的时机已经成熟了，此时不杀，更待何时呢？于是汉和帝这边开始行动了。

刘肇知道这伙人不能一起去抓，这样自己根本不是对手，只有当他们孤身一人的时候，才是自己动手的最佳时机，于是他采取了"全面出击，各个击破"的战略。要想根除窦氏家族，首先要斩断他们的退路，也就是后援。在刺杀窦宪的头天晚上，他命令各大军严守城门，从窦氏家族的外围入手，清除郭璜、郭举父子和邓叠、邓磊兄弟。第二天开始攻入敌军老巢，到窦家宣读诏书，收回窦宪的大将军绶印，改封冠军侯，并限令与其弟各回封地。郭璜等人都是死刑。也许你会纳闷，为什么不处死窦宪呢？毕竟他是主要的谋反者。窦宪当然要处死了，只是汉和帝那时候还小，念着窦太后养育自己这么多年，就不当着大家的面处死这些人，而是让他们回封地后自行了断。当然，刘肇也不是个昏君，他恩怨分明，那些造反了的肯定要惩罚，那些没造反的肯定是手下留情的。在窦家的四兄弟中，只有窦环乖乖的跟在自己的左右，所以他留了窦环一条命。

窦氏家族终于被消除了，刘肇最终实现了自己的愿望，成功夺回了原本属于自己的位置。而且在这个过程中，没有弄得民不聊生，朝野上下也是平静得很，因为知晓此事的人只有少数。可以说，汉和帝处理得非常漂亮！他知道窦氏家族要谋杀自己却依然淡定如水，在无形中给人沉重打击；他知道朝野上下已经被窦氏家族所霸占，却依然不放弃，寻找共谋之士。胜利当然会眷顾这些永远不放弃的人，尤其是汉和帝这样聪明、机智、果断、勇敢的人。

窦氏家族这块心病终于铲除了，不过，汉和帝知道这只是冰山一角而已。他明白，这次一定要连根拔起，不然是后患无穷。于是，他赶紧命人清查那些同党，一一处理。树倒猢狲散，窦氏家族已经不存在了，天下还是汉和帝的，那些人自然也是坐着等死了。就算没有参与窦氏家族行动的人，只要是依靠他们的关系做了官的，全部都被罢免，以保朝政的清廉。

一个14岁的孩子，能够把事情处理得这么干净，并能够用发展的眼光看问题，我们不得不说，这不是一般人能够做到的。没有审时度势的智商和该出手时就出手的胆识，这件事是不可能做成的。汉和帝正是因为从小在一个身不由己的环境中成长，所以他不得不逼着自己变得强大。在残酷的皇宫斗争中，不是你死就是我亡，没有中间的一条路可走。为了汉室的天下，这个14岁的孩子不得不背负许多沉重的东西。

打天下易　守天下难

"新官上任三把火"，刘肇夺回朝政大权之后，首先就是铲除身边的异己。不过，这火烧得也太大了，有些官员就借着这把火发泄自己的私人恩怨。最终它无可避免的烧到了一些无辜的人，像班固就是其中的一个。

班固与窦宪是世交，自然也因为此事受到影响。窦宪已经被处死了，班固也被关进了大牢。但是事实上在造反这件事情上，班固和窦宪没有一点关系，实在是冤枉。而一直对班固恨之入骨的洛阳令种兢趁此机会将班固杀了。

但是，当时汉和帝并不明白事情的来龙去脉，等到事后才知道这件事。而班固一直就是好臣子，为江山社稷做出了不小的贡献，而今落得如此下场。汉和帝觉得很愧疚。为了惩罚这种公报私仇的行为，他下令处死那些小人。这也表明了汉和帝还是一个有自己主见的明君。

接下来就是选拔贤能。汉和帝深知国家的建设离不开人才，所以多次下诏寻找贤能之士。前后下诏了四次。这里我们可以看出汉和帝求贤若渴，期望能对东汉的动乱衰弱的局面做出改变。

选贤任能之后，汉和帝又实行以德治国的策略，建立良好的风俗。这个方针的实行体现了汉和帝基本的治国方针。

汉和帝的那个时代，对于封地实行的是继承制。按照这样的制度，当年的居巢侯刘般去世之后，应该由他的大儿子刘恺来继承这个位置。但是，刘恺知道自己父亲的愿望是弟弟刘宪来继承这个位置。所以，为了遵照父亲的意愿，他就把爵位让给了弟弟，自己则消失不见了。但是，这只是刘恺一个人的想法，当时的执政官可不是这么想的。所以执政官把这件事情上报给汉和帝，希望他能够将刘恺的封地收回来，因为这明显违反了国家的法律规定。当时汉和帝并不同意，他一直等着刘恺回来，那块封地也就一直在那儿搁着。等啊等，一晃十几年过去了，刘恺还是没有回来。汉和帝终于急了，这时那个执政官又趁机提出收回那块封地。刘肇正为这个事情苦恼呢，这时朝廷里的侍中贾逵对汉和帝说："孔子曾经说过，以礼治国，国家肯定能够昌盛。现在刘恺不顾自己的名望，为了自己的弟弟，心甘情愿地把封地让给弟弟。礼在哪儿呢？这就是礼啊！如果我们因为他违反法律而把那块地收回来，那么我们这样做怎么能够提倡礼让之风呢！臣以为，皇帝应该召回刘恺，对他的所作所为进行鼓励，以树立良好的道德风范啊！"刘肇听了这样的话，觉得特别有道理。于是他听从贤臣的建议，召回了刘恺，并且把那块封地按照刘恺的意思转给了他的弟弟。这件事最后圆满地解决了。当地的百姓都以这件事为美谈。

公元96年，汉室发生蝗灾。这场灾害一发就发了4年，从京城外一直延伸到京城洛阳。在这4年中，民不聊生。汉和帝刘肇匡扶天下，认为这是自己的错误，是老天怪罪于自己，所以他时常怀有忧国忧民之心。

一个皇帝难得把所有的过错都怪罪于自己。但是刘肇做到了。正因为如此，刘肇在治国方面特别认真，也特别卖力。在实行任何一个治国方针时，他经常采纳群臣的意见。

第二年，公元97年，曾经一手遮天的窦太后终于死了，这一死激起了层层波浪，汉和帝的身世也因此解开了。原来，窦太后并不是他的亲生母亲，梁贵人才是他的生母。而众所周知，梁贵人当年就是被窦太后害死的。所以，梁家人强烈建议废除窦太后的尊号，并且作为惩罚，不能将窦太后与先帝合葬。

这个建议当然是平常人的想法，汉和帝作为皇帝首先要有博大的胸怀，对于窦太后的所作所为，他虽然也很反感，但是从另一方面来讲，又是窦太后将自己养大的。一日为母，终生为母，窦太后对自己的养育之恩是不能忘的。古语说："百善孝为先。"汉和帝最终并没有废除窦太后的尊号。对于其生母梁贵人，追封她为皇太后，以表达自己的思念之情。

刘肇是一个开明而善良的人，这原本是件好事，可是作为一个皇帝，他还少了皇帝应该有的霸气。刘肇在当政的时候，确实挺用心。每一个治国方针他都会询问朝中的大臣，在这些大臣中，有一个大臣是汉和帝特别器重的。这个人就是当年帮助汉和帝夺取政权的郑众。汉和帝年纪还小，没有很多的心计，尤其是对于郑众，他更是没有什么提防之心。朝中的任何事情，不论大事小事，他都会一一询问郑众。时间久了，郑众成了他的心腹。也可以这么说，汉和帝已经离不开郑众了，东汉的政权也已经离不开郑众这个人了。

　　如果郑众是个一心报国的正直臣子，那么东汉的江山能够得到长期稳定的发展。但可惜汉和帝看错人了。随着后来郑众在朝廷中的地位越来越高，东汉的宦官势力慢慢地浸入朝政的血脉中。

　　不过，从当时的客观分析来看，汉和帝这么信任郑众也是有理由的。因为当时朝中那些他所器重的贤臣有的已经死了，有的则回家养老去了，不能再为江山社稷作贡献了。在窦氏家族长时间的控制下，汉室江山已经没有几位想忠心报国的人了。这使得汉和帝不得不信任郑众一伙人。

　　这也注定东汉江山慢慢走向衰落。正如一句话所说："你无法叫醒一个假装沉睡的人。"东汉王朝此时就像一个假装沉睡的人，固执地要走向落幕。

　　每个人的历史都有终结的一天，汉和帝也不例外。只是他的历史终结得也太快了，年仅27岁他就死了。那一年是公元105年，刘肇本来身体就不好，时不时就会生病。以前生病还能起来，这一次生病却再也不能起来了。带着许多没能完成的愿望，刘肇离开了这个人世。

　　总结起来，刘肇从10岁时当皇帝，做了17年的皇帝。他的命运并不顺利。最早的时候与亲生母亲梁贵人分离，后来父亲正值壮年就去世了。自从登上皇帝的宝座后，他就没有过上一天的好日子。他过早的告别童年，又过早的告别青年，这一生，他都在与自己的命运做斗争。等到他好不容易扼住命运的咽喉，准备好好治理自己的国家时，不幸之神再一次降临，直接夺去了他的性命。这些悲惨的经历让这个皇帝在历史的长河中让人铭记于心。

与众不同的熹皇后

　　熹皇后是汉和帝的皇后，本命叫邓绥。邓绥这个人的来头可不小，最早可以追溯到她的祖父。西汉末年，绿林、赤眉起义爆发后，天下大乱。四方英雄齐聚一地。在这个过程中，邓绥的祖父邓禹跟随刘秀，因为两人从小就是好朋友，所以两人一块打仗也打得特别顺利。在战争中，邓禹打了许多次胜仗，建立了许多战功。作为开国功臣，在刘秀登基之后，他被封爵，之后又官升至太傅。那时候，邓氏家族在朝廷里声望很高。邓绥的祖父如此威武，虎父无犬子，邓绥的父亲也是个不小的官，她的母亲还是阴皇后的侄女。可以说，邓氏家族也是个豪门。

在豪门成长，良好的家教是少不了的。邓禹对后代也管教得很严格。所以，邓绥从小就严守家规，十分听父母的话。正因为如此，她从小就受到大家的喜爱。祖母更是把她当作珍宝，拿在手里怕摔了，含在嘴里怕化了。即使她已经上年纪了，仍然为邓绥剪头发。不过，毕竟是上了年纪的人，眼睛自然也有点问题，那天，她替邓绥剪头发的时候，剪着剪着，那剪刀就不知道怎么地跑到邓绥的额头上去了。当年邓绥只有 5 岁，可是这个小女孩却动都没动。大家都以为这孩子吓傻了，一般的孩子肯定会哇哇大哭的，那是真刀子放在额头上，还流血了啊！可是事后问邓绥，才知道不是这么回事。原来邓绥十分珍惜老太太为自己剪头发的机会，很理解老太太因为疼爱自己才这么做的，所以当时她不敢哭，她知道哭了的话肯定会让老太太责怪自己笨手笨脚。一个 5 岁的小女孩就能想这么多，我们可以看出来，邓绥这个人多么不简单。

到了 6 岁的时候，别的小孩子甚至连自己的名字都不会写，她就已经能够背诵史书了。而且，她很喜欢读书，经常会沉浸其中忘记了时间。可喜的是，这个孩子的悟性也很高，到她 12 岁的时候已经能懂那些史书的意思了，像《诗经》《论语》这些书，对她而言，只是小儿科而已。

看到邓绥这么喜欢读书，那些兄长们为了打击邓绥的积极性，特地从书中挑出一些难懂的内容来让邓绥解释，或者是问一些很难回答的问题。不过，真金不怕火炼，面对那些刁难的问题，邓绥每次都能在最快的时间内找到答案。这经常让她的兄长们为之惊讶。看到兄长们因为惊讶而张得圆圆的嘴巴，邓绥心里很开心。于是，她也会反过来刁难刁难兄长。对于邓绥提出的问题，兄长们除了不知道还是不知道。看到兄长们丈二和尚摸不着头脑的样子，邓绥觉得很好笑。

对于邓绥喜欢读书这件事，她的父母倒不介意，还挺喜欢的。本来在封建家庭，女孩子最好是不要读书的。不过，母亲有时候也会开玩笑地问邓绥这么用功的读书而不学习女工与针线是不是长大了想做官。这本是一句开玩笑的话，邓绥却当真了。不过不是真去读书考官，而是开始学习女工了。

邓绥从小就聪明，学习女工来也特别快。没多久，她就掌握了女工的技巧。就这样，邓绥既读书又去学习一些手艺活，沉浸在其中，每天开心得不得了。家里人看到这孩子每天学习得这么开心，都特别喜欢她。尤其是她的父亲，经常对她笑眯眯的。不仅如此，她的父亲还经常与邓绥一起讨论治家的方针，慢慢的，邓绥已经基本上懂得了如何管治家族。

父亲对邓绥的关爱与栽培让父女之间的关系处得很好。然而，不幸的是，公元92年，父亲意外去世了。那一年，邓绥才13岁，正准备入宫。父亲的死让她很受打击，从小就饱读诗书的她决定留下来给父亲守三年孝。所以，入宫时间也就推迟了三年。邓绥老老实实地为父亲守孝，从来没有吃过荤菜，甚至连咸菜都不吃。在饮食方面如此，在起居方面更是严格要求自己。在这种环境与悲痛的心情中，她度过了三年。这三年原本是身体成长的阶段，然而邓绥却很少摄入营养，因此身体瘦弱不堪，面容枯槁。看到女儿瘦成这个样子，她的母亲从心里为她心疼。

说来也巧，公元92年，那一年也正好是14岁的刘肇推翻窦氏家族的年份。朝廷内你死我活的争斗让邓绥看到了宫中的一些不同寻常的规则。正是因为这么早就对深宫的规则铭记于心，所以后来她孤身进宫的时候才能保住自身的平安。

三年之后，邓绥再次被朝廷选中。在这个过程中还有一个小插曲呢！邓绥有一天做了一个梦，在梦中，她好像来到了一个仙境，在仙气缭绕的雾中，她看到了一个好像钟乳状的东西，于是，她双手摸着天，仰首吸吮。

因为这个梦太不寻常了，所以家里人赶紧请来大师为她解梦。大师一听这个梦，赶紧说："当年唐尧梦到自己攀天而上，商汤梦到自己在天际仰首而舐，这都是古代圣明之君的前兆，姑娘的梦，吉不可言！"

而更凑巧的是，就在家人百思不得其解的时候，有个相士又过来了。这个相士不是一般的相士，他是洛阳城内人人崇拜的大师，据说很会看面相。于是，邓绥家人就让大师帮邓绥看面相。这不看不要紧，一看吓一跳啊！他说邓绥是贵人之极。

这么一说，邓绥就更神秘了。那天，她和其他的女子一起进宫，一入宫，就引起了汉和帝刘肇的注意。刘肇当时也是青春年少，才十七八岁，看到邓绥如此美丽大方，一双水汪汪的眼睛像流水一样，容貌秀气又不失端庄。身材也不错，在那里站着，像是仙女下凡一样。自从看到邓绥后，刘肇的目光就再也没有移开过。自古英雄爱美女，就这样，刘肇把邓绥接进了宫里。

接进宫后，刘肇十分喜爱邓绥。公元 96 年，16 岁的邓绥就已经被册封为贵人了，并且居住在嘉德宫。嘉德宫是当时比较重要的宫殿，能住在里面说明皇帝对邓绥的一片真心。而小小的邓绥就已经拥有这么高的待遇，并且在宫里，除了皇后之外，她是所有嫔妃里地位最高的了。

树大必会招风。皇帝在器重邓绥的同时肯定会忽视阴皇后了。这么一来，阴皇后当然不高兴了。

在这里，有必要简单地说一些阴皇后。阴皇后比邓绥早 4 年进宫。她其实也是个不错的人，特别聪明，而且这人身上还有灵气，与端庄的邓绥的气质完全不同。再加上这位阴皇后还是先帝阴皇后的亲戚，所以汉和帝也非常宠爱她。与她相处一阵之后，就册封她为皇后了。

本来习惯了被刘肇宠着的日子，而现在刘肇却整天宠着邓绥。阴皇后感觉邓绥抢了自己什么东西似的，所以一直对邓绥看不顺眼。

不过邓绥不与阴皇后为此事斤斤计较。由于她之前就已经知道深宫中的一些生存规则，所以在宫中十分克制自己的行为。对人都很友善，不仅是那些跟她一样的嫔妃，即使是丫鬟，她也不在她们面前摆上主人的架子。平时皇帝赏赐什么好东西给她了，她都会拿去与大家一起分享。要是哪个姐妹有事不开心了，她都会过去陪她们说说话。久而久之，宫中的嫔妃们与邓绥都相处得很好，大家都很喜欢她，丫鬟们也经常跟她开开玩笑，她们对邓绥也很忠诚。

阴皇后与别人不同，所以在阴皇后面前，邓绥换取另一种做法，就是表现得越是谦卑越好。毕竟阴皇后对自己有所嫉恨，而且她是六宫之主，自己虽然受皇帝宠爱，但是在六宫中还是归阴皇后管治。

因此，在阴皇后的面前，她表现得十分低调，小心谨慎，不让阴皇后抓住自己的把柄。宫里有什么活动的时候，她经常素颜；要是与阴皇后撞衫了，她赶紧换掉自己的衣服；拜见皇帝的时候，她也是毕恭毕敬地站在阴皇后的后面。

久而久之，善于察言观色的刘肇就发现了邓绥的谦恭。他很欣赏邓绥的这种低调的作风。因此，就更喜欢邓绥了。晚上经常去邓绥那里过夜。

自从邓绥进宫，皇上对自己的宠爱就已经被分走了，现在皇上几乎都无视自己的存在了，这让阴皇后内心的嫉妒与愤恨越积越深。而汉和帝对此丝毫都没有察觉。直到有一天，他去看望阴皇后的时候，阴皇后总是找借口不让他留宿，他才有所察觉。不过，这也无济于事，反而让皇帝与阴皇后之间越走越远。

而邓绥此时担心的不是宠爱不宠爱的问题，而是皇室江山的继承问题。眼下皇室中的孩子太少了，最早出生的几位皇子也都不幸离开了人世。而自己和阴皇后都还没有生孩子。为了汉室的未来着想，邓绥经常建议刘肇多去临幸其他的美人。刘肇听了邓绥的担忧，再跟之前在阴皇后那儿受到的冷落相比，更喜欢邓绥了。他觉得邓绥绝不是一个简单的女子，能够想得这么远。

某次，邓绥意外生病了，汉和帝不顾祖先定下的规矩，让邓绥的娘家人进宫照顾邓绥。他觉得这样邓绥的病能好得快一点。邓绥知道了汉和帝对自己"开小窗"，特别感激。在病床上，她对汉和帝说，汉和帝对她这么好，即使是现在死了也值了。汉和帝听了之后，觉得邓绥是个深明大义的女人，更是疼爱有加了。

看到邓绥受到皇帝的特殊待遇，阴皇后彻底眼红了。她想到自己刚进宫时的风光与现今的凄凉，觉得心里无比难受。越想她就越生气，最后一时想不开，觉得是邓绥导致了自己今天的一切，于是她开始设计陷害邓绥。而她确实也够心狠手辣的，竟然想用巫术置邓绥于死地！

公元 101 年，汉和帝一病不起。阴皇后认为，只要皇帝倒下，邓绥就没有办法再为所欲为了，想要除掉她就变得简单多了。她曾经在私底下说："如果有一天我可以出头，一定要让邓绥知道我的厉害，我一定要诛她九族。"但她万万没想到，邓绥在宫中的人缘非常好，甚至有人将这些话传到了邓绥的耳朵里，希望她可以有所防备。

邓绥听到这些话后，十分吃惊，她深知，皇上病危，命在旦夕，可是除了皇后之外，六宫女子不是被皇上传召是不能进宫侍奉的，万一皇上一命呜呼，又没有选好继承人，到时候阴皇后执掌大权，一定会想办法对付自己。想到这里，忍不住落下泪来，对身边的人说："我全心全意对待皇后，为什么不能得到好报呢，难道老天爷要对付我？我一个妇道人家死不足惜，当年周武王病重，周公请求自己可以代替周武王去死；楚昭王病了，越姬愿意折寿延续楚昭王的生命。这些人都是人们学习的楷模。如今皇上生病了，我也可以效仿先人，用自己的生命祈祷皇上安然无恙。我虽然死了，却可以以此报答皇上的隆恩，也可以让皇后不再痛恨我，让我避免受当年戚姬的人彘之苦。"邓绥的心意已决，毒药马上就要放到嘴里了。宫人赵玉看到这种情况之后，急忙阻止，而且急中生智，骗邓绥说："刚才有使者前来报告说，皇上已经没事了。"邓绥听到这些，破涕而笑，断了自尽的念头。

巧合的是，第二天，汉和帝的病真的好了。在知道邓绥以死为自己延续生命的时候，汉和帝竟然落下泪来，对她也更加宠爱了。

随着时间的推移，皇后暗中请术士的事情传到了皇帝的耳朵里，汉和帝因此十分生气。公元102年，汉和帝下令立案侦讯阴皇后与她的外祖母邓朱氏等人一起使用巫术的事情。没多久，就真相大白了，阴皇后被废除，最终忧郁而死。

阴皇后东窗事发之后，邓绥不计前嫌，出面为她求情。汉和帝虽然没有恩准，但是却为她的宽宏大量所感动，邓绥在朝野上下、宫内宫外都得到了很高的声誉。可是，邓绥从来不为这些事情沾沾自喜，反倒是对外称病，尽可能地减少不必要的应酬，刻意避开那些赞扬自己的场面。

汉和帝废黜阴后，改立邓绥为后。刚开始，邓绥并不愿意接任皇后之位，后来在汉和帝的一再坚持下，才在冬至那日登上了皇后的宝座，入住长秋宫。经历了这番宫廷争斗，邓绥也变得成熟起来。

邓绥做了皇后，并没有居功自傲，而是和以前一样待人谦和、生活朴素，严格要求自己，不敢有一丝一毫的放纵。邓绥严令各地的官吏，不得向她进献奇珍异宝之物，只允许在岁末的时候，贡献一点笔墨纸砚，仅此而已。

后来，邓绥还拒绝了汉和帝封赏其家人的要求，避免出现外戚专权的祸患。而在邓绥为后期间，她的哥哥也只是做了虎贲中郎将一职。

在一些小事当中就能体现出邓绥的威望和明察。在汉和帝刚刚死的时候，就有人趁着宫中混乱把很多的珠宝藏了起来。邓绥想，如果严刑拷打，一定会屈成招伤及无辜的人。于是她就将相关的人员集合起来，仔细地观察，用攻心之法扫视众人。藏珠宝的人因为心虚，迫于邓绥的威望，当时就主动承认了，并且叩头请罪。没过多久，汉和帝当年的宠臣吉成便被人告发使用巫术。通过拷讯，吉成对此供认不讳。邓绥感觉这件事十分可疑，吉成是献帝刘肇的左右近臣，先帝对他有恩，他怎么可能会使巫术迫害先帝呢？这样看起来于情于理都不合。其中必定有什么原因。邓绥就亲自复审，果然不出所料，吉成是被冤枉的，邓绥为吉成主持正义，众人无不为之叹服，都诚赞邓绥非常圣明。

可惜的是邓绥所拥立的汉殇帝即位不到一年便夭折了。邓绥又和她的哥哥邓骘商量了立汉和帝的哥哥清河王刘庆的儿子刘祜为帝。就这样，13岁的刘祜成了东汉的皇帝，历史上称为汉安帝。邓绥再一次以皇太后的身份临朝听政。

邓骘在邓绥两度临朝称制以来就开始受到重用，邓氏外戚也随着崛起。

到了东汉时期，但凡有太后摄知国政的，一定就会造成外戚参与机要委以重任。毕竟对皇太后而言，娘家的亲属是用钱就能维持的。整个东汉的皇帝都死得非常早，所以权力都集中在皇太后的手中，汉章帝窦后、汉和帝邓后、汉安帝阎后、汉顺帝梁后、汉桓帝窦后、汉灵帝何后都是这样的。

但是唯独在邓绥临朝时，她能够借鉴历史经验，对外戚加以约束。在她看来，严格的约束外戚，正是为了保证他们能够历久不衰。她始终牢牢地记得汉章帝时期，窦氏外戚被诛的教训，并且引以为戒。

她充分利用手中的权力为自己营造一个施展才干的大舞台。虽然汉安帝即位，但是邓绥依然将朝政大权牢牢掌握在自己的手中。

公元121年，邓绥的身体状况越来越糟，常常整夜都在咳嗽。到了2月，病情变得更加严重，邓绥深深地知道自己将于不久就告别人世了，但是她依然坚持乘御辇到前殿朝会群臣，和侍中以及尚书相见，而且去了皇太子刘保刚刚修缮的新宫。回来后，她大赦天下，并且发布诏书向天下的臣民宣布自己的病情，而且以大局为重，说明这个时期东汉朝廷处在非常正常的状态。

同年 3 月，邓绥因病去世，享年 41 岁。邓绥死后和汉和帝合葬在慎陵，谥号为和熹皇后，依照古代的谥法，有功的亡人被称为"熹"。这个字恰到好处地总结了她为汉室勤勤恳恳的一生。

在安帝成年之后，不管邓绥她多么勤勉为国，但是亲政的想法一直都在他脑海。因此，汉安帝对自己形同虚设的状态非常不满，从而就产生了怨恨情结。加上汉安帝的乳母王圣经常在他面前搬弄是非，说邓绥的坏话，这让汉安帝的心里更加气愤。

邓绥刚死去，就有人巧设罪名，对邓氏的外戚进行诬陷。于是，汉安帝开始拿邓氏家族开刀，将邓氏的子弟全都削夺爵位，废为庶人。有一些还被流放边疆，在地方官的威逼下不得不自杀。

邓绥尸骨未寒，其家族的亲信就遭受了冤狱，天下没有不为之痛惜的。大司农朱宠认为邓骘没有罪。于是就用车子拉着他的棺材，光着膀子上朝，给他鸣冤。接着，众位大臣都替邓骘喊冤。汉安帝在无奈的情况下，把他安葬在洛阳北邙山的祖坟中。邓骘归葬的那天，有不少的大臣都非常悲伤，一直到了顺帝即位后，才给邓骘恢复了其应有的名誉。

公元 105 年，年仅 27 岁的和帝因病去世。他的大儿子平原王刘胜，虽说年纪是最大一个，但是却身患疾病。其他的皇子相继夭折的也有数十人，只有小儿子刘隆在宫外寄养，只有百日之大，尚在襁褓当中。这样一来，支撑朝廷大局的重任就落在 25 岁的邓绥身上。首先她策定了皇嗣，将刘隆立为帝。历史上称为殇帝。她以皇太后的身份临朝称制，自称为"朕"，掌控实权。

邓绥称帝之后，就即刻下诏令大赦天下。赦免了建武（既光武帝刘秀年号）以来因罪囚禁的犯人，连前朝明帝和章帝时被废黜的皇后马窦两家也都宽赦为平民。她定制了一系列的措施，使宫中形成了节俭的良好风气，也因此获得了百姓的爱戴。

第十五章

昏庸无能的傀儡皇帝——汉安帝刘祜

帝王档案

☆姓名：刘祜

☆民族：汉族

☆出生日期：公元94年

☆逝世日期：公元125年

☆配偶：阎皇后、李贵人

☆子女：1个儿子

☆在位：19年（公元106年~公元125年）

☆继位人：刘懿（早夭）

☆庙号：恭宗

☆谥号：孝安皇帝

☆陵墓：恭陵

☆生平简历：

公元93年，刘祜出世。

公元106年，殇帝早夭，刘祜即位。

公元121年，把持朝政的邓太后去世，安帝刘祜开始着手镇压邓氏外戚集团。

公元125年，安帝刘祜在巡游中去世。

人物简评 ✑

汉安帝刘祜一朝，天灾肆虐、外族内侵、外戚和宦官专权。面临巨大的统治危机，东汉元气大伤，统治集团内部权力分化。安帝在位19年，前15年邓太后掌权，安帝形同虚设。后4年，外戚和宦官专权，任其玩弄权术，诬陷忠臣，昏庸无能。安帝任人唯亲，既没有治国之才，也不能任用忠良，导致东汉的统治危机日益加深。

生平故事 ✑

当上傀儡皇帝

汉和帝去世时，并没有宣布天子人选。那时，邓皇后和阴皇后都没有子嗣，嫔妃们所生的儿子，也大都夭折。于是，有人便认为皇宫是凶地，不宜皇子的生长。所以，每当再有皇子出生时，就会由奶娘将他们抱出皇宫扶养。

汉和帝驾崩后，朝中大臣一时间找不到皇子的下落。最后还是由邓皇后提供了一些线索，找到了两位皇子。一位是8岁的皇子刘胜，可惜他生来就有顽疾，不宜继承皇位，另一位就是汉和帝的幼子刘隆，出生刚一百天，便被迎回宫中，册立为太子，择日继承皇位，史称汉殇帝，而邓皇后则为太后。汉殇帝是中国历史上年龄最小、寿命最短的皇帝。

汉殇帝继位后，邓太后就非常有远见，她命人把清河孝王的儿子刘祜接到京中，以备不时之需。其实邓太后这么做的目的很明显，如果汉殇帝早夭的话，那么下一任皇帝就是刘祜。

公元106年，汉殇帝因病去世，还不到1岁。汉殇帝驾崩后，朝中大臣商议立8岁的刘胜为储君。可是邓太后却不愿意，她想要把持大权，就必须立13岁的刘祜为储。于是，邓太后秘密把自己的兄弟邓骘、邓悝招进皇宫，商议将刘祜接进皇宫的事宜。

到了晚上，邓骘等人拿着太后的懿旨连夜出城，赶在刘胜回宫之前，将刘祜接进了皇宫。刘祜进宫后，邓太后封其为长安侯，打算在第二天举办登基大典，让刘祜登基为帝，并且向百官通告了要立新君的消息。

第二天一大早，朝中百官都身穿吉服站在大殿两侧，而邓太后也随之赶到。百官翘首企盼，等待着刘胜的到来。谁知，刘胜没有来，倒是13岁的刘祜在礼仪官的指引下，登上了崇德殿。官员们面面相觑，不知道如何是好。如果这个时候出来阻止的话，不仅官位不保，甚至还会危及性命，连累了家人。就这样，大典就在文武百官的左顾右盼、左思右想中结束。

在登基大典上，诏书这样写的：长安侯刘祜对国家忠心耿耿，孝顺父母，仁厚慈爱，虽然年仅13岁，但他却有大人的抱负，通晓四书五经。而且刘祜还是汉章帝的长孙，将他立为皇位继承人，名正言顺，是可以继承汉和帝事业的。

诏书宣读完毕后，太尉将玉玺和绶带交到刘祜的手上，朝中大臣三呼万岁，对这新帝行完大礼后，登基大典算是完成了，刘祜成为东汉王朝的新皇帝，即汉安帝。刘祜登基最高兴的莫过于他的父亲清河王刘庆了。

刘庆是汉章帝的第三个儿子。原本，刘庆才是东汉王朝名正言顺的继承人，当初汉章帝立他为太子，可惜最后被窦太后诬陷，贬为清河王。刘庆被废后，一直谨言慎行、做事谨慎，几乎从来没有犯过什么错。

汉和帝时期，窦氏外戚专权严重，汉和帝派遣刘庆带兵围剿，立下了不少的汗马功劳，由此也受到汉和帝的重用。后来，刘庆的长子刘祜登基为帝，他也算是从这种心惊胆战的日子里解脱出来。只可惜刘庆不是个享福的人，刘祜刚登基四个月，他便因病去世了。死前，他恳请邓太后将他埋葬在自己生母宋贵人身边，邓太后了却了他的心愿，并且用太子葬礼的规格将其安葬。

太后专权　久不归政

刘祜登基后，表面上是刘祜为皇帝，实际上掌权的是邓太后，刘祜只不过是一个傀儡而已。汉和帝和汉殇帝的相继去世，使得东汉王朝元气大伤，光是为两位皇帝修建陵墓就已经惹得民不聊生，赋役沉重，百姓苦不堪言。邓太后见状，便下令缩减汉殇帝陵墓的建造范围，尽可能地减轻百姓的负担。

公元106年，汉安帝登基为帝的那一年，全国有18个地方发生了地震灾害，有41个地方发生了洪灾，而有28个地方则是受到了冰雹和风暴的攻击。在登基这一年发生这么多事情，朝中大臣便将目光落在了汉安帝身上，认为他的皇位名不正言不顺，登基之后，又使得皇权外漏，所以这一切的灾难应该都是汉安帝引来的。

所以，朝中的一些官僚便以此为理由发动了政变，要立刘胜为皇帝。邓太后知道后，马上派兵镇压，将这次反叛扼杀在摇篮里。在接下来的十几年中，东汉王朝一直处在内忧外患的局面中，内有水旱灾害和盗贼肆虐，外有民族侵犯、边境难安，所以作为朝政把持者的邓太后，无疑是忙昏了头。

在治理内忧方面，邓太后只能亲力亲为，劳心劳力，很是辛苦。每次听说有人挨饿受冻的时候，邓太后都难过的吃不下饭，睡不着觉，并且还带头缩衣减食。她还派遣官员去各地巡查，对于那些灾害严重的地区，便免去他们的赋税，减轻百姓的负担，帮助他们重新建造房屋，发展农业，以此来安抚天下百姓的心。后来，在邓太后的亲力主持下，东汉王朝的经济才慢慢地复苏过来，并没有被自然灾害所打倒。公元108年，京师遭遇百年不遇的大旱。邓太后亲自带人前去了解旱情。

有人说，旱灾主要是因为京师有冤情才这样的。于是，邓太后又重新审理冤狱，审查囚徒，甚至亲自前往狱中，问问有没有受冤的人们。其中，有一个囚犯被他人诬告杀人，最后被当地的官吏屈打成招。这个囚犯见邓太后亲自前来审理，本来想要把自己的冤情告诉邓太后，可是又畏惧旁边的官吏，不敢开口伸冤。

邓太后问了好多遍，都没有人应答，只能转身离去。这位囚犯眼看着邓太后就要出门了，心中非常着急，眼睛直勾勾地看着邓太后，一副欲言又止的模样。邓太后像感应到了似的，她快步走到这名囚犯面前，向他询问所犯的罪过，并且还派人详细核查一番，证实这个人确实是被冤枉的，于是便下令把他无罪释放。最后，邓太后还把负责此案的洛阳令收押，治了一个办案不利之罪。

邓太后处理完这名囚犯的案子后，奇怪的事情就发生了。刚才还阳光明媚的天空突然之间乌云密布，没过多久就下起了瓢泼大雨。这一场及时雨，大大缓解了京师久旱的困境，给百姓带来了福音。

百姓们都说是上天被邓太后的贤德所感动，所以才下了这场雨。后来，每逢遇到大旱天气，邓太后都会亲自前往牢狱，去审查那些被冤的百姓，为他们洗脱冤屈，惩处办案徇私的官员。在邓太后的治理下，东汉王朝罔顾法纪的现象大大减少，屈打成招的冤案也有了大幅度的降低。

除了天灾，外患则有西域各国的叛乱。西域各国听说了汉和帝驾崩的消息后，便纷纷叛离东汉王朝。自从东汉外交家班超年迈回国后，由任尚接替了他的工作，负责东汉和西域之间的交流工作。可惜，任尚的交往才能并不能和班超相提并论，相反，任尚在西域期间，不仅没有做好一个都护的责任，而且还带头为非作歹，致使西域各国起兵反抗，抵制任尚。任尚无力应付，只好上书东汉朝廷，请求派兵支援。邓太后接到密报后，连夜派兵遣将去支援任尚。后来国内形势发生了新变化，邓太后便和朝中大臣各自商议，想着要放弃西域都护，集中所有的兵力去应对国内新形势。

于是，邓太后命令在西域附近的羌人把西域都护使迎接回国，可是羌人担心他们把都护史送回去之后，邓太后不让他们回来，所以便没有答应邓太后的要求。刚开始，反抗的队伍还比较小，后来邓太后为了震慑羌人，便采取了杀一儆百的政策，谁知这一政策彻底激怒了羌人，引起了大规模的反汉运动。这场战争一直持续到公元117年，耗费了巨大的财力人力，才将这场羌人起义镇压下去。经过这一场战争后，东汉王朝的国力急速下降，加速了东汉王朝的灭亡。

而在外戚方面，邓太后也是比较注重管理的。邓骘是邓太后的哥哥，深受邓太后的器重，曾经任职车骑将军。在东汉时期，总共出现了六位临朝听政的太后，每一次太后听政时，都会邀请自家的亲戚前来参与，由此也使得外戚权力过大，使得朝政乌烟瘴气，朝纲混乱。到了邓太后时期，她曾经亲眼目睹了窦氏一族被灭门的惨剧。所以，自此她执政之后，便注重对外戚的约束，不允许他们像窦氏一族一样仗着位高权重，为非作歹、胡作非为。

如果自己家族里面有犯法的人，邓太后也绝不姑息，甚至还经常命令当地的官吏：邓家人犯法，一定要严格办理。

邓凤是邓骘的儿子，也是邓太后的侄子，任职侍中。有一回，任尚得了几匹良马，便派人送给了邓凤，想要巴结他，而邓凤什么都没说就收下了。后来，任尚犯了盗窃罪，被逮捕归案，并交给廷尉衙门审理。邓凤得知后，担心任尚会把送给自己良马的事情抖搂出来，于是便提前把这件事情告诉给父亲邓骘。邓骘听后，心里也大为震惊。他深知妹妹对本族人的约束，为了以防万一，他剃掉了儿子和妻子的头发，并且带着他们向邓太后请罪。这件事情被百姓知道后，都交口称赞。

公元 115 年，汉安帝刘祜已经 22 岁了，到了选妃的年龄。在邓太后看来，汉朝几代先帝的皇后都出自于窦家、阴家、邓家和马家，所以，邓太后便反其道而行，册封阎贵人为皇后。那个时候，汉安帝已经有了一个儿子，取名为刘保，为李贵人所生。

这个时候的朝政大权还牢牢掌控在邓太后手中，刘祜成亲后，邓太后也没有将政权归还的意思。朝中各大臣看此，心中颇有微词。他们联合上书说，汉安帝已经长大成人，皇太后应该早日把政权交还给汉安帝，让汉安帝自己学着去治理国家，而太后可在一旁辅佐。

邓太后可是最不喜欢听到这话了。虽然她知道朝中众人对自己的异议，但是又不能将他们统统杀死。于是她便想出了一个杀一儆百的法子。这时，恰巧郎中杜根上奏，请求邓太后尽早把政权交给汉安帝。邓太后心中大怒，将朝中百官都召集过来，要在他们面前诛杀杜根，想要以此起到震慑的作用。

邓太后命人把杜根装到麻袋里面摔死，施刑的人对杜根本人很是敬仰，所以在施刑的时候并没有用尽全力，想着把杜根运出宫后，放他逃走。这邓太后一生为人谨慎，她担心杜根没有死，反复派人检查了好多遍。杜根苏醒后，知道施刑的人救了他，心里万分感激，可是邓太后这边还没有放下疑心，也只好一直躲在麻袋中装死，伤口无法处理，三天之后竟然生出蛆虫来。这样，邓太后才真正相信杜根已经死了，这才停止了检查，命人将杜根的尸体扔出皇宫。

杜根出宫后，便匆忙逃往自己的家乡，从此过着隐姓埋名的日子。

后来，邓太后的堂兄邓康也开始委婉地劝说她，应该听从朝中大臣的建议，早日把执政大权交给汉安帝。可惜，这个建议被邓太后毫不犹豫地拒绝了，并且还训斥了他一番。邓康无奈，便称病不再上朝。邓康这样做，无疑就是给邓太后叫板，邓太后心里非常生气，便派自己的亲信前去探望，一探虚实。

说起来这个亲信还是邓康将其选进宫的。进宫之后，便一直服侍在邓太后身边，可是宫里的老侍婢了，宫中的太监宫女都称她为中大人。侍婢来到邓康府中，也是以中大人自居的，并且对邓康极其傲慢，由此而遭到了邓康的训斥。

这位侍婢怀恨在心，回到宫中后便对邓太后报告，是邓康不满太后执政，所以才谎称自己得病，不愿意上朝。邓太后听了之后，心里更是愤怒万分，她下懿旨免去了邓康的职位，并且将他从族谱上除了名。

其后，凡是有人劝说邓太后归还政权的，都被邓太后下了牢狱，有的甚至还为此丢了性命。从那之后，朝中大臣便无人再敢提归政之事。直到公元121年，邓太后去世，29岁的汉安帝才拿回了属于自己的政权。

重用外戚　宠信宦官

汉安帝29岁才算是真正执政。虽然说汉安帝执政时，东汉王朝在邓太后的治理下，天下已趋于太平，百姓也算安居乐业，但是汉安帝上台后，一点治国的经验都没有，所以这也就注定了汉安帝无法发扬汉朝基业，更不能继续延续邓太后的功绩。最后，在他执政后的五年间，朝中大权便下落到外戚和宦官手中。

汉安帝长期被邓太后压制，这也致使他养成了唯唯诺诺的性格，根本就没有独立解决问题的能力。所以，邓太后去世后，汉安帝的支柱没有了，他也只能再另寻靠山，失了帝王的风范。在朝中，他主要依靠着三股势力行事。

其一，我们都知道，汉安帝的祖母为宋贵人。汉安帝执政后，追封其父刘庆为孝德皇，其母为孝德后，而其祖母宋贵人为敬隐后。接着，汉安帝又册封刘庆的四个舅舅为列侯，手中各自都握有大权。这一次，宋氏一族大大小小被册封的有十几个人。汉安帝想要依靠这种方式，来巩固自己的统治。

其二，阎姬是汉安帝的皇后，阎姬的祖父阎章，对国家典章制度极为精通。汉明帝时期，阎章任职尚书，他的两个妹妹则是汉明帝的贵人。这也就是说，从汉明帝时期，阎家就是名副其实的皇亲国戚。只不过，当时汉明帝对外戚专权一事很是忌讳，所以阎章并没有得到皇亲国戚的荣耀。相反，为了控制外戚，汉明帝从不允许外戚的官位太高，限制了外戚的仕途之路，就算你能力再强，也不得升任。

到了阎姬这里，阎姬的母亲和邓太后弟弟的夫人是同胞姐妹，因为这种关系，阎姬在进宫之后，没少得到邓太后的照顾。而她能够登上皇后之位，恐怕这也是其中很重要的一个因素。阎姬家中有四个弟兄，只有她这一个女儿，所以她从小就被父母百般呵护，看作是掌上明珠。

阎姬长得是花容月貌、娇俏可爱，再加上她比较聪慧，又颇具有才气，所以才被选入后宫。那个时候，汉安帝刚刚 20 岁，手中还没有实权，朝中大事也都归邓太后一人掌控。所以，平日里汉安帝无所事事，整日沉迷在酒色之中。汉安帝一见到阎姬，便被她的容貌所吸引，二人如胶似漆，恩爱了得。不久后，汉安帝册封阎姬为贵人。

第二年，在邓太后的主持下，汉安帝晋封阎姬为皇后。阎姬入宫前有父母的宠爱，入宫后又有邓太后的庇佑，可谓是一帆风顺，没有受到过什么挫折。

而正是因为父母的宠爱，使得她养成了骄纵、任性的性格，在宫中，稍有不满，便大吵大闹、斥责宫人，要尽了威风。此外，阎姬还有着非常强烈的妒忌心，她不允许汉安帝和其他妃子打闹嬉戏，而那些得到汉安帝宠爱的女子，她也会想尽办法置她们于死地。

李贵人为汉安帝生下一个皇子，取名为刘保，这也是汉安帝唯一的儿子。阎姬更是把李贵人看作眼中钉肉中刺，时时刻刻想着把她除去。后来，她终于寻了一个机会，将那李贵人鸩杀，而那时小皇子还不足一个月。

对于她的恶行，汉安帝选择睁一只眼闭一只眼，得过且过，并没有责罚过她，甚至都没有阻止过她。相反，汉安帝还册封阎姬的父亲阎畅为北宜春侯，阎畅因病去世后，他的大儿子阎显继承了父亲的爵位。

邓太后去世后，这可给了阎家一个天大的机会。为了扩大自己家族的势力，阎姬便怂恿汉安帝尽快除去邓氏家族的势力，防止邓氏家族专权，然后还要求汉安帝——加封她的那几个兄弟，使他们个个都有了官职爵位。就这样，在邓太后去世不到一年的时间里，阎家的权势急速膨胀，甚至连家里六七岁的顽童都已经成了侍郎。

阎姬也想要像邓太后那样，能够把持朝政，成为万人之君。所以，每当汉安帝处理朝政的时候，她都要从旁观看、聆听，学习政治之道。而汉安帝对她也是言听计从，没有一丝的反驳。

太子刘保一直是阎姬的心头大患，她担心刘保继位之后，会为他的母亲报仇，于是便向汉安帝诬告 11 岁的太子有谋反之心，逼着汉安帝废黜了刘保的太子之位，贬为济阴王。连废立太子的权力都是由阎氏一族决定的，可想而知，阎氏家族到底张狂到了何种地步。

其三，汉安帝依靠的第三股势力就是宦官。刘祜登基初期，并不参与朝中政事，所以他每日便和太监内侍玩在一起，整日寻欢作乐。时间长久后，汉安帝也和这些宦官们产生了感情。所以汉安帝执政之后，对宦官是十分依赖和信任的。

此外，王圣是汉安帝的乳母，从汉安帝出生那一刻起，便日夜在汉安帝身旁照顾，很得汉安帝的敬重。对于王圣的话，汉安帝几乎从未驳斥过。汉安帝执政后，还册封王圣为野王君，可以称得上是中国历史上乳母受封的第一人。王圣还有一个女儿，名为伯荣，长相俊美、口齿伶俐，也很得汉安帝的喜爱，将其封为中使，可以自由出入皇宫。

昏庸无道　诛杀忠良

汉安帝没有治国经验，不懂得执政之道。汉安帝登基后，外戚宦官专权朝中，这惹得朝中一干忠臣之士愤愤不平，有人曾经好多次上书汉安帝，为其讲述其中利害关系，但是汉安帝却并不听从。

司徒杨震是弘农华阴人（今属陕西），他博览经书，无所不通，有"关西孔子"的称号。杨震曾经任职荆州刺史，为官清廉、性情耿直，百姓们对他都极其敬重。公元120年，邓太后晋升杨震为司徒，在京师任职。后来，汉安帝执政后，又升任他为太尉，位列三公。那个时候，朝中有一条规定：只有三公才有权力去举荐官吏。

汉安帝的舅舅耿宝是大鸿胪，位列九卿，没有推荐官吏之权。耿宝有一个好朋友，想要入朝为官，于是便派人请杨震向汉安帝举荐，希望能够在朝中谋得一官半职。可是杨震知道耿宝的这个朋友并没有真才实学，于是便严词拒绝了。

后来，汉安帝的小舅子阎显也曾经拜托杨震为他举荐一名好朋友，同样被杨震拒绝了，惹得阎显很是不快。这时，司空刘授知道了这件事情，他为了讨好耿宝和阎显这两位皇亲国戚，便把他们二人的好友全部录用为官吏。

耿宝和阎显因为都遭到了杨震的拒绝，所以怀恨在心，想要伺机报复。

正巧这时，有一位名为赵腾的人专门赶到了京城，向汉安帝呈递折子。折子里述说了汉安帝执政以来的错误和正确之处。可是汉安帝哪会听进如此"大逆不道"的言论，于是便命人将赵腾抓起来，严加审讯。

执法部门为了迎合汉安帝的喜好，判了赵腾死刑，这让天下的百姓寒透了心。杨震知道此事后，便为赵腾求情，并且还劝说汉安帝，只有悉心

听取百姓的意见，才能够真正了解民情，才能更好地治理国家。皇上只要赦免赵腾的罪过，就可以打开言路，吸引大批的贤能异士来为皇上效力。可惜，昏庸无道的汉安帝怎么可能听进去杨震的意见，他坚持要将赵腾处斩，以儆效尤。

公元 124 年，汉安帝东巡，樊丰等人便借此机会，以为汉安帝建造府邸的名义，大肆搜刮钱财，危害百姓。杨震知道后，便下令彻查此事，最后查出是樊丰等人伪造的圣旨，伪造圣旨就是犯了欺君之罪，死罪是在所难免了。

樊丰等人很是惶恐，便联合耿宝、阎显等人来了个恶人先告状，诬告杨震对赵腾事件不满，经常出言不逊，诅咒汉安帝。汉安帝一收到阎显等人的来信，连证实都来不及，便匆匆定了杨震的罪。没收了他的官印，免去了他的职务。

经过这一事件后，杨震算是对这位皇帝失望透顶，免职倒也好，他也可以赋闲在家，不理朝中纷杂之事，倒也是自在。

这时，阎显等人又起了坏心思，他们看不得杨震舒服，于是再次诬告杨震，免职之后因为激愤难平，经常私自辱骂汉安帝。随后，汉安帝又把杨震赶出京城，打回原籍居住。杨震也只好带着家人们动身返回家乡华阴。

走到洛阳城西时，杨震看着渐远的京师，心里很不是滋味，他转身对儿子们说："我一生为官清廉，见不得危害国家之辈。我痛恨那些危害国家的奸臣，痛恨扰乱朝纲的女宠，我也痛恨自己无力挽回如今的局面，实在无颜面对家乡父老啊！"说完便喝下毒药，死在了洛阳城西处。

杨震这个刚正不阿的名臣就这样被诬告而死。直到汉顺帝登基后，杨震的门生为其平反，杨震才得以沉冤得雪。

邓氏一族遭诬陷

汉安帝刘祜从小聪明伶俐，深得邓太后的喜欢。殇帝刘隆驾崩之后，邓太后就选继任皇帝。可是，随着汉安帝不断长大，从前的机智灵敏似乎消失了，依照现在的话说就是有些呆傻，不会察言观色。邓太后让刘祜当上皇帝，也算是对他有恩，即便太后如今手中的权力再大，将来这些也都是他的。

可是，随着汉安帝渐渐长大成人，性格变得越来越孤僻，独来独往，唯一的玩伴就是身边的宦官。邓太后因此对他十分失望，时间一长，两个人之间就出现了隔阂。邓太后虽然心里不高兴，但是废立皇上何等大事，而且涉及太多官员们的利益，所以她既不敢冒天下之大不韪废黜皇帝，也没有对汉安帝加以教导。可以这样说，汉安帝最终的失政，与邓太后并不是没有关系。邓太后怎么也想不到，在自己去世之后，邓氏一族会面临如此危险。

邓太后煞费苦心，将朝野上下打理得井然有序。汉安帝只需要待在后宫，吃喝玩乐，就可以坐拥天下，这何尝不是一种幸福呢！可是，这种有名无权的日子已经太久了，当然觉得很委屈。所以汉安帝难免会对邓太后有所不满，甚至产生愤恨，可是又没有能力将朝政的大权夺回来，心中很是憋闷。

公元119年，邓太后下旨在京城兴办学校，让宗室子女得到良好的教育，河间王刘开之子刘翼长相俊美、学习成绩突出，邓太后见后十分欢喜，对他就像对待自己的孩子一样，汉安帝的乳娘王圣看到邓太后久不归政，就担心她会废掉汉安帝另立新皇，心中焦虑不安。

邓太后去世之后，王圣经常在汉安帝面前说邓太后的坏话。有一次，王圣偷偷对汉安帝说："邓太后在世时，暗地里与邓悝等人相互勾结，想要谋害罢黜皇上，立刘翼为帝。臣本想告诉陛下，只是无奈刘翼是邓太后宠爱的人，所以一直没有告诉您，望陛下圣明，可以铲除奸佞，以正国法。"

汉安帝听后十分生气，可是苦于没有证据，于是决定先拿邓氏一族开刀，也算是为自己出一口恶气。随即，汉安帝决定彻查此事，虽然这时邓悝、邓弘、邓阊等人都已经死了，死无对证，但是汉安帝依然以大逆不道之罪废黜了邓氏子孙的官爵，贬为庶人，邓家的财产充公。

不仅如此，邓后的兄长车骑将军邓骘也被汉安帝在没有找到任何证据的前提下免职，并遣返原籍，将他的全部财产充公。邓骘和儿子邓凤眼见家族受尽屈辱，知道没有地方伸冤，最终绝食而亡。邓骘的弟弟河南尹邓豹、度辽将军舞阳侯邓遵、将作大匠邓畅三个人，得到族人受冤的消息后，为了避免被俘之后受辱，也都服毒自尽。就因为乳娘的一句话，邓氏一族几乎遭受灭顶之灾，当真是惨烈至极！

这所有的一切都发生在公元121年。太后虽然怀有仁德之心，兄弟虽忧国忧民，但却统统含冤而死，这不禁让天下人惋惜！邓氏一族并没有胡作非为、贪赃枉法，竟还会遭此不幸，尸骨未寒的邓太后又怎么会心安呢？

第十六章

在夹缝中痛苦生存的君王——汉顺帝刘保

帝王档案

☆姓名：刘保

☆民族：汉族

☆出生日期：115 年

☆逝世日期：144 年

☆配偶：梁皇后

☆子女：1 个儿子，3 个女儿

☆在位：19 年（公元 125 年~公元 144 年）

☆继位人：刘炳

☆庙号：敬宗

☆谥号：孝顺皇帝

☆陵墓：宪陵

☆生平简历：

公元 115 年，汉顺帝刘保出生。

公元 125 年，汉安帝去世，刘保被宦官拥立为皇帝。

公元 144 年，汉顺帝病逝。

人物简评

汉顺帝刘保，"顺"有慈和遍服之意。汉顺帝虽然身为先帝汉安帝唯一的儿子，但是继位并不顺利，屡次被诬陷。后来，被宦官拥立为帝。他受制于宦官，依赖外戚，导致宦官和外戚的轮流执政。汉顺帝也重用了一些能干的忠臣，但是国家内忧外患严重，虽然采取了一些有效措施，但是根本无力改变东汉衰落的颓势。阶级矛盾日益激烈，朝政日渐腐败，民不聊生。

生平故事

太子刘保被废

汉顺帝刘保，汉安帝刘祜的独生儿子，母亲是汉安帝宠姜李贵人。作为独子，本来应该享受父皇的爱护，顺利地继承皇位。但是，他却被阎皇后害得不浅，不仅毒死了他的母亲，还剥夺了他的继承权。后来，人心所向，他终于当了皇帝。

刘保 7 岁的时候就被立为太子，10 岁的时候遭到阎后等人诬陷，从他刚出生就没了母亲。后来又以试图叛乱罪被废黜，改封为济阴王。在汉安帝死之后，皇后阎姬撇下刘保，将刘懿拥立为少帝临朝听政，掌握朝政大权。没想到刘懿仅仅做了 7 个月的皇帝就死了。宦官孙程等 19 个人发动了宫廷政变，赶走阎太后，把年仅 11 岁的刘保拥立为帝。改元为"永建"。后来，这 19 位迎立皇帝有功的宦官都被封侯了。

汉顺帝在即位以后，因为宦官拥立有功，所以势力非常大。刘保的内心非常不满，没过多久就以"争功"为名，把宦官的势力赶出了政治中枢，但是没想到，宦官走了，外戚来了。顺帝宠爱了妃子梁氏之后，外戚梁氏的势力也随着膨胀起来，渐渐地掌控了朝政的大权。虽说顺帝贵为天子，但是没有掌握大权。

随着东汉王朝渐渐的衰落，顺帝当政也并没有得到好转。此时不断爆发天灾，农民起义也不断，顺帝虽然有心治理，但是能力不济，实在是没有取得什么大的成效。于是，他就听之任之，也加重了东汉的政治经济形势，东汉王朝变得更加堕落腐朽。

汉顺帝刘保是汉安帝唯一的儿子，但是他登基的历程却是充满了坎坷。可以说一直阻挠他的人就是加害他母亲的阎皇后。在汉安帝病逝以后，阎皇后就一手遮天，不但剥夺了他的皇位，而且还不允许他在父皇的灵柩前哭丧。

随后，阎皇后和大长秋江京、中常侍樊丰和安帝乳母王圣等人勾结，设下了秘计，联手向刘保发动攻势，企图让10岁的太子下台。他们罗织罪名告发太子的乳母王男和厨监邴吉图谋不轨。安帝只听阎姬的话，下令将王男和邴吉斩首了。

刘保早年丧母，乳母王男对他很是疼惜，多少弥补了刘保的丧母之痛，但是却没办法保住乳母。他只能在没有人的时候悄悄流眼泪，劝慰乳母的在天之灵。

阎皇后把太子身边的人处置了之后，就把矛头指向了刘保。阎姬指使江京、樊丰和王圣捏造罪名，诬陷太子和东宫官属对皇上不满，有谋逆心。

阎姬也日夜在安帝耳边添油加醋诉说太子和他的官属谋权夺位。这是空穴来风的事情，但是汉安帝信任的宦官和乳母都痛斥太子有谋权篡位的嫌疑。安帝联想到王男和邴吉的谋反就勃然大怒，认为太子不足以承大统，就召来公卿大臣，讨论把太子刘保废黜。大将军耿宝等人知道这是阎姬的旨意，也认为太子当废。太仆卿来历和太常卿桓焉等人向皇帝指出："古人云，年龄不满十五的人，犯其错不能归结在自己身上。何况王男和邴吉的阴谋，太子怎么会知晓。当下最要紧的就是应该给太子选取忠良之臣作为老师，教他礼仪。至于废置之事，关系到国家的运程，希望皇上三思而后行。"安帝相信了阎姬等人的话，也不听劝阻。公元124年9月，11

岁的皇太子刘保就被废为济阴王。

刘保被废后，安帝还没来得及商议再立储君的事就死在了南巡的途中。阎皇后和她的哥哥阎显等人认为必须把这个消息封锁起来，如果留守在京城的官员知道安帝的死讯之后，就会拥立安帝唯一的儿子废太子济阴王刘保为帝，阎皇后不在京城，形势必定对阎氏不利，皇后阎姬对外宣称："皇帝病重不能亲见众卿！"

阎皇后把安帝的尸体转移到了卧车当中，在回京的路上，阎姬亲侍车旁，每天上食，端送汤药，还不时向车内的尸首问候起居，以掩盖真情，迷惑众人。这一路，除了阎皇后的亲信外，没有人知道皇上已经驾崩。从叶城到洛阳这六百里的归程，阎皇后命令众人一直赶路，终于在四天以后回到了洛阳。

迎接安帝归来的朝臣并没有见到皇上，他们当然还不知道汉安帝已经变成了一具僵冷变臭的尸体。

阎皇后在这四天当中和尸体一直为伍，回到宫中，阎皇后就假称安帝病危了，由司徒刘熹祭告祖庙和天地，请求神灵保佑安帝，以欺骗臣民。当天夜里阎皇后宣布求神无效，安帝驾崩。

随后阎皇后被尊称为太后，临朝称制，垂帘听政，她派人迎立汉章帝的孙子，济北王刘寿之子北乡侯刘懿为帝。

刘懿登基为汉少帝。汉少帝继位时阎氏外戚继续把持朝政，但是，汉少帝只当了二百多天皇帝就命归黄泉。阎太后为了继续专权，就故伎重演，没有对外公布少帝死亡的消息。并且着手再从章帝的儿子济北王和河间王两家当中挑出一个小王子作为傀儡。为了防止事变发生，他们关闭宫门，并且派重兵把守。

再次被拥立为皇帝的废太子

朝中大臣居于宫外，并不知道少帝已经去世，但是宫里的太监不仅知道少帝病重，也知道少帝随时都有病逝的可能。宦官当中的中黄门孙程对阎皇后的所作所为非常不满，对年少的济阴王充满了同情。宫廷内将酝酿出一场政变，宦官和外戚在政治上的矛盾也是越来越深，这你死我活的残酷斗争。不管哪一方获胜，另一方都没有好的下场。孙程认为要在选定的继承人还没有进京之前行动，才能占据优势的地位。

孙程先找到了济阴王的谒者长兴渠，并对他说："济阴王是先帝的嫡嗣，应承嗣国统，因为坏人的谗陷，蒙蔽先帝才遭遇废黜。但大王本无失德，众人都知道。倘若北乡侯一病不起，那到时候咱们一起对付江京和阎显，就能成就大事。"长兴渠在听了以后，当然知道他说的"大事"是什么意思，认为这是个好主意，并且表示赞同。于是他们又秘密联合了中黄门王康。王康是曾经刘保做太子时候的官吏。从太子被废黜之后，他经常感叹愤恨阎皇后的诬陷，并且为刘保不平，自然也就同意和孙程共举大事。然后，孙程找到长乐太官丞王国。

王国本来就和孙程的关系不错，欣然答应了追随他一同行事。于是包括孙程、王康、王国、黄龙、彭恺等在内的共 19 个对阎显专权不满的宦官密谋起事，准备迎立济阴王刘保即皇位。

孙程联络众位宦官割袍起事，表示要同生共死。但是阎显等人对此事早就有预防，他们派李闰和江京去刘保的住所监视，防止刘保被劫持，拥立为帝。

孙程一行 19 人准备在深夜趁人不备之时把监视刘保的人杀死，将刘保救出。他们从章台门潜入刘保的住所。这时江京和李闰等人正坐在刘保住所的大门前，悠闲地聊天。孙程等 19 人拿出暗藏的利剑冲上去将江京和刘安、陈达三人杀死。

刘保住所中的卫兵和杂役全都由李闰管理调配。所以孙程等人没有立即就将他杀死。为了防止他手下的卫兵反抗，孙程把利剑架在李闰的脖子上厉声说道："我们是来拥戴济阴王当皇帝的，你最好不要反抗，不然就割下你的脑袋。"李闰闻听江京等人已经被杀，自己的生命还受到了威胁，随时都会有人头落地的危险，吓得他魂不附体脸色苍白，冷汗连连，浑身颤抖。他向孙程哀求说："你们别杀我，我全听你们的！"

于是，孙程等人顺利地劫持了刘保，事不宜迟，孙程命令李闰将服侍刘保的人带到德阳殿。刘保当时只有 11 岁，没等他弄明白是怎么回事，就

已经被扶上了龙椅。孙程宣布将刘保立为皇帝，并且通知朝中的大臣们前来朝拜。

众位大臣虽然是被孙程强迫，但是心里都觉得刘保具有合法的继承资格。虽说他被废，但是很明显是遭到了阎显等人的诬陷。虽然刘保被宦官孙程等人拥立为帝的做法不可取，但是刘保当上皇上还是众望所归的。所以，他们都齐向刘保行叩拜之礼，三呼万岁。

尚书令刘光上了一道奏章，代表群臣正式承认刘保即位的合法性，刘保也就成了汉顺帝，名副其实的大汉天子。这样一来，形势对孙程等人极为有利，皇帝都已经登基而且得到大臣同意。阎氏家族已经处于斗争的不利地位。

这场突然的宫廷事变，使得阎太后和阎显惊慌失措，他们选立的皇子还没有来京，这样一来他们想立的皇子也就失去了合法的地位。他们决定以武力来对付孙程等人，将刘保赶下台。宦官樊登劝阎显赶快调遣军队，阎显便以阎太后的名义下诏，命越骑校卫冯诗等人率领军队驻扎朔平门，对付孙程。

此时的朔平门由冯诗驻军，他并没有对孙程采取制止行动。阎太后为了促使他尽早进击孙程等人，就授予他将军印，以高官厚禄来引诱：能够抓到济阴王刘保的封为万户侯，抓到李闰的就封为千户侯。

阎姬觉得只要赏赐丰厚，必能笼络冯诗，让他们听从自己的调遣。冯诗的心里并没有为高官厚禄所动，于是就说请太后允许他回营搬救兵来护驾。这明显就是托词，是冯诗的金蝉脱壳之计。

在这样变幻不定的时刻，冯诗并不想冒政治风险，两派的斗争和他没有关系。阎姬对他产生了怀疑，便派樊登和他同往左掖门外调发兵马。谁知道，刚离开北宫，冯诗就杀死了樊登，回到大营当中闭门拒守，坐观形势的变化。冯诗选择了中立，给孙程等人的政变赢得了喘息的绝好时机。

在这次政变中阎显接连两次失利，只得依靠自家兄弟手中掌握的一点兵力，由主动转变为被动。阎显本来计划进击孙程，但是现在不得已只得转为防卫孙程，并派他担任卫尉职务的弟弟阎景带兵据守盛德门。

孙程忙派人用顺帝的诏书去召尚书郭镇，命令他立即逮捕阎景。此时郭镇正卧病在床，听到顺帝要召见他，就马上率领值夜的羽林军出发。郭镇在途中将正在向宫中进发的阎景拦截住，阎景大声喊道："不要拦我的去路，识相的就赶紧闪开。"郭镇听到之后，跳下战车，对着阎景大呼："现今我奉旨行事，要将你刺死。"

阎景知道来者不善，就大骂："你奉的是谁的旨？还不快让开！"。说着，阎景就举起刀向郭镇砍了过去，郭镇机警地一闪，这一刀落空了。说时迟那时快，郭镇回手一剑，就将阎景从车上击落，用戟抵着他的前胸，生擒阎景，并且将他押往廷尉大牢受审。当天晚上，阎景就死在了狱中。

随着阎景的死，阎太后和阎显就彻底处于孤立无援的地位了。孙程派人去皇宫逼迫阎太后交出象征皇权的玉玺。第二天一大早，孙程就以顺帝的名义，下令御史逮捕阎显、阎耀和阎晏等人，并且把他们一并处斩，家属也被流放到比景（今越南中部地区）。

阎氏的兄弟和他们的党羽被诛杀以后，议郎陈禅认为阎太后和顺帝不仅没有母子之恩，还是顺帝的杀母仇人，应该将她安排离宫再不相见。群臣纷纷响应陈禅的意见，但是大臣李郃却不同意这种意见，他认为汉顺帝应该依照祖制尊奉阎太后，这样才能收复人心。年幼的汉顺帝采纳了他的意见。

公元126年农历正月，汉顺帝率领朝臣到东宫朝见太后。阎太后的兄弟和家人被诛杀、流放后，她整天过着提心吊胆的生活。虽然，暂时没有被顺帝追究，但是毕竟是他的杀母仇人，又多次陷害他。在强大的精神压力和失去亲人的悲痛下，阎太后在当月就病死了。汉顺帝对这位嫡母可谓恨之入骨，但死者为大，他还是以皇后之礼将她与汉安帝合葬于恭陵。汉顺帝小小年纪就懂得隐忍，顾全大局，也是在被诬陷的险境中磨练出来的。

阎氏家族下台之后，大权落到宦官孙程手上，此时皇帝尚未成年，宦官拥立功劳甚大，东汉的政权就是宦官和外戚交替专政，皇上不是依靠宦官就是依靠外戚，统治的危机一步步加重，并没有得以改善。

被宦官和外戚左右的一生

宦官成为汉顺帝刘保一朝的操纵者，他们的地位在汉顺帝时期得到空前的提高。

在消灭了阎氏家族，稳定了宫内的局势后，顺帝就立即大肆分封、赏赐帮助他夺取政权的宦官、大臣、官吏。顺帝将孙程封侯，食邑万户。重用冒死保护其太子地位和支持他登基的大臣、官吏，形成以自己为主的领导核心。

先秦时期，宦官的地位并不高，他们并非完整的男人，而是被称为"寺人"，地位是十分卑微的。东汉时期，自光武帝统治开始，就重用宦官，之后，宦官的权力越来越大，在士大夫的眼中，与宦官在一起商讨国事就是一种耻辱。

到了汉顺帝统治时期，因为宦官拥立有功，所以汉顺帝对于宦官的宠爱已经超过了任何一个皇帝。汉顺帝授予宦官们很多特权，他们不但可以直接参与国家政事，还可以左右皇上的决定，甚至阻拦皇上决定的实行。

公元 132 年，尚书令左雄上奏议论当时政事，认为时政黑暗，并且提出了详考官吏、以实奖惩的建议。汉顺帝面向全国下诏，"考吏治真伪，详所施行"，可是如此一来，严重触犯了宦官的利益，所以他们并没有颁布这道诏书，所以这项良策并没有被推行下去。

公元 216 年，虞诩代替陈禅为司隶校尉。司隶校尉的职责之一是监察百官的言行。虞诩本性正直，上任几个月的时间，就奏劾了太傅冯石、太尉刘熹等人，连皇帝身边的宦官也被参奏了。因此，他遭到了百官的仇视，认为他过于严苛。汉顺帝知道他忠心耿耿，并没有降罪于他。可是，他并没有躲过这次劫难，三公联合起来弹劾他，迫于众人的压力，汉顺帝免去了虞诩司隶校尉的职务。

当时，中常侍张防凭借着自己拥立汉顺帝有功，再加上他是汉顺帝最宠信的人，所以他开始胡作非为，卖弄权势，收受贿赂。虞诩负责彻查此案，多次上书，却都被上司压了下来，不予批准。虞诩十分生气，于是让下人把自己捆起来，送进廷尉的监牢里。然后，虞诩向皇上上书说："昔孝安皇帝任用樊丰，遂扰乱正统，几亡社稷。今者张防复弄威柄，国家之祸将重至矣。臣不忍与防同朝，谨自系以闻，无令臣袭杨震之迹。"虞诩上书之后，张防为了躲避皇上的处罚，暗示身边的人蒙蔽皇上，汉顺帝听从了他的蛊惑，将虞诩罢免。

即便是这样，张防还是不肯放过虞诩，在监牢中对虞诩进行严刑拷打，一心想要将他折磨致死。古代素有"大臣不辱"的说法，所以狱中的官吏纷纷劝说虞诩自尽，总好过被恶人折磨致死，最重要的是，这样还可以留下一个好的声誉。虞诩却正义凛然地说："我宁可死在刑刀下，也好让大家看清楚张防的真面目。"

宦官张贤、孙程知道虞诩正在牢狱中接受酷刑，他们知道他是无辜的，而且，如果事情闹大，对自己也没有任何好处。于是二人相约一起去拜见汉顺帝。孙程任中常侍一职，而且在汉顺帝还是藩王的时候就一直伴随其左右，也是拥立汉顺帝的功臣之一。最重要的是，这个人颇有城府，为人低调，从不恃宠而骄，此时他站出来为虞诩求情，必定会很有分量。他见到汉顺帝之后，说："皇上，您决定与我们一同起事的时候，认为奸臣必定是祸害国家的人，陛下如今登基成为了皇上，却对奸臣包庇和纵容，又为什么要指责先帝呢？虞诩对皇上一片忠心，如今在牢狱中承受痛苦，常侍张防藏罪明正，诬陷忠良之事为天下所共知，夜观星象，说朝中奸臣当道，所以现在要立刻将张防抓起来，才是顺应天意。"

孙程对于张防也是毫不避讳，即便张防此时正站在汉顺帝的身边。孙程大声斥责说："奸臣张防，为何还不下殿认罪？"张防顿时大惊失色，慌里慌张地走到东厢，孙程请求汉顺帝可以治张防的罪。汉顺帝考虑到此事关系重大，需要征求一下尚书的意见。可是，尚书贾朗与张防早就勾结到一起，反过来为张防编造伪证诬陷虞诩。最终，张防还是没有得到应有的处罚。

汉顺帝还是没有下定决心治张防的罪，对孙程说："你们先退下吧，让我再想一想。"虞诩的儿子虞凯为了救出父亲，与门生一起在街上拦下中常侍高梵的马车，向他不停地叩头，希望他可以在皇上面前为自己的父

亲说情。高梵进宫面见皇上，奏明事实，最终，张防被流放，贾朗等人或被砍头，或被罢黜。当天，虞诩就被无罪释放了。

很明显，这是一场大臣与宦官之间的斗争，虽然开始的时候宦官张防占据上风，但是随着事态的扩大，宦官孙程、张贤、高梵纷纷投向了虞诩的阵营，虞诩才可以在这场政治斗争中获胜，经过此事，更加强了朝中正直官员的力量。由此可见，宦官的言行对皇上的决定有直接影响。

更加离谱的事情还在后面，生活在这一时期的宦官可以纳妾、养子，继承自己的爵位。虽然宦官是阉腐之人，身体机能遭到严重的破坏，可是他们依然有纳妾的愿望，当然，这也在一定程度上提高了自身的地位。但不得不说，那些被宦官纳为妻室的女人是非常可怜、可悲的，因为宦官不但生理机能遭到了破坏，心理也造到了严重的打击，所以不能用正常男人的思维对他们进行判断。

宦官不但有娶妻的愿望，也想要留下后代，对他们的财产、爵位加以继承。为了实现自己的愿望，他们往往会收养亲属或者异性子女。历史上，第一个以养子传国袭封的宦官是郑众；第二个是孙程，汉顺帝同意将封国传给他的弟弟孙美，而且将封地分出一半，让他的养子继承，甚至下旨让其养子孙寿担任浮阳侯。

公元 135 年，汉顺帝下诏让宦官养子继承爵位，如此一来，就相当于在法律上承认了宦官养子继承爵位的合理性。

由于宦官的权势、地位不断膨胀，引起了大臣们的一致不满。文武百官纷纷上书汉顺帝声讨宦官的恶性。

宦官虽然参与朝政，可是他们并不懂得如何治国安邦，甚至为了保护自身的利益不受损害，还结党营私，勾结官员。此时，刘保正在寻找着一支可以取代宦官又受自己控制的力量，于是就给了梁氏外戚登上了东汉末年的历史舞台的机会。

汉顺帝的皇后梁妠

公元 132 年，贵人梁妠被册封为皇后。梁妠，出生于安定乌氏的一个贵族之家。汉和帝的生母就是梁妠的祖父梁雍的亲姐姐，她是章帝的小梁贵人。算起来，梁氏一族还算得上是皇亲，梁妠的父亲梁商为乘氏侯，俸禄优厚。

梁妠从小就受到很好的教育，不仅善于做女工，还十分喜欢读书写字。9岁的时候，小梁妠就可以将《论语》《诗经》等倒背如流。梁妠还经常将古代烈女的画像放在床头，以此告诫自己。梁妠从小聪明懂事，深受父亲的喜爱。梁商经常对夫人说："希望小女可以得到列祖列宗的保佑，福泽绵长。"

公元128年，梁妠才13岁，可是俨然已经成长为一位如花的少女。被选入宫的良家女子按照以往的惯例还要经过掖庭丞及相工的进一步检查和筛选，才可以脱颖而出，最终被送入后宫，侍奉皇上。梁妠因为样貌端庄、可人，相工见其人都有惊讶之态，认为她一定有大富大贵之相。

小小年纪的梁妠刚刚入宫就被册封为贵人，这在当时是最为尊贵的嫔妃。汉顺帝对这位梁贵人十分宠爱，没多久，就被封为皇后。

依照惯例，汉顺帝需要给岳父增加采邑，并赐予安车驷马，拜为执金吾。公元134年，梁商被拜为大将军。虽然这时外戚梁氏还没有成长为足以和宦官对抗的强大势力，可是在汉顺帝的支持下，共同打击宦官势力，让外戚的势力不断壮大。

梁皇后的父亲孝敬父母、团结兄弟、关心百姓，性格上更是沉稳干练。每一年遭遇饥荒灾害，他都会派人拉着粮食到城外赈济灾民。虽然汉顺帝对自己的女儿宠爱有加，但是作为父亲的他并没有依仗自己的权势排除异己，反而更加严格地管束家族的成员，行为做事也变得更加小心翼翼。京城内外，对于梁皇后的父亲梁商赞誉有加。

如此，梁氏的外戚势力得到了迅速扩展。汉顺帝统治末期，梁氏外戚的势力发展达到了顶峰。永和六年，梁商病死，尚未出殡，儿子梁冀就被顺帝任命为大将军，其弟梁不疑接任河南尹。梁氏家族把持朝政长达20年之久。

无力回天的举措

汉顺帝刘保时期，国内外不断发生天灾人祸。汉顺帝采取了一些有效的治国政策，使得政治、经济、文化等获得了一些改善。汉顺帝虚心纳谏，任用贤士为官，不断罢免和惩处奸吏。虽然，汉顺帝重用宦官和外戚，但是正因为在大量正直的大臣和良吏的威慑下，宦官和外戚有所收敛。所以，宦官和外戚并没有形成绝对的专权。担任朝廷重要官职和各个郡国的官员多数是贤德的治国良吏，实施了切实可行的治国良策。

汉顺帝登基之后，自然灾害频繁发生，农业受到了很大的影响。尤其是中原旱灾与西北地区的地震灾害危害更大。公元130年，洛阳发生了严重的蝗灾和旱灾，其他的十二个郡国也发生了蝗灾。之后几年，旱灾、蝗灾、洪灾等也时有发生。

公元133年，仅凉州地区就发生了一百八十多次的地震，平均每两天一次。而且每一次地震发生，都会引起山崩，很多地区都会有地下水涌出。在地震期间，倒塌的房屋不计其数，很多百姓和牲畜被压在了废墟之下。同时，中原地区的蝗灾旱灾也频繁发生，庄稼枯死，即使没有枯死的，也在蝗虫的啃咬下颗粒无收，饥饿难耐的百姓甚至吃人充饥。不知为何，就在中原地区遭受旱灾、蝗灾时，会稽一带竟然出现了百年不遇的水灾，连续下了一个月的雨，大雨将房屋和农田淹没，百姓无家可归，社会秩序动荡不安。

面对百年难遇的自然灾害，汉顺帝竭尽全力挽救自然灾害发生后造成的损失，救助百姓。汉顺帝曾经六次下诏赈济灾民，减免灾民的田租，全力支持百姓的农业生产。

汉顺帝时期，一些官僚、贵族、豪强抢夺百姓的土地，不顾人民的死活，导致百姓怨声载道。三辅地区特别严重，汉顺帝听说这一情况后，派陈龟到三辅地区追究豪强侵占土地一事。陈龟不畏豪强，从豪强的手中收复被侵占的土地归还给当地百姓，这一地区的民怨才得以平复。

公元128年，汉顺帝再一次下令将镇守边关的罪犯免罪，让他们回家与亲人团聚，参与生产，用自己的劳动为国家作贡献。

公元130年，汉顺帝下令各个郡国中的死刑犯都减罪一等，迁徙到安定等地充军。之后，汉顺帝又连续四次下诏，将天下的罪人赦免，如此一来，就免去了很多囚犯的死罪。这一举措的实施的确让边防得到了充实。

虽然，汉顺帝任用贤臣，一心治国，而且采取了一系列行之有效的策略，但是依旧没有办法挽救东汉王朝灭亡的命运。刘保使出浑身解数治理国家，却依旧不见起色，不但自然灾害频繁发生，甚至爆发了农民起义，让汉顺帝应接不暇。

公元144年，汉顺帝刘保驾崩，享年30岁，谥号孝顺皇帝，庙号敬宗，葬于宪陵。

第十七章

最后享乐的昏君——汉灵帝刘宏

帝王档案

☆姓名：刘宏

☆民族：汉族

☆出生日期：公元 156 年

☆逝世日期：公元 189 年

☆配偶：宋皇后、灵思皇后何莲、灵怀皇后王荣

☆子女：2 个儿子，1 个女儿

☆在位：21 年（公元 168 年~公元 189 年）

☆继位人：刘协

☆庙号：无

☆谥号：孝灵皇帝

☆陵墓：文陵

☆生平简历：

公元 156 年，汉灵帝出生。

公元 168 年 1 月 21 日，登基，改元为"建宁"

公元 189 年，去世，终年 34 岁

人物简评

　　他是史上最为荒淫的皇帝之一，他在位期间，买卖官成风；他身为一国之君，手中却没有半点实权；他生活在深宫，看着臣子为了争权夺势而针锋相对；他也是一个懂得"享受"的皇帝，虽然空有虚名，但是却乐得自在，每日和宫女玩耍，不理朝政，任凭天下子民生活在水深火热之中。他就是最会享乐的傀儡皇帝——汉灵帝刘宏。

生平故事

皇权的争夺

　　汉灵帝即位的时候，还是个不懂事的少年，政治势力上宦官集团与士大夫集团之间的夺权斗争，对于年少的他来说，难免会觉得茫然。东汉王朝自汉和帝刘肇登基以来，出现了很多幼年及少年的天子，这些年幼的天子自然不懂也不会管理朝政大事了，这就使得那些外戚有机会可乘，他们为了能够执掌国政而不断地进行斗争，获胜的就会代替皇帝行使天子的权限，汉灵帝时期这种斗争的趋势就变得更加激烈。

　　公元 168 年，以窦太后、窦武为首的外戚集团与以曹节、王甫为首的宦官集团发生了激烈的斗争。因为年幼的汉灵帝手中的天子权力是由窦太后掌管，窦太后自然不会亏待窦氏子弟。窦太后的父亲窦武被封为闻喜侯；窦太后的兄弟窦机被封为渭阳侯，位拜侍中；窦武哥哥之子窦绍为都侯，迁步兵校尉，窦靖为西乡侯，位拜侍中，掌管羽林左骑。这样一来，窦氏一家的势力权倾朝野内外，显贵异常。窦太后临朝执政后，还启用了陈蕃，把陈蕃拉拢进了窦氏家族。窦武与陈蕃又启用了"党锢之祸"中的受害者李膺、杜密、尹勋、刘瑜等人。当这些大臣再次出现在朝堂之上，参与政事时，让许多士人看到了他们为汉室效忠的希望。

汗灵帝初期，宦官曹节被封为了长安乡侯，对此，他十分不满意，想方设法通过后宫的关系向窦太后大献殷勤，以此得到了窦太后的信任。但由于曹节是宦官，他的这种做法，让陈蕃与窦武十分地担忧，于是，他们密谋将曹节除掉，窦太后却左右摇摆，拿不定主意。陈、窦二人无奈之下，计划通过武力消灭宦官集团，他们的计划还没有来得及实施，就被宦官知道了，因此，激起了一场宫廷事变。

168 年 9 月 7 日，宦官们将汉灵帝骗出宫后，把宫门关闭，他们逼迫尚书起草诏令，任命宦官头目王甫为黄门令，还胁迫窦太后，夺走了玉玺，之后又派人去逮捕窦武等人。窦武是轻易不会受诏的，他和侄儿窦绍边战边退至军中，然后召集了数千人镇守都亭。陈蕃知道发生变乱后，立刻带着属下官员和太学生八十多人，带着兵器冲入了承明门，与王甫的兵士搏斗，结果，陈蕃被捕，之后送到了北寺狱，后来被宦官活活折磨死。窦武与窦绍的兵力比较薄弱，被宦官重重包围之后，二人选择了自杀身亡。窦家宗亲以及姻亲甚至是宾客等，只要被宦官抓到的都被杀害了，凡是陈蕃、窦武举荐的官员也都被免官，并且永不录用。窦太后见大势已去，忧愤而死。

宦官们对窦氏家族的怨恨是多年来积攒下来的，就连死去的窦太后，他们还是恨在心中。他们用一个十分简陋的车装着窦太后的尸体，随便放置到了城南的一所宅院。曹节、王甫准备用贵人的礼节把太后随便发丧了事，但是没有得到灵帝的认可。曹节等人又想把太后独自葬到别处，也就是不与桓帝合葬。灵帝也拿不定主意了，于是诏令公卿共同讨论。讨论时曹节、王甫强调窦氏"罪恶"之大，朝臣们你看我我看你，都不愿意先说。最后，卫尉陈球说："皇太后以盛德良家母临天下，她配先帝，是无所疑。"太尉李咸也表示支持。李咸上疏认为"后尊号在身，亲尝称制，且援立圣明，光隆皇祚"，甚至说："太后以陛下为子，陛下岂得不以太后为母！"朝臣们的话对灵帝最后做出的决定起了重要作用，最终灵帝表示支持主张太后与桓帝"合葬宣陵"的意见。

从"太后葬礼"都要下诏让公卿会议上讨论，可以看出汉灵帝是一个多么昏庸无能的帝王，自此，外戚与宦官的较量也就暂时落幕了。从此，宦官开始更加地骄横霸道，直到公元 189 年灵帝死时，朝政还被宦官控制着，宦官的势力更加强大了。

东汉"十常侍"

汉灵帝是因为汉桓帝无子，他是汉桓帝的侄儿，以刘姓族人的身份荣登宝座的。但是自他登基之日起，他的心中一直笼罩着一个可怕的阴影，随着危机四伏的宫廷生活，他对心中的这个阴影的惧怕程度越来越重。他非常地敏感，而且极其脆弱，总是担心有人暗中图谋社稷，想夺取皇权。他得到皇位是那么的突然，会不会再突然失去呢。逐渐地汉灵帝身边的宦官们就十分清楚地掌握了汉灵帝的这种心理，他们利用汉灵帝的这种心理经常制造一些"谋反""叛逆"的假象来吓唬灵帝。

第一次党锢之祸后，李膺等人虽然被罢官并终身禁官，但天下士大夫都一致推崇他们的操守而抨击朝廷，还给他们取了许多赞美的称号：称窦武、陈蕃、刘淑为"三君"，君是指一代之典范；称李膺、荀翌、杜密等人为"八俊"，俊是指为人之英杰；称郭林宗、范滂、尹勋等人为"八顾"，顾是指能以自己的德行引导别人；称张俭、翟超等人为"八及"，及是指能引导别人追求典范；称度尚、张邈等人为"八厨"，厨是指能施财物救人危困。窦氏外戚被诛除以后，党人清廉自守，在社会上威望极高，他们为陈蕃、窦武申冤，攻击时政，这就涉及宦官的切身利益，因此，宦官们十分嫉恨他们。宦官们每次拟写诏书，总是重申"党人之禁"。

中常侍侯览对张俭的怨恨最大，他的老乡朱并是一个邪恶小人，当时遭到张俭的唾弃，侯览就教唆他诬陷张俭。于是，朱并上疏诬告张俭与同乡二十四人互相别署称号，结成朋党，图谋社稷，张俭是这些人的领袖，灵帝立刻下诏令收捕张俭。

公元302年，宦官曹节指使人奏请"诸勾党者故司空虞放及李膺、杜密、朱宇、荀翌、翟超、刘儒、范滂等，请下州郡考治"。十分可笑的是，年少无知的灵帝竟然问他："何为勾党？"曹节答道："勾党就是党人"。灵帝又问道："为何要杀他们？他们有何罪？"曹节回答道："他们相互勾结，图谋不轨。"灵帝问："他们勾结要做什么不轨之事呢？"曹节又答道："想要夺权窃国也"。汉灵帝一听勾党之人是要夺权窃国，立马批准了曹节的奏请，曹节趁机捕杀虞放、李膺、杜密、范滂等百余人，妻子皆徙边。此外，他还借机报私怨，和地方官滥捕牵连，以至死徙、废禁者有六七百人。

公元172年，宦官又指使司隶校尉捕党人和太学诸生千余人。嘉平五年又下诏州郡，只要是党人门生、故吏、父子兄弟及族亲，都免去官职并禁锢。这就是历史上第二次"党锢之祸"。至此，贤能忠义进步势力遭到了彻底的打击，而宦官的势力更加强大了，地位也得到了提高，汉灵帝对他们更加依赖。

宦官张奂除掉窦武、陈蕃之后，由小黄门升为中常侍。中常侍是宦官中权势最大的职位，负责管理皇帝文件和代表皇帝发表诏书，是皇帝身边最亲近的人。汉朝初年，中常侍是没有固定编制的，通常是设四人，每人年俸一千石。汉灵帝即位后却将中常侍的编制增加到了十二人之多，他们分别是：张让、赵忠、夏恽、郭胜、孙璋、毕岚、栗嵩、段珪、高望、张恭、韩悝、宋典。以张让、赵忠为首，这些常侍都无比贵盛，分封为侯，并与时任大长秋和领尚书令的大宦官曹节、任黄门令的大宦官王甫互为表里，把持朝政，行凶作恶。公元181年，曹节死后，赵忠以中常侍代领大长秋，张让也成为"监奴典任家事"的宫廷总管。此时，张、赵二人权力达到了顶峰期，于是他们的父兄子弟都被封到各地做大官了。当时以张让、赵忠为首的十二中常侍专权被称作"十常侍"。而这位昏庸的汉灵帝曾说："张常侍（张让）是我父，赵常侍（赵忠）是我母。"一朝天子居然如此称呼朝中官员，可以说是一大千古笑柄。

宦官们掌控汉灵帝后，利用汉灵帝的皇权把一切能够与他们相抗衡的势力铲除了，自此，宦官的势力达到了历史的顶峰。身体上的残缺和社会的鄙视，使得宦官们的人格十分卑劣，报复心理更是强烈，这样一个腐朽的政治集团掌控着皇帝操持着朝政，总览大权，这种情形之下社会一定非常的腐败。在政治上，宦官们在皇帝支持下，在朝廷上下实行独裁统治，只要不顺从他们的，就会惨遭诬告与陷害，要么流放禁锢，要么被罢官、投向大牢，或遭到杀身灭族之祸。在经济上，宦官们兼并土地，恨不得包揽天下所有的良田，且大部都占为己有，他们巧取豪夺的行径与强盗几乎没有什么差别。在生活上，宦官们更是腐化糜烂，挥金如土，并带领着

灵帝也是如此。宦官们的无耻作为，使西汉王朝迅速沉沦下去了。

官爵买卖

宦官腐化之时汉灵帝也被他们带动着大肆玩乐，朝廷上下充满了腐败气氛。宦官集团为了保住自己的地位和政治上的利益越来越腐败，全国各州郡县都有他们的父兄、子弟、姻亲、宾客、心腹为官，大肆掠夺百姓，采用各种敛财手段，积聚了巨大的财产。皇权是他们能够大胆畅通无阻地进行掠夺的保护伞。在宦官的带领之下，公元181年，灵帝于西园及后宫设置市肆，命令嫔妃婢女扮成客舍主人。在后宫的市肆中，汉灵帝令采女们贩卖、行窃，互相争斗，灵帝在此饮宴观赏采女们而取乐，皇宫内被闹得乌烟瘴气。

汉灵帝最感兴趣的并不只是这些，而是那些可以让他享受奢侈生活的钱。汉灵帝刘宏虽为皇室宗亲，但因刘氏分支非常多，只有少数贵盛，其余都式微了，灵帝父亲位列侯位，与大富大贵的当朝权贵相比，家境就非常一般了，母亲董氏，一向嗜财如命，看到别人暴富红了眼，恨不得把别人的家产全都抢过来据为己有。在母亲的感染下，刘宏从小对金钱、财产有着极大的占有欲，连做梦都想着能捡到钱。刘宏做了皇帝之后，"普天之下，莫非皇土"，然而他却不相信全天下的财富都是他的。他视财如命，却不放心把聚敛来的钱放在宫中，于是，又派宦官们在西园建造万金堂，将所收的钱币缯帛藏于其中。不过他还是觉得应当像做侯爵时那样置点田地买些房产才算保险，于是就拿出一部分，派人回到河间老家购买良田，营造宅第。又将剩下的钱财分别寄存在宦官的家里，一家存上几千万。以张让、赵忠为首的宦官集团也是欲望无限，肆意敛财，这与灵帝的私欲不谋而合。于是张让、赵忠宦官集团便投灵帝所好，为灵帝广事聚敛，自己也趁机巧取豪夺。

宦官暗中卖官爵是从汉桓帝时期开始的，当时宦官卖官爵是为了弥补宫廷财政匮乏的局面，为了国家的财政，还可以理解。但公元183年，灵帝在张让等人的怂恿之下，在西园公开设立买卖官爵的场所，是为了聚积钱财。他们根据官爵的大小高低及做官之后可以得到钱财的多少而分等收钱。求官的人可以估价出钱，谁出价最高就卖给谁。他们不只是现金交易，还可以赊欠，等到任之后再加倍偿还。到了公元185年，朝廷公卿和地方刺史、太守，以至三公，都可以用钱买了。灵帝再次采纳张让的建议，除了在西园开设官爵买卖之外，官吏的调迁、晋升或新官上任都必须支付三分之一至四分之一的官位标价，也就是说，官员上任之前必须先支付相当于他25年以上的合法收入。很多官吏都因无法交纳这么多的做官费用，"弃官而走"。当时的有钱者之所以要买官，是想有了官位之后对百姓进行敲诈勒索，可以通过一切手段把当官所花掉的费用收回，甚至是一本万利。

汉灵帝在西园设立卖官制度后，汉朝的选官制度就名存实亡了。汉代采用的是征辟方式提拔官吏的制度，地方每年向上级推荐数名贤士，然后通过考核从中选出合格的人再向上一级推荐，审核官吏的权力主要掌握在官僚手中，所以汉朝初期形成了官僚集团。自从官位可以用金钱买到后，很多腰缠万贯的地方豪强都做上了大官，原本能通过征辟人仕做官的读书人因为没钱买官而失去了做官的机会。所以，灵帝的卖官制度把本来就很尖锐的宦官与官僚集团之间的矛盾进一步激化了。官吏用重金买到官职后，上任的第一件事就是想尽办法掠夺财富，搜刮民脂民膏，以捞回本钱，根本不为百姓办一点实事，因此，又激起了民愤。宦官用权放纵，皇帝荒淫无道，官僚地主贪钱奢靡，使原本就十分尖锐的阶级矛盾达到了极点，终于引发了一场轰轰烈烈的农民大起义——黄巾起义，这场起义使汉室江山摇摇欲坠。

后宫三丽人

公元171年，汉灵帝立宋贵人为皇后。宋皇后出生在扶风平陵，出身不是很显贵，却也算得上是皇亲国戚。汉章帝时宋氏的两姐妹就同时被选入宫廷，而且还被封为贵人，皇子刘庆是大宋贵人所生，曾被立为太子，后来被废贬为清河王，宋皇后就是两姊妹的曾孙女辈。宋氏天生聪明丽质，看到宫中的钩心斗角、相互倾轧的险恶生活，因而她在待人接物方面非常的小心谨慎，生怕出错丢失自己的性命，甚至牵连家族。俗话说"是福不是祸，是祸躲不过"，宋皇后的一个姑姑是渤海王刘悝的妃子，宦官中常侍王甫对刘悝有不满，一直想找机会报复刘悝。宋皇后初立为皇后时，汉灵帝十分宠爱她，王甫也就不敢对她怎样，但是何氏进宫以后，灵帝渐渐疏远了宋皇后，王甫认为时机成熟了，于是就诬陷刘悝要谋反，灵帝听信了王甫的话将刘悝活活逼死，王甫怕日后宋皇后对自己进行报复，就决定把宋皇后也除掉，光和元年王甫指使人诬告宋皇后利用"巫蛊之术"惑乱后宫，还诅咒皇帝。灵帝听后十分的愤怒，又联想到刘悝的谋反与宋皇后有关系，就立即下诏将宋皇后废黜，并诛杀了宋皇后的父亲和兄弟，其他亲属被流放。宋皇后想到自己一直在宫中小心翼翼，但还是无辜遭废，还牵连到了亲人，不久便忧愤而死。后来，昏庸的汉灵帝觉得此事有点蹊跷，他百思不解，堂叔刘悝从未犯过错误，他是桓帝的同母之弟，又怎么可能会谋反呢？宋皇后与自己共承天下，母仪天下，怎么会诅咒自己呢？汉灵帝虽然这样想，但宦官们为他制造的阴影他还是一直都没能走出来，到死也没有把刘悝及宋皇后的冤案进行平反安抚。

宋皇后含冤而死后，汉灵帝一直都没有立后之意，但朝臣们认为国有君却无母，应该尽早确立，以告天下。当时，刚刚入宫的南阳屠夫何真之女何氏，因其美丽，正得灵帝的宠爱。一般按照汉习俗及"采女制"，出身屠夫家庭的何氏根本没有资格入选宫廷的，但当时朝廷上下腐败现象十分严重，何氏的父亲用金帛贿赂宫中的采选人员，何氏才得以入选。何氏因为美貌，入宫之后便得到了汉灵帝的宠爱。公元 176 年，何氏生下了皇子刘辩，因灵帝之前的几位嫔妃、贵人所生的孩子大都夭折，所以刘辩的出生让汉灵帝欣喜若狂，母贫子贵，因此何氏也被封为了贵人。公元 180 年，朝臣要求确立国母，汉灵帝在权臣的主张下将何贵人册封为皇后。

何氏一个出身低微的平民摇身一变就成为了后宫之主，这样迅速的转变使她产生了一种自高自大、极其放肆的不良心态。被册封皇后以后，何氏骄横之心迅速膨胀，她想自己为后宫之宠，对宫中的嫔妃又恨又防又嫉妒。当灵帝的又一爱妃王美人生下了皇子刘协之后，何氏的嫉妒心理就更严重了，她想方设法想除掉王美人，之后她派人将王美人毒死。这件事发生之后，在宦官的苦苦哀求之下，何氏皇后的凤冠总算是保住了，但汉灵帝的恩宠是永远也得不到了。

王美人是赵国人，她的祖父王苞是东汉王朝的五官中郎将。王美人的出现曾给灵帝奢靡的后宫生活带来一阵的清爽。她的容颜要胜过何皇后，她品性美善，具有大家闺秀的贤淑，才华横溢的灵秀之气，她这种气质是汉灵帝其他嫔妃都没有的，没人能与她相比。王美人得宠之时，何氏已经是皇后了，何氏的嫉妒以及骄纵专横的心理，恨透了得宠的王美人。王美人怀有身孕后，她担心何氏对自己下毒手，自己的性命受到威胁，同时还会给自己腹中的孩子带来不幸，于是，她多次想方设法要打掉腹中胎儿，但是没有成功，也许是天意吧。公元181年3月，王美人生下一位皇子，即刘协。刘协的出生更加使何皇后嫉妒之心加重，她不仅担心自己皇后的地位，而且还担心自己儿子以后的地位，她的这种恐慌心理，冲昏了她的头脑，根本不想后果，就派人鸩杀了王美人。这件事情很快就被灵帝查明了，但何皇后没有被处死，而王美人却永居九泉之下。

灵帝一看到皇子刘协，就会思念起善解人意的王美人，他一直都想立刘协为太子，但是在汉朝的嫡长制的规定下，怕朝臣们不同意。就在他临死之前，他还企图违背"嫡长制"欲立刘协为皇太子。灵帝将立刘协为太子的愿望嘱托给了掌握大权的臣子蹇硕，可见他对王美人的情意。

后宫中的险恶斗争，有时皇帝都无法控制，后宫中嫔妃们为了自己的利益甚至是自己家族的利益，采用各种手段，只要能达到自己的目的她们会不惜一切代价，而且历朝历代后宫中你争我夺都是避免不了的。能够处理好后宫之事的皇帝，可算得上是一位有能力的皇帝，显然，灵帝是一个失败无能之人。

皇位之争

汉灵帝因为何皇后把王美人毒死之事对何皇后产生了憎恶，也不想把刘辩立为太子，常常批评刘辩，说他"无威仪，不可为人主"。又因王美人所生刘协与他非常相像，每次看到刘协都会思念已过世的王美人，而且这种思念之情越来越深，于是，欲立刘协为皇位继承人。按照嫡长制，是不能立刘协为太子的，所以灵帝担心宦官、外戚、朝臣反对他的做法。从各个政治集团的利益上，从维护传统上，外戚、官僚与宦官三方的态度都是立刘辩为太子。灵帝无奈，但是立刘协为太子之心一直不死，所以临死的时候把刘协托付给自己的心腹蹇硕。

汉灵帝末期由于朝廷上下腐败，国势衰退，刘氏政权也岌岌可危，因此，汉灵帝亲手组建了一个以"西园八校尉"为核心的卫戍部队，命小黄门蹇硕为上军校尉，率领这支部队，蹇硕素有"壮健而有武略"之称。虽然从表面上看，蹇硕掌握的权力很大，但实际上就是一个低级的军官而已，也就是借助灵帝的威力发号施令。蹇硕与何皇后之间有着很大的矛盾，而且也有很长一段时间了，他知道何皇后的哥哥何进手中握着兵权，灵帝之托根本没法实现，加上在嫡长制的制度之下，刘辩是长子，是合法的皇位继承人，而汉灵帝临死之前交给自己的却是废嫡立庶，这与当时的制度是相违背的，要想完成灵帝之托是有很大难度的。要想完成灵帝之托，就必须先诛杀掌握兵权的何进，蹇硕决定先下手为强。

公元189年，灵帝驾崩。蹇硕在停放灵帝灵柩的大殿四周布满了伏兵，等待何进入殿叩拜时就趁机动手将其杀死。然而，何进已经知道了蹇硕的计划，何进立即部署反扑，并命人通报给了何太后。何太后得知此事后，与何进一起拥兵入宫，升朝议政，宣布14岁的皇长子刘辩为皇帝，为汉少帝（史称废帝）。何皇后则以太后的身份临朝，何进与太傅袁隗进行辅政，负责军国事务。蹇硕的这个计划没能成功，但他并没有就此罢休，他想到了与宦官联合，将何进捕杀，但是这个计划还是被泄漏了，何进命黄门令将蹇硕拿下并处死了他。

何进的心腹大患就此除掉了，之后他就以皇帝的舅舅的身份辅佐刘辩，并且拉拢了"累世宠贵，海内所归"的袁绍、袁术二人，他的权力日趋膨胀。何进在朝野横行霸道，大臣们对此非常不满，但又没人能把他如何。汉灵帝之母董太后对此也愤恨不已，便发誓一定除掉何氏一党外戚。何太后却抢先一步，与哥哥何进一起设毒计将董太后除掉了。刘协一直是在董太后的保护之下生活，这样刘协的性命也就十分危险了。

何进拉拢的袁绍认为蹇硕、董太后虽然除掉了，但宫内宦官的势力依然强大，就向何进献计将宫中宦官全部除掉，何进及何太后对此做法却不赞同。袁绍多次进言都没能得到同意，于是，他决定自己想办法秘密处理此事。他假托何进之命密谋诛杀宦官，袁绍的行动使得张让等人非常的恐慌，袁绍与何氏密谋准备诛杀宦官之事很快就被宦官们知道了，于是宦官们发动宫廷政变，杀死了何进。何进部将吴臣、张章得知何进被杀，急忙调集军队包围了皇宫；虎贲中郎将袁术也率兵攻打宫殿，放火烧了南宫九龙门及东西宫，逼迫宫中交人。张让等人慌忙跑去见何太后，说何进正谋反焚宫，对于何进已死只字没提。何太后惊慌失措之下，被张让等人挟着与少帝刘辩、陈留王刘协一起，逃到了北宫。

这时，袁绍等带人冲入了宫中，他下令只要是宦官就杀，但始终没见张让、段珪二人。原来，他们携少帝兄弟已从北门逃走，夜走小平津，逃到了黄河岸边。何进的同党就追来了，张、段二人知道难免一死，于是，同时转身投入了滚滚东去的黄河之中。

这场外戚与宦官的斗争，两败俱伤，刘氏政权实际上也随之灭亡了。

第十八章

心有余而力不足的皇帝——汉献帝刘协

帝王档案

☆姓名：刘协

☆民族：汉族

☆出生日期：公元 181 年 4 月 2 日

☆逝世日期：公元 234 年 4 月 21 日

☆配偶：伏皇后

☆子女：7 个儿子，3 个女儿

☆在位：31 年（公元 189 年~公元 220 年）

☆继位人：曹丕

☆谥号：孝献皇帝，孝愍皇帝

☆陵墓：禅陵

☆生平简历：

公元 181 年，出生，为祖母孝仁董皇后所养

公元 189 年，登上皇位

公元 190 年 2 月，迁都长安

公元 194 年 2 月 23 日，献帝加元服

公元 195 年 5 月 20 日，立贵人伏氏为皇后

公元 196 年 2 月 23 日，大赦天下，改元建安。8 月 12 日，车驾至洛阳，宫室前已焚毁，献帝居于中常侍赵忠宅。

公元 200 年 7 月，立皇子刘冯为南阳王

公元 206 年 3 月，曹操破高干于并州，获之

公元 208 年 6 月，曹操自为丞相。7 月，曹操南征刘表。八月壬子，曹操杀太中大夫，刘表卒，少子刘琮立，刘琮以荆州降操。冬，曹操以舟师伐孙权，孙权将周瑜与曹操战于乌林、赤壁，曹军大败。

公元 215 年 3 月 6 日，立贵人曹节为皇后。七月，曹操破汉中，张鲁降。

公元 219 年 5 月，刘备败曹操，取汉中。

公元 220 年 3 月 15 日，魏王曹操去世。太子曹丕袭位。三月，改元延康。

公元 234 年 4 月 21 日，刘协去世，年 54，魏明帝曹睿上谥号为孝献皇帝。9 月 30 日，以汉天子礼仪葬刘协于禅陵。

人物简评 ✿

汉献帝刘协（181~234），东汉的最后一位皇帝。刘协虽然说是傀儡，但并不是一位昏庸无能的君主。刘协的天下是靠曹操大军拓展疆土，他一心希望汉王朝兴旺，所以曹操才得以挟天子以令诸侯。宋元之际的史学家胡三省是这样评价汉献帝的："汉献帝并不是一个昏庸无能之辈，之所以在他手里终结东汉一朝，是因为他只不过是一空头皇帝而已，'威权去已'。"

生平故事 ✿

被董卓立为皇帝

公元189年，董卓废刘辩，立陈留王刘协为皇帝，时年9岁。董卓为相国辅政，完全控制着中央政权。从此，外戚与宦官专权就被消灭了，同时东汉的朝廷实际上被消灭了，豪强们公开地进行着疯狂的战争，董卓的军队在洛阳劫掠财物，奸淫妇女，无恶不作，黑暗的东汉后期进入了社会分裂时期。

董卓是西部最大的军阀，当他进入洛阳城之后，首先就是接过何进的部队，随后就让他的干儿子吕布将朝中的武将丁原杀死，并将他的部队也合并了。这样一来，京都所有的兵权都掌握在董卓一人手中了。之后他又把少帝和何太后杀掉，立陈留王为汉献帝。董卓自封为相国，纵使其部队横抢竖夺，乱杀乱砍，无恶不作。蔡文姬的《悲愤诗》中描写了当时的情景："汉季失权柄，董卓乱天常……卓众来东下，金甲耀日光。平上人脆弱，来兵皆胡羌。猎野围城邑，所向悉破亡。斩截无孑遗，尸骸相撑拒。马边悬男头，马后载妇女。"

董卓在洛阳城的这一切行为，很明白地显示了他要称霸神州和做皇帝的野心，士族和各方豪强对此都表示强烈反对。朝中的官员以王允为首，

237

外官以袁绍为首，他们结成了广泛的讨卓联盟。在强大的各方势力的重重压迫下，董卓先是拼命的顽抗，实在无奈之下，就先从洛阳退到了长安，之后又从长安退到了郿坞，在郿坞筑城固守。后因其势力衰退，最终在公元192年被王允所杀。日后董卓的部属李催、郭汜等人就开始大肆报复，他们兴师作乱，乱杀王允和朝官。董卓部属与朝廷百官的互相厮杀，最大的受害者是关中人民，关中人民因社会动乱而尸骨遍野。

空壳皇帝

公元196年，汉献帝刘协带着残余的一些朝廷官员逃出了长安，回到洛阳。其中有很多的朝官不是饿死就是被兵士杀死，汉献帝失去这些拥护者之后，皇帝的名号就更是一个空壳了。

董卓之乱后，东汉政权几乎是名存实亡了，基本上形成了分裂割据的局面。袁绍家连续四代就有五个人做三公，在士族中这是最高级的望族。袁家的门客遍天下，袁绍起兵讨伐董卓的时候，各路列强大豪就开始了割据斗阵。袁绍弟弟袁术占南阳，刘表占荆州，公孙度占辽东，袁绍占冀州，公孙瓒占幽州，刘焉占益州，曹操占兖州。在杀董卓之前，他们已经这样割据混斗起来了。

董卓被杀之后，袁绍因势力强大，在多次残酷的争夺战争中，占有冀、青、幽、并四州，是当时北方最强大的割据者。袁术也凭借袁家强大的势力，占据了江淮地区，自称皇帝，建都寿春，是南方最大的割据者。

曹操的父亲曹嵩是一个大官。曹操，字孟德，小名叫阿瞒。曹操的祖父曹腾是个宦官。曹腾年轻时，阉割后进入宫廷做"黄门从官"。公元120年，被挑选去伺候皇太子读书。他与太子的关系比较好，因此太子刘保登位之后，曹腾就逐渐得到了重用，慢慢地升为"中长侍"、"大长秋"。桓帝即位时，曹腾在宫中已经是做了30多年的太监了。因为曹腾曾劝过立桓帝为帝，且曹腾前后共服侍了四任皇帝，所以桓帝继位后给他加位特进，封费亭侯。

曹嵩是曹腾的养子。关于他的身世，说法不一，也无法查考。

曹操因出生于一个有权势的家庭，幼年就不喜欢读书之类的，一向游荡无度。他喜欢爬山打猎，射箭比武，对于曹操的这些行为，人们骂他"任侠放荡，不治世业"。他的父亲似乎不怎么担心，但是他的叔父非常担心他，怕他一直这样下去，不仅不能继承家业、争列名门，而且还会给曹家带来祸害。他的叔父常常看管着他，但曹操这个人总是我行我素，不恤人言。早年他登华山时作了一首诗：

　　四时更逝去，昼夜以成岁。大人先天而天弗违。不戚年往，忧世不治。存亡有命，虑之为蚩。歌以言志，四时更逝去。

　　戚戚欲何念！欢笑意所之。戚戚欲何念！欢笑意所之。壮盛智惠，殊不再来。爱时进趣，将以惠谁？泛泛放逸，亦同何为！歌以言志，戚戚欲何念！

这首诗充分地表现了曹操的志向。

曹操经常交游，对于东汉的腐朽政治他渐渐地也有所了解。看到士家豪族日益腐化，使他对士族名门逐渐产生了不满情绪。后来，曹操心怀"忧世不治"的思想，开始博览群书，学习历史上商鞅等人的做法。东汉末年的腐朽是他学习的动力，他忧国忧民的思想使他开始钻研《孙子兵法》，为他后期治政、治军奠定了思想基础。

公元174元，年仅20岁的曹操，在州郡的推举下，以"孝廉"为郎。不久，又被选部尚书梁鹄、京兆尹司马防举荐，曹操做了洛阳北部尉。尉是维持治安的官吏，比县令低一级。汉灵帝末年，董卓作乱之时，曹操发动曹、夏侯两家的兄弟和侄儿作为骨干，招募了一些兵，跟随袁绍与董卓作战，袁绍的军队共有兵十万余，都不敢与董卓作战，而曹操却带着几千人进攻董卓，虽然没有打赢，但曹操增长了见识，勇气也提高了，他经过总结失败的经验教训，愈战愈强，势力得到了迅猛发展。

公元192年，曹操占兖州，将青州黄巾军击败，获得降卒30万人，从中选取精锐，号称"青州兵"。从此，曹操就成为了一个独立的力量，逐渐与袁绍分离。

兖州是一个相对不稳定的地方，但是曹操得到兖州之后，便规定"奉天子以令不臣，修耕植以畜军资"两大方针。当时汉献帝已被杨奉、董承、韩暹从长安带回了洛阳。经过战争破坏之后的洛阳，成为了一片焦土，汉王朝就剩下一个穷途末路的皇帝以及几十个赤手空拳的公卿大臣了，成了一个空壳。可是汉朝皇帝这个身份，在中小地主的心目中，还有不小的号召力，借助汉朝皇帝的名义去反对分裂，还是可以争取、团结地主阶级中多数人的。因此，曹操在兖州的统治得到巩固之后，就准备西迎汉献帝。对此，所有的部将都表示反对，只有谋士荀彧进言支持。他说："昔晋文公纳周襄王，而诸侯服从；汉高祖为义帝发丧，而天下归心。今天子蒙尘，将军诚因此时首倡义兵，奉天子以从众望，不世之略也。若不早图，人将先我而为之矣。"荀彧认为西迎汉献帝，能够以天子的名义办事了，这个对曹操是有利的，他劝曹操应该早点行动。曹操便派扬武中郎将曹洪领兵西行。

携天子以令诸侯

为了避免迎帝中出现的一些阻力，曹操特意给杨奉将军写了一封信说："将军可以在内主持朝政，我为外援。现在我有粮食，将军有兵，大家可以有无相通，取长补短。"表示他是非常愿意与杨奉合作。杨奉觉得，真的与曹操打起来，自己一定不是曹操的对手，就让献帝授建德将军给曹操，六月迁镇东将军，封费亭侯。这时，争夺徐州的刘备和袁术因遭到吕布的袭击，也转向投奔曹操。刘备被任命为豫州牧，驻屯小沛来防止吕布。将一切布置好之后，曹操就赶到洛阳，朝见献帝。曹操进言道："臣向蒙国恩，刻思图报。今李傕、郭汜二贼，罪恶贯盈；臣有精兵二十余万。以顺讨逆，无不克捷。陛下善保龙体，以社稷为重。"于是，汉献帝任命曹操为领司隶校尉，录尚书事，还说："曹将军真社稷臣也！"

曹操虽然被汉献帝授予了要职，但要想巩固在中央政权中的地位，还是有很多阻力的。有一次曹操和董昭进行交谈时，曹操问袁绍自己到了洛阳之后，首先应该采取什么行动？董昭认为曹操起兵，就是为了消灭暴乱。现在又来洛阳掌握中央政权，这可是王霸之功。恐怕朝廷百官都有自己的想法，不一定会服从。在洛阳很可能会引起很多的麻烦，应该先把皇帝迁到许昌去。曹操听了之后，异常的高兴，因为这也正是他的想法。但是，杨奉军队驻屯之地梁县是洛阳到许昌的必经之路，为了避免杨奉的阻挠，曹操派人与杨奉说：洛阳已成为一片焦土，没有粮食，他决定先把献帝接到鲁阳去。杨奉没有起一点疑心，于是曹操先将献帝接到鲁阳，很快就转移到了许昌，之后就将年号改为建安，那年是公元196年。从此，曹操就以汉献帝的名义进行统一战争，并任命荀彧为侍中、守尚书令，任命程昱为尚书。之后又任命荀彧的侄子荀攸也担任尚书职，率军出征时，又任命为军师。此后，曹操"挟天子以令诸侯"，渐渐地一些中小地主、知识分子都来投奔曹操了。

曹操将汉献帝挟持到许昌后，中央大权都掌握在手中了，所有的朝廷国政，都是先禀曹操，之后才奏天子，自认为具备了一切获胜的必要条件。公元197年，开始有计划地进行战争。他先让钟繇奉朝廷命到关中，稳定韩遂、马腾等几个大割据者。然后亲自率军击败了自称皇帝的袁术，袁术渡过淮河南逃。公元198年，曹操将吕布杀掉，获得徐州。公元200年，曹操在官渡与袁绍展开了大战，袁绍的兵马是曹操的十倍之多，但是依然被曹操打败了，此后几年都连续进击，到公元205年，袁绍全军溃灭，曹操获得了冀、青、幽、并四州，这就是历史有名的以少胜多的官渡之战。经过十一年战争，北方的大割据者几乎是或死或降，黄河流域基本得到了统一。公元208年，曹操进击刘表军，得荆州。自此，能够与曹操相抗衡的力量，只剩下占据吴、会稽等六郡的孙权与声望甚高拥精兵一万人的刘备了。

割据江南的豪强孙权，是孙策的弟弟，他们的父亲孙坚原是袁术系统的大将。公元191年，孙坚率军攻打荆州刘表，结果被刘表军射死。孙坚子孙策，当时17岁，是一个英俊的军事家和政治家。他小时候跟随母亲居住在寿春，与江淮间士人结交，与高级士族周瑜结成至交。周瑜和低级士族大富豪鲁肃是好友，孙策得周瑜，江淮间士族就形成了一个以孙策为首的团体。孙坚死后，孙策得到了父亲的兵将共千余人。这都是久经战阵的精兵猛将，孙策有了这些兵将后，就有了坚实的军事基础。公元195年，孙策得袁术允许，亲自率兵到江东，攻击大小割据者，获得吴、会稽等五郡，之后又将庐江郡攻破，获得袁术部属三万余人。周瑜所率士族是孙策部将的骨干，与北方士族张昭相结合，在六郡土地上创造了一个强有力的孙氏政权。公元200年，孙策死，孙权继位，当曹操得到荆州时，孙氏政权已经是很难攻破了。

刘备称雄西川，是汉皇帝的同族，号称刘皇叔。在与豪强的混斗中声望升高，同时组合成了一个武士强、谋士弱的刘备集团。曹操认为当今天下英雄就是自己和刘备，甚至刘备对士族的号召力比曹操还要高一些。刘备被曹操追逐，逃到荆州之后依附于刘表。北方流亡士族和杰出的谋士诸葛亮都加入了刘备集团，刘备势力迅速增强。刘表死后，他的儿子刘琮投降曹操。但是大约有十多万刘表属官和荆州人不愿投降曹操，足见刘表割据多年的荆州，刘备比曹操处于有利的地位。之后，刘备与孙权结合，形成了与曹操相对抗的巨大力量。

为了巩固北方，消除袁家势力，曹操亲自率领大军，经过多次征战后，终于占领了袁氏割据的老巢邺城。然后，曹操将指挥作战的司令部设立在这里，因为邺城是魏郡太守的治所，所以曹操后来就封为魏公、魏王，一直到曹丕称帝时，国号也称魏。获得邺城确是一件大事，曹操的军事装备增加的同时，曹操能够正式立足河北了。虽然曹操取得了很大的胜利，但是，曹操始终都没有因为胜利而忘记统一全国的大业。之后的征途还很长，可是曹操已经四十九岁了。

曹操清醒地知道，虽然河北从军事上平定了，但还存在着很强大的豪强势力。还必须打击豪强，实行改革，在河北四洲的统治才能得到巩固。因此曹操在攻占邺城之后，就采取了一系列打击豪强的改革措施。首先从经济上反对兼并，颁布了"重豪强兼并之法"。这个法令制定的是一些对豪强兼并惩治的措施，明令减轻群众负担。规定："河北遭受了袁氏统治的灾难，今年租税不要交了。今后每亩只收田租四升，每户交纳绢二匹、棉二斤就可以了。其他项目不得私自增发。郡国的守相必须认真检查，不许豪强有所隐藏，而让贫困的人代出租赋。"此外，曹操对袁氏残留下来的恶政进行了大刀阔斧地改革，加强和巩固了曹操在这一地区的集权统治，同时为曹操之后平定乌丸，统一全国，奠定了政治、思想基础。

回首过去，展望将来，曹操感慨万千，要完成统一全国大业，还需要付出更大的努力，环顾险峻的太行山，不禁吟诗《苦寒行》：

北上太行山，艰哉何巍巍！羊肠坂诘屈，车轮为之摧。树木何萧瑟，北风声正悲！熊黑对我蹲，虎豹夹路啼。溪谷少人民，雪落何霏霏！延颈长叹息，远行多所怀。我心何怫郁？思欲一东归。水深桥梁绝，中路正徘徊。迷惑失故路，薄暮无宿栖。行行日已远，人马同时饥。担囊行取薪，斧冰持作糜。悲彼《东山》诗，悠悠使我哀。

密赐董承密诏

曹操统一全国、图谋帝王的想法是人人皆知的。他代汉自立的思想，在许田打围中就已经暴露了。许田打围时曹操的行为举止，引起了很多人的不满。当时，献帝回宫之后，对伏皇后说从自己即位以来，一直奸雄并起，先是遭受董卓之殃，然后是李傕、郭汜之乱，之后得曹操，一个社稷之臣，不意专国弄权，擅作威福。汉献帝每次见到曹操，都背若芒刺。汉献帝和伏皇后都很担心汉政权被曹操夺取，但是汉朝公卿没有一个能制服曹操的。伏皇后的父亲推荐车骑将军国舅董承，说此人可以除掉曹操，只需汉献帝制衣一领，取玉带一条，密赐董承。

献帝依照伏皇后父亲的计划作一密诏，将指尖咬破，写一血书，让伏皇后缝于玉带紫锦衬内，然后亲自穿锦袍，自系此带，令内史宣董承入宫。献帝说："汉高祖起自泗上亭长，提三尺剑，纵横四海，三载亡秦，五年灭楚，遂有天下，立万世之基业。祖宗如此英雄，子孙却如此懦弱，岂不可叹！"随后又对董承说道："朕想卿西都长安救驾之功，未尝少忘，无可为赐，今将锦袍赠之。望卿当衣朕此袍，系朕此带，常如在朕左右也。"

董承深夜回家之后，将锦袍仔细地反复察看，但是没有找到一物。董承暗思道："皇帝赐我袍带，命我细看，必非无意，今不见甚踪迹，不知如何？"之后就拿起玉带细看，仔细查看，仍然没有找到任何东西。当他正准备睡觉时，灯光照射下的玉带下，隐约看见血迹，他急忙拆开，看到了献帝血字密诏。写道：

"朕闻人伦之大，父子为先；尊卑之殊，君臣为重。近日操贼弄权，欺压君父；结连党伍，败坏朝纲；敕赏封罚，不由朕主。朕夙夜忧思，恐天下将危。卿乃国之大臣，朕之至戚，当念高帝创业之艰难，纠合忠义两全之烈士，殄灭奸党，复安社稷，祖宗幸甚！破指洒血，书诏付卿，再四慎之，勿负朕意！建安四年春三月诏。"

董承看完之后，涕泪纵横，一夜都没有入睡。之后，他开始通过各种关系，联络全国的"忠义之士"，准备除掉曹操。但是事情败露了，曹操派人直接闯入董承的卧房内，搜出了衣带诏和义状。曹操看后十分恼火，狞笑道："鼠辈安敢如此！"遂命"将董承全家良贱，尽皆监禁，休叫走脱一个"。曹操回府之后，以诏状示众，立马召集众谋士商议，准备废除汉献帝，重立新君。程昱进谏道："明公所以能威震四方，号令天下者，以奉汉帝名号故也。今诸侯未平，遽行废立之事，必起兵端。"曹操采纳了程昱的建议，只将董承等五人及其家族在各门处斩，处死者共七百余人。

城中官民看了之后，没有一人不为之流泪。

虽然曹操已将董承等人杀掉，但是怒气还未消，于是又带剑入宫，准备杀掉董承的妹妹董贵妃。董贵妃是汉献帝的宠妃，当时已有五个月的身孕。曹操入宫之时，献帝刘协正在后宫与伏皇后私议董承之事到现在怎么还没有一点音信。只见曹操怒气冲冲地带剑入宫，刘协大惊失色。曹操道："董承谋反，陛下知否？"献帝慑声说："董卓已诛矣。"曹操横眉怒斥："不是董卓！是董承！"献帝战栗，身如筛糠。"朕实不知。"汉献帝的怯懦，使曹操更加的放肆，反问献帝是不是已经忘记破指写下的诏书了，随后就令武士擒拿董妃。献帝连声哀求道："董妃现有身孕五月，望丞相见怜。"伏皇后也说："先贬于冷宫，分娩之后，再杀也不晚。"献帝和伏皇后的请求，曹操置之不理，叱令武士将董妃牵出，勒死于宫门之外。

董承这件事情处理之后，曹操更加强了对皇室政权的控制，还明令规定："今后但有外戚宗族，不奉吾旨，辄入宫门者，斩。守御不严，与同罪。"之后又拨心腹人三千充御林军，让曹洪统领，以为防察。从此，汉献帝就像一只笼中鸟，连起码的行动自由都没有了。

赤壁之战　三国鼎立

曹操统一北方之后，又挟天子以令诸侯，势力迅速增强。当时曹操在军事力量方面占据着绝对的优势，因为他北方兵有十五六万，荆州兵七八万，号称80万。之后，曹操决定将势力向南发展，灭孙权、刘备。正好刘表之子刘琮向曹操投降，曹操不战而胜，这次滋长了他的骄慢心，认为自己势力强大就一定能获胜，孙权不来投降，至少他的部属会来投降，军事部署上暴露了可败的空隙。孙权占据的地方小，兵也少，精兵还不足三万人，不能持久作战。刘备合刘琦的兵马也不达两万，也没有什么战斗力。面对曹操八十万大军的重压，刘备和孙权联合起来，形成了暂时的坚固联盟。

多年来，曹操一直在为统一全国做准备，东征西讨，这次南下要与孙权和刘备两个对手作战，在顺江东下时，作了一首诗：

对酒当歌，人生几何。譬如朝露，去日苦多。慨当以慷，忧思难忘。何以解忧，唯有杜康。

明明如月，何时可掇。忧从中来，不可断绝。越陌度阡，枉用自存。契阔谈宴，心念旧恩。

诗中可以体会到曹操当时的复杂的心情以及思绪的起伏不定，虽然有一些低沉、消极的感叹，但对统一南方还是十分有信心的，意志也非常的坚决。诗的最后，曹操是这样写的：

山不厌高，水不厌深。周公吐哺，天下归心。

这表现了他想统一全国的急迫的心理，让所有的人才都聚集在他的周围。当时从客观条件来看，曹操要统一南方，时机并不成熟。第一，虽然北方得到了统一，但政权还不巩固。北方豪强的势力并没有削弱，他们还会有一些破坏活动。第二，曹操的主力部队，也刚刚平定了乌丸三郡，兵力还没有得到休整。而且北方的步兵、骑兵，一直都是陆地作战，对于水上作战他们很不习惯。第三，当时正值严冬，战马缺乏饲料。这些情况，孙权、刘备心中都明白，所以他们才敢用三万多的联军，去迎击曹操的八十万大军。

而曹操在战术上又犯了一个极大的错误。他为了克服北方士兵不习惯水上作战的弱点，把所有的战船都用铁链锁在了一起，称为"连环船"，这样能够避免风浪的颠簸，步兵、骑兵就可以在船上自由地往来。但是，战船这样相互连在一起，作战中失去了船应有的灵活性。周瑜、诸葛亮看到曹操的战船都连在一起，决定采用火攻。他们使用黄盖假投降的策略，让东吴战船靠近曹军。东吴的战船里装满了柴草和膏油。用红布从外面遮盖，还插上旌旗龙幡，装扮得与普通战舰没什么两样。战舰后面还准备了逃走的小船。东吴的十只战舰到了长江中间，举帆前进。船上所有的士兵都齐声大喊："投降来了！"曹操相信黄盖是真投降，于是没有做任何的准备。他的部下官兵，也都出来观看。当黄盖的战船与曹操相距只有二里时，黄盖的战舰突然就着火了。在狂风的协助下，火越烧越猛，船冲向了曹操的战船，曹操的船也着火了，但是又因铁链锁着，所有的战船都不能分开。所以曹操的所有船队全部烧毁了。人马被活活烧死和溺水而死的很多，火焰从船上一直烧到了岸边大营。周瑜在南岸看到此景后，立即就指挥战船冲杀过来了。这一仗曹操的损失非常惨重，而且是落荒逃走。

赤壁之战，形成了三国分立的形势。曹操统一全国虽然受到了阻碍，但从此之后三国统治者，都在自己的领土内开始削平地方割据势力，巩固各自内部的统一。赤壁战争结束后，孙权得到了荆州的大部分，刘备得到了武陵、长沙等四郡。刘备得到了立足地，之后就向益州发展，公元214年得到益州，以成都为中心，成为了后来的汉国。孙权是以建业（南京）为中心，逐渐向广州、交州扩展，成为了后来的吴国。

杖死伏皇后

曹操回到北方之后，经过一段时间的休养生息，又准备南征。参军傅干上书谏操："干闻用武则先威，用文则先德；威德相济，而后王业成。往者天下大乱，明公用武攘之，十平其九；今未承王命者，吴与蜀耳。吴有长江之险，蜀有崇山之阻，难以威胜。愚以为：且宜增修文德，按甲寝兵，息军养士，待时而动。今若举数十万之众，顿长江之滨，倘贼凭险深藏，使我士马不能逞其能，奇变无所用其权，则天威屈矣。惟明公详察焉。"

曹操看完之后，决定放弃南征，开始兴办学校，延礼文士。于是侍中王粲、杜袭等人，欲尊曹操为"魏王"。中书令荀攸对此表示反对，说："丞相官至魏公，荣加九锡，位已极矣。今又进升王位，于理不可。"曹操痛骂荀攸："不识时务，混蛋至极！"荀攸听到曹操对自己的痛骂之后，气急生病，没过多久就死了，死时只有58岁。

之后，曹操带剑入宫。汉献帝与伏皇后正在一起坐着。伏皇后看到曹操进来，就慌忙起身，献帝刘协也战栗不已。曹操说："孙权、刘备各霸一方，不尊朝廷，当之如何？"刘协说："一切由魏公裁处。"对于献帝的回答，曹操十分不满。怒斥道："陛下出此言，外人闻之，只道吾欺君也。"然后就愤愤而出了。

曹操走后，献帝的左右亲信，就开始议论纷纷。说曹操想自立为王，用不了多久，一定会篡位。献帝和伏后害怕极了，伏皇后说："妾父伏完常有杀操之心，妾今当修书一封，密与父图之。"献帝说："昔董承为事不密，反遭大祸；今恐又泄漏，朕与汝皆休矣！"伏后说："旦夕如坐针毡，似此为人，不如早亡！妾看宦官中之忠义可托者，莫如穆顺，当令寄此书。"然后就立即召穆顺入屏后，退去左右近侍。献帝就对穆顺说了他和伏皇后的想法，相信穆顺一定不会辜负他的。穆顺慷慨陈词，决心以死报国。然后就到了伏完宅，将书呈上。

皇丈看到伏后亲笔，就对穆顺说，曹操的心腹非常之多，不可遽图。除非江东孙权、西川刘备，一同出击才行。同时让在朝忠义之臣，一同谋之。内外同时夹攻，才有可能。说完，皇丈作书回复伏皇后，求密诏。暗自派人前往吴、蜀二处，请求一起出兵，攻击曹操。但是，事情还是再次败露了，密书在途中被曹操的心腹搜出。

当夜，曹操就率兵三千，包围了伏完私宅，老幼都一起拿下，搜出伏皇后的亲笔之书后，随之将伏氏三族都下狱。次日，曹操捉拿伏皇后，并骂道："吾以诚待汝等，汝等反欲害于我！吾不杀汝，汝必杀我！"然后，命人用乱棒将伏后打死。随后入宫，又把伏后的两个儿子，皆鸩杀之。当晚将伏完、穆顺等宗族的二百余人皆斩于市。

禅位曹丕

自从曹操命人用乱棒将伏皇后打死之后，献帝刘协就一连几天都没有吃饭。曹操为了进一步挟持皇帝，决定将自己的女儿许给刘协。对于曹操此计，献帝不敢不从。

建安二十年正月朔，在庆贺元旦之日，册立曹操的女儿曹贵人为正宫皇后。朝廷上下没人敢有异议。

此时曹操的声威日趋增强，公元216年，将自己立为魏王，士族首领崔琰用讥讽之话表示恭贺，被曹操下令自杀。又一首领毛玠也表示不满，在很多官员的援救下，曹操没敢杀毛玠，只是将他逐出朝廷。荀彧、崔琰、毛玠都是曹操的主要谋士，这些人都出来阻碍曹操，说明曹操的做法已经很不得人心了。

公元220年，孙权消灭了关羽之后，曹操回到洛阳。一天半夜之时，曹操头痛得厉害，急传旨寻求良医治疗，但还是不能痊可。于是，又派人请神医华佗前来诊治。华佗诊脉之后说："大王头脑疼痛，因患风而起。病根在脑袋中，风涎不能出，枉服汤药，不可治疗。某有一法：先饮麻肺汤，然后用利斧砍开脑袋，取出风涎，方可根除。"曹操听了之后大怒："汝要杀孤耶！"华佗说："大王曾闻关云长中毒箭，伤其右臂，某刮骨疗毒，关公略无惧色；今大王小可之疾，何多疑焉？"曹操反问道："臂痛可刮，脑袋安可砍开？汝必与关公情熟，乘此机会，欲报仇耳！"之后立即就命人将华佗打入狱中，然后拷打至死，并且将华佗的传世之作《青囊书》毁于狱中。

据说曹操自从杀了华佗之后，头痛就越来越严重，又担忧吴、蜀之事，感觉自己身体实在是不行了，就写下了遗令。遗令中说："吾在军中持法是也，至于小忿怒，大过失，不当效也。天下尚未安定，未得遵古也。……百官当临殿中者，十五举音，葬毕便除服；其将兵屯戍者，皆不得离屯部；有司各率乃职。敛以时服，葬于邺之西岗上，与西门豹祠相近，无藏金玉珍宝。"可见曹操临死之时，都不忘统一全国的事业，要部下把他的持法精神坚持下去，要不断的前进，不能复古倒退，还要部下将他实行的屯田制度，节俭风尚，继续贯彻到底。

公元220年，曹操病死于洛阳。终年66岁。

曹操死后，文武百官尽皆举哀，曹丕继王位。然后，华歆、王朗等一般文武官僚入宫，请求汉献帝禅位于曹丕。汉献帝不想把祖先打下的江山拱手让给异姓人，但是前来逼迫让位的官员不断的向献帝施压，最终曹洪、曹休用武力胁迫，献帝被逼无奈，只能禅位与曹丕。

继之，献帝请魏王曹丕登坛受禅，坛下聚集了大小官僚共四百余人，献帝亲手捧着玉玺奉曹丕。自此，魏王曹丕登上了帝位，改延康元年为黄初元年。国号为大魏。

公元234年，刘协病死，享年54岁。